衝動の現象学

衝動の現象学

フッサール現象学における
衝動および感情の位置づけ

稲垣　諭著

知泉書館

凡　例

一、フッサール全集（*Husserliana*, Den Haag, Kluwer Academic Publishers, 1950-.）からの引用は巻数をローマ数字、頁数をアラビア数字によって本文中の（）内に示す。

一、『経験と判断』は Felix Meiner 版を使用し、EU と略記する。

一、原著における強調は「強調」、筆者による強調は「強調」と示し、〔〕は筆者による補足、［］は原文にある補足を示す。

一、フッサールの主要な著作、講義を日本語で示す場合は以下の略記を用いる。

『論研』―『論理学研究』

『理念』―『現象学の理念』

『物講義』―『物と空間』

『時間講義』―『内的意識の現象学』

『イデーン』―『純粋現象学と現象学的哲学のための諸構想』

『危機』―『ヨーロッパ諸学の危機と超越論的現象学』

序

現象学の創始者エトムント・フッサール（Edmund Husserl）は、書きながら考える人であった。つまり、考えたことを書きつけるのではなく、書くという身体を伴った行為が同時に考えることであったということである。書くことなしに考えることはできず、考えることがすなわち書きつけることなのである。時代の哲学者と呼ばれたものが使うにはあまりにも質素な紙、例えば新聞広告やカレンダーの裏面といったところにさえ、彼は止め処なく溢れる思惟を書き残している。こうしたことを実践できる人間はそういない。しかしフッサールはまさにそれを実践していた。その証拠として、通常の人間の執筆能力を遥かに越えた速記体による膨大な草稿が、いまだすべて公にされることなくフッサール・アルヒーフに納められている。この草稿群を読解していて度々気づかされることがある。それは、自らの手で書きつけられていく思惟の流れを、当のフッサールがうまく制御しきれていないのではないかという漠然とした読み手の印象である。もとより出版することを見越して書き上げられたものではない。したがってそこでは、思考を統御し、体系的な論理の流れを組み立てようとする著作者としてのフッサールは影を潜め、むしろ抗い難く起こってくる記述と一体になった哲学的思惟の運動に一切を委ねているフッサールが垣間見られる気がするのである。それはまた、主語や動詞を欠き、必ずしも文法的に正しくはない文章の羅列の中から新たな事象の展開が浮かび上がってくるのを、その傍らで待ち望んでいるかのようでもある。

フッサールの思惟に特徴的なことは、本書の議論を追えば分かることでもあるが、自らが支持する立場とは反対の思惟の可能性を絶えず開いたままにしておくということである。[1]それゆえ、一度放棄された立論が後に訂正され、改めて積極的に支持するものとして語られることはフッサールにとって珍しいことではない。むしろ彼は反対の立場が成立する可能性を開いておくことで、自らが歩んだ道を繰り返し吟味し、それにより思惟を新たな局面へ駆動させるという方途を本能的に選び取ったように見える。[2]出版された著作だけではなく、脱稿した瞬間の原稿にさえ彼が満足することがなかったという逸話は、それらがすでに思惟の展開プロセスから外れた残骸であり、死せる思考に変わり果てたものであることをフッサールが自覚していたことを示している。彼にとって何より重要であったのは、思惟をその生きた運動の中で展開させつづけることにあったのであろう。書かれた草稿の量に比べ出版された著作の数が極端に少ないのもそのせいであったと思われる。フッサールの思索のこうした傾向は、相反する多様な解釈をフッサール現象学に許容するという結果として現れている。

本書でわれわれが扱うのは、彼のそうした現象学的思索の中でも「感情（Gefühl）」や「衝動（Trieb）」と呼ばれる体験領域である。その際留意されるべきは、こうした意識体験が、理性的、理論的な立場を貫こうとするフッサールにとって必ずしも優先されて分析されるものではなかったということである。とりわけ、生前に出版された著書では、僅かな分析例を除いてこれらの問題が、彼の現象学的体系における重要な位置を占めるものとして提唱されることはなかった。その大半は草稿や講義録でなされた分析である。したがって、出版された著作にこそフッサールの本来的思惟があるとする立場から見ると、こうした問題は無視されてしかるべき事象領域ということになる。とはいえ、インガルデンが述べたように、フッサールが「偉大な体系家」ではなく、「偉大な分析家」であったとすれば、[3]分析を行ったという事実を単純に無視して良いことにはならない。むしろそうした事象分析の成果に積極的に光を当て、これまで理解されてきたフッサール現象学をそこから改めて捉え直すことは充分可能であると思われるし、そこにこそ「今後の現象学の展開を拓く可能性」が含まれているとわれわれは理解したい。ただ留意されるべきは、草稿に隠されていた思惟を安易にフッサールの本来的立論として主張することにある。

喜び、怒り、満足、不満足といった多様な感情体験は、われわれの日常生活に深く根づいており、そのつどのわれわれの行為を左右する重要な要因であることに疑いはない。これらの現象こそが、人間の生を生として特徴づけているといっても過言ではない。晩年の著作である『危機』書では周知のように「生活世界論」が展開されている。フッサールはそこで、われわれが「客観的-普遍的」な学問的世界を離れ、「主観的-相対的」な、普段われわれが生きている価値に彩られた世界、つまり「生活世界」へと帰還しなければならないことを説く。学問的に規定された世界は常にすでに「生活世界」をその地盤としているからである。[4] 生活世界への帰還はそれゆえ、われわれの日常の生、すなわち「生活（Leben）」という意味での生を主題化することから、それにともなって感情や衝動というわれわれの生に深く根ざす意識体験も明らかにされるように思われるが、事情はそう単純ではない。認識論的な問題設定では、主観的な付随現象として排除される傾向にある感情や衝動という意識体験は、生活世界論の枠組みにおいてさえ差し当たりは解明されずにとどまる。その要因としてわれわれは、フッサールが「客観化のパラダイム」の中で分析を行っていることを指摘することができる。つまり生活世界の主題化は第一に、「生活世界における普遍的アプリオリ」を解明することに向かうのであり、その際、現象学的な解明の眼差しはまずもって、志向的な「相関関係のアプリオリ」が容易に摘出されうる事象領域へと、それは例えば「知覚」を原本性とする客観化的経験、つまり「想起」、「予期」、「想像」といった意識類型の分析へと制限されるのである。それゆえ、生活世界の現象学を提唱する『危機』書における「感情」概念の使用例はたったの五箇所である（vgl. VI 8, 9, 55, 236, 254）。しかもその使用例の前三者は、ある種の主観的感じもしくは印象という非現象学的意味で使用されているにすぎず、後二者は「感情与件」ないし「個々的な感情」というように類例的に列挙されているだけである。「衝動」概念にしても事情は変わらない。それは分析されるべき事象としてではなく、主に歴史的、哲学的運動に含まれる「衝動力（Triebkraft）」（vgl. VI 10, 12, 54, 72, 194）として、もしくは動物や植物の生を表現するための「衝動に拘束された（triebhaft）」（VI 230）という形容詞として、これといった説明もなく使用されている[5]。このことからも分かるように、感情や衝動といった意識体験は、フッサール現象学を貫く客観性の基礎づけという認識論的要求には容易に答えることができないものとみなされている。

研究史的観点から見ても、感情現象がフッサール現象学においていかなる位置づけをもつのかという問いに明確な方向性は打ち出されていない。確かにフッサールの直弟子であったラントグレーベは、彼の後期思想でそれらの問いが焦眉の課題として浮上していることを指摘してはいたが、『危機』書からも明らかなように、それは公にされることのない彼の背景的思惟においてであり、当時このことが充分に解明されたとは言い難い[6]。膨大な遺稿が出版され始めた最近になってようやく、これら問題群の適切な位置づけが試み始められているというのが実情である[7]。

そしておそらくこうした状況は、現象学だけではなく、合理性を基準に事象を解明しようとする哲学、さらには「心」を扱う現代的な認知科学や心理学においても見出される。感情現象は今なお理性的、客観的学問にとっての躓きの石でありつづけている。コンピュータの情報処理と心の働きの類似点を見て取る機能主義的な認知科学の展開が、形式論理に基づく演算ないし推論を出発点として以来、必ずしも合理的とは言えない感情領域の分析を回避しつづけてきたことに何の不思議もない[8]。たとえ分析されるとしても、それはいかにして感情現象が認知的枠組みを用いて説明され、解消されるのかという問いにおいてであった[9]。脳神経学者のルドゥーによれば、一九八〇年代に至るまでこうした趨勢が認知科学および心理学、さらには脳神経科学の展開を支配してきたということである[10]。ただしそれ以降、急速な展開を遂げている脳神経科学は、こうした感情現象の捉え方が誤っているか、もしくは一面的であることを徐々に示し始めている。その幾つかの観点を取り出すとすれば、感情現象、特に情動現象の大部分は①意識的な認知回路を通さずに、つまり無意識的に生じ、したがって②認知の働きからは厳密に区別され、それとは独立に（つまり合理／非合理という理由づけの原理を離れて）作動し、さらに③感情それ自身においてもシステムの区別（生得的もしくは習慣的等々）が可能であり、④身体との相互作用を必須とする、ということになる[11]。

本書だけではなく、今後の現象学の展開が、こうした現代科学の成果も幅広く踏まえつつ遂行されるべきであるとすれば、われわれに必要なのは、フッサールが生活世界の現象学で成し遂げた「主観化」をさらに徹底化する「第二の主観化」であると思われる。この主観化は、世界との関わりを欠いた私秘的な主観へと沈潜することではなく、これまで合理性および理性的思惟に対置され、それに従属させられる形で付帯的に扱われてきた感情現象を、そうしたパラダイムから解放し、それ固有の仕方で新たに領域設定することである。そしてそのためには、フッサールのタームでいうところの「内的意識」および「原意識」という感覚体験野に働く固有な「気づき」の内実を、現象学的にさらに彫琢する必要がある[12]。そして現象学こそ、この領域に踏み込んでいくべきものである。実証主義が定式化した「感覚与件／センスデータ」理論へと向けられた恒常性仮説や理論負荷性等の批判はすでに見飽きたものとなった。とはいえその反面でわれわれは、感覚体験についてはもはや黙さざるをえないというように余りにも過敏になっている。しかし、そもそも感覚体験野に働く「気づき」は、対象化的志向性および反省といった認識的、理論的枠組みの内部に配置されるべきものではなく、実際それに類似したものでもない。そうではなくそれは、意識が意識自らを形成していく際の実践的な活動の制御・調整能力として働いており、そうした活動との連関の中で語られるべきものである。多くの動物は、何であるのかを知る以前に、危険を察知し、逃走する。しかも、それは単なる反射行動ではなく、皮質を介した純然たる行為である。「それが何であるのか」という認識論的問いの延長で明らかになることはないにもかかわらず、紛れもない現実を形作っている「気づき」の様々なあり方が存在する。そしてそれ自身表象になることのない多様な「感情」をわれわれが経験するのも、この気づきを通してである。衝動や感情、感覚は、意識行為を調整し、制御する「実践知」として働いているのであって、それを懐疑主義的な反省論の問いの枠組みに限定することに生産的な展開見込みは、もはやないと思われる。[13]

ただしフッサール自身はこの気づきを発見しつつも、その明確な領域設定を行うことはできなかった。つまり彼は、この「気づき」のあり方を、認知を基本的機能とした「志向性」概念のもとに包括しようとしたのであり、そのことが飽くなき反省の反復というかたちで彼の思索に刻み込まれたのである。それゆえ本書の課題はこの錯綜したフッサールの思惟の歩みから、衝動や感情に関わる固有な問いの位相を見つけ出し、それを全体的なフッサールの思惟の体系に位置づけ直すことにある。そしてそのことが同時に、彼の体系それ自身の変貌を促し、今後の現象学の新たな展開可能性を拓くことに寄与することを目指す。

分析の手がかりとしての三つの意識概念

フッサール現象学における感情や衝動といった問題群を扱うに際して、分析のキータームである「意識

(Bewusstsein)」概念をいかに理解するのかが重要な課題となる。したがってまずは、フッサールが『論研II』の第五研究で意識概念を区別している箇所を、われわれの探求の足がかりとする。学問としての現象学が開始される『論研II』のこの箇所から始めることは、意識概念の多義性の指摘とは異なるそれなりの理由がある。なぜなら衝動や感情という問題群は大抵フッサールの膨大な草稿の中に散在しており、集中的にそれだけを分析している箇所を見出すのは困難であるにもかかわらず、こと『論研II』では集中的な分析が行われているからである。ただしこのことは、感情に関するフッサールの関心がその後失われてしまったことを意味してはいない。[14] われわれが『論研II』のこの箇所から分析を始めるのは、現象学の端緒でフッサールが感情や衝動をどのような事象として理解していたのかを初めに明らかにすることで、今後の探求に見通しを与えることができるからである。

『論研II』第五研究でフッサールは、「意識」という概念の多義性に鑑み、三種類の意識概念に大別する。第一は「体験流の統一における心的体験の織り合わせ(Verwebung)」としての意識であり、第二は「内的に気づかれること(Gewahrwerden)」としての意識であり、第三は「志向的体験の包括的関係」としての意識である(XIX/1 356)。[15] 現象学的探究の端緒でなされたこれら意識概念の区別は、この後フッサールによって取り立てて強調されなくなるにもかかわらず、彼の現象学の展開において枢要な役割を演じつづけている。[16]

第一の意識概念である「意識流の統一」としての意識は、『論研』期ではいまだ経験心理学的な素朴さを残しつつも、フッサールがその生涯をかけて探究した「意識」と「時間」の問題、つまり「時間意識」における意識の時間的生成という問題に展開する。初期の『時間講義』では、意識流の問題は絶対的主観性の自己構成として先鋭化され、一九一七/一八年の『ベルナウ草稿』では、その問いが「自我」との連関において引き継がれ探求されることになる。その後、この問いは、発生的現象学の成果とひとつになって意識の生成–存在論的な探究へと進展し、それが三〇年代の「C草稿」における「生き生きとした現在」の問題へと行き着く。

第二の意識概念である「内的に気づかれること」としての意識とは、現象学の方法的基盤を与える「明証性」に関わる領域である。明証性とは、たとえそれが十全的であろうとなかろうと、現象が現象として自らを現すことそのものに与えられる名称であり、この明証の内でのみ現象は現象としてのおのれの身分を受け取る。したがってこの概念は、認識論としての現象学が事象を開示する際の「反省」の問題、さらには必当然的な「内的意識」、「内的知覚」の射程に関する問題として展開されることになる。

最後の第三の意識概念である「志向的体験の包括的関係」としての意識とは、『論研』および『イデーン』で集中的に扱われることになる意識の「志向性」に関わる領域であり、そこでは、表象や判断という作用の本質構造が多様な類型に即して分析される。フッサールが自らの現象学を「真なる認識論」（I 117f.）と標榜しつづけたのも、一切の認識能作を「志向的能作」として体系的に解明できると信じていたからである。彼が『危機』書の脚注で述懐したように、志向性に不可欠な「経験対象と所与様態の普遍的相関のアプリオリ」（VI 169, Rb.）の発見は、『論研』の時期から一貫してフッサールをその体系的解明へと駆り立てることになったのである。

一見したところ、これら三つの意識概念を単純に一つの包括的概念へと組み合わせることは困難であるように見える[17]。それゆえわれわれは、感情や衝動という問題に取り組む際に、これら三つの意識概念のどの位相においてそれらが分析されているのかをそのつど克明にし、それによりフッサール現象学における感情や衝動といった問題の包括的視点を獲得することを目指す。そのことが遂には、フッサールの意識探究の錯綜した道程に、一筋の光明を投げかけることになるとも思われる。

本論の大まかな流れは以下のようなものになる。まず第I章では第三の意識概念における感情および衝動の問題が、第II章では第二の意識概念における感情および衝動の問題が扱われる。ただし第II章は、感覚の分析を通じて間接的に感情の問題が取り上げられる。それに続く第III章では第IV章へ繋がる分析として、自我の問題および受動的綜合の問題が取り上げられ、第IV章において第一の意識概念における感情および衝動の問題が論じられる。最終章である第V章は、それまでの成果とともに、一九三〇年代のフッサール現象学の全体的な体系における感情および衝動概念の位置づけを目指す。ただしフッサール自身は、それぞれ異なる意識概念をそのつど明確に規定しつつ分析を行ってはいない。そのためひとつの意識概念の枠内といってもその端々で他の意識概念が接合し、越境し合う。しかし重要なのはまさに、それら意識概念が交錯するその地点を見極めることである。

目次

Ⅳ　感性的感情と意識流

目　次

衝動の現象学

――フッサール現象学における衝動および感情の位置づけ――

I　意識の志向的分析における感情の位置づけ

『論研II』第五研究では、「志向的体験とその『内容』に関して」という表題が示しているように、意識の現象学的成素が志向的体験として分析される。その第一章は、序で述べた三つの意識概念の区別から始まり、第一と第二の意識概念についての手短な概略がそれにつづく。その際、第二の「内的知覚としての『内的』意識」(XIX/1 365) が、第一の意識概念に較べ「『より根源的』」であると述べられている (XIX/1 367)。というのも、内的に知覚されるものの領域こそが「認識論的に最初の、絶対的に確実な……領域」(XIX/1 368) であるからであり、意識流としての第一の意識概念は、内的に知覚されたものを土台に過去把持や想起における現象学的成素へと考察を拡張することで解明されることになるからである (XIX/1 369f.)。[1] ここでフッサールが、内的に知覚されたものを基礎として明証的な体験領野を拡大することで意識流全体を把握しうると考えている点が留意されるべきであるが、今はこの点には触れない。[2] ともかく、第五研究で焦眉の課題となるのは、第一および第二の意識概念ではなく、第三の意識概念、すなわち「志向的体験としての意識」である。したがってその二章以下はすべて第三の意識概念の解明に捧げられることになる。この概念が、フッサール現象学におけるキータームとしての「志向性」を特徴づけるものであることは明らかである。われわれの探究も初めは、この第三の意識概念における感情や衝動の位置づけを明確にすることから始まる。

フッサールは、志向性概念を導入するにあたり、現象学的な術語の確定に腐心しており、その際ブレンターノやナトルプを繰り返し批判的に引き合いに出している（vgl. XIX/1, Untersuchung V, §9, 10, 11, 13, 14）。彼がここで告発したかったことは、これまでの心理学や哲学が、意識の「内容」および「表象」という概念を、そこに含まれる重要な区別を考慮せずに使用してきたことである。「すべての体験された内容一般を表象と名づけること」があるとすれば、それは「哲学の知る限りで最も悪しき概念変造のひとつ」に他ならない（XIX/1 170）(3)。意識に与えられているものを現象学的な明証性に即して把握するという観点からフッサールは、意識における「実的（reell）成素」と「志向的（intentional）成素」を峻別し、この区別に即して「内在－超越」、「作用－内容」、「感覚－知覚」等の現象学的概念を再配置する。「ここで重要なのは、一切の形而上学に先立って認識論の入口にある区別であり、それゆえ、まさに認識論が初めに答えるべき問いを、答えられたものとして前提していないような区別である」（XIX/1 401）。

第一節　志向的感情

意識所与の明証的な区別を徹底することで、一切の意識体験が志向的体験と非志向的体験に区分される。フッサールにとって表象とは志向的対象への関係そのものを意味し（XIX/1 399f.）、対象的なものへの志向的関係が「志向性」に他ならないことから、志向的体験と非志向的体験の区別は、対象への志向的関係の有無によって決定される（XIX/1 382f.）。志向性とは「あるものについての意識」であり、あるものを「あるものとして」現出させる。『論研II』第五研究で感情体験が分析されるのも、この志向性との関わりにおいてである。そこではまず、「感情（Gefühl）」は対象へと向かう志向的関係をもつのか、もたないのかという当時の心理学上の論議に関する疑問が提起されている（XIX/1 401f.）。[4]

フッサールに先立って志向性概念を導入したブレンターノは、「心的現象」の基礎部門として「表象、判断、心情（Gemüt）」の三部門を区別しているが、感情が属しているのは心情部門である。『経験的立場からの心理学』でブレンターノは、物理学や生理学の対象となる、外的感覚に生じる「物的現象」から、「表象作用（Vorstellen）」に代表される「心的現象」を、志向性の有無によって区別した。[5] つまりブレンターノにおいては一切の心的現象が志向性をもつこと、それゆえ感情が志向的体験であることは疑いのないことであった。それに対してフッサールはいかなる立場を取るのか。まず初めに彼は、「一般に感情と特徴づけられる多くの体験のもとで、それらに対象的なものへの志向的関係が現実に属しているのは明確である」（XIX/1 402）として、感情が志向的体験であることを認める。[6] フッサールがここで考えている感情とは、「心情（Gemüt）」、「気に入ること／適意（Gefallen）」、「気に入らないこと／不適意（Mißfallen）」、「魅せられていること（Angezogensein）」、「忌避すること（Abgestoßensein）」といった体験であり、これら感情は作用として対象へ向かうとみなされている（ebd.）。フッサールはここではブレンターノの立場を容認しているが、それに対して想定されている反対論者の論点とは以下のものである。すなわち、「それ自体で考察した場合、感情はどんな志向も含んではおらず、自ら自身を越えて感情の対象を証示することはない。感情は表象との統一化によってのみ対象とのある種の関係を獲得し、しかもこの関係は、志向的関係とのこのような結合関係によってのみ規定されるだけで、それ自身が志向的関係として把握されるわけではない」（XIX/1 403）。感情の志向性を否定する論者は、感情を主観の「単なる状態」と捉え、それが対象と関係する場合は、専ら表象との複合にその関係を負うとするのである（XIX/1

402）。

こうした反対論者の見解に対し、フッサールは、ブレンターノによって導入された「基づける志向」と「基づけられる志向」という対概念を援用する。[7] つまり、ある対象を気に入る場合、この感情体験は、反対論者の見解では、状態としての適意の感情と一つの表象する志向とが結合することで成立するが、ブレンターノの見解では、表象される対象を供与する「基づける志向」と適意の対象を供与する「基づけられる志向」という二つの志向が重なり合うことで成立する（XIX/1 403）。基づけの方向性の相違こそあれ、二つの志向はそれぞれ作用としての方位性をもつ。ただし、「前者の〔基づける〕志向は後者の〔基づけられる〕志向と分離可能であるが、後者を前者から分離することはできない」（ebd.）。これは基づけ関係の鉄則である。フッサールがここで、ブレンターノの立場を支持したのは、適意や不適意という感情が、それ自体で表象された対象に向かっているとみなしたからであるが（ebd.）、これを裏返せば、先の反対論者のように、感情それ自体を志向性をもたないものとして理解すると、「非志向的な感情」と「志向的な表象」とがいかに関係するのかが全く説明できないことになるからである。反対論者は、感情と表象との結合を、心理学的な「連合」として安易に説明を与えるが、いったい志向的関係が、「いかにしてそれ自身では志向ではないものに、連合的な志向に基づいて対象を与えるというのだろうか」（XIX/1 404）。表象的志向と志向をもたない状態的感情の間にはどんな必然的な因果関係もない（ebd.）。というのも、現象学的な「連合的統一性格」（XIX/1 403）は、表象的作用であれば表象的作用との関係においてのみ見出されるからである。連合は、目の前の知覚対象が過去の類似の知覚対象を思い起こさせるというように、同一の現象学的類のなかで働くのであり、そもそも志向－非志向というカテゴリーが異なるものを繋ぐような連合はありえない。[8]「志向的関係が連合によって混乱させられることはない」（XIX/1 404）。

ではしかし、フッサール自身が取った立場は反対論者がかかえる困難を解消しえるのであろうか。それには、感情体験それ自身が表象へと志向的に向かっていることを証示しなければならない。フッサールがブレンターノの立場を援用したことはすでに述べた。その見解によれば感情は非自立的な基づけられる志向であるが、志向であるからには一種の表象作用であることになる。つまり基づける志向によって表象が志向され、その表象を基礎として基づけられる志向が発動するとしても、感情が志向である限りは、「他のもの〔基づける作用〕に負っているもの〔表象〕を、それ自身もまた所持している」（ebd.）必要がある。しかし感情が表象を所持するとはいかなることなのか。反対論者の見解を斥ける目論見が逆に同様の問いをフッサールに突きつける。フッサールは、この「所持する」ということの解釈に関連して、「基づける表象と基づけられる作用との関係は一方が他方を引き起こす（bewirken）ということによっては決して正当に記述されえない」（ebd.）と述べている。つまりここでは、実在的な対象間に働く因果性を、ある対象が満足感を引き起こすという場合にまで敷衍することで想定される「外的な因果関係」が考えられているわけではない（XIX/1 405）。彼が捉えようとしているのは、意識に現出する表象的な志向的対象が、同じく意識体験である感情と不可分な仕方で結合しているそのあり方である。フッサール自身の記述で言えば、感情が「表象と内的に織り合わさっている」（XIX/1 444）その仕方に他ならず、この事象を現象学的に彫琢することが要求されているのである。

　しかしフッサールは、この問題をここで詳細に突き詰めようとはしなかった。そうはせずに、例えば適意の場合では、「気に入ることの種的本質が、気に入るものへの関係を要求している」（XIX/1 404）と言明するにとどめる。つまり気に入るものなしに気に入ることはありえないのであり、それは「あるものについての確信でない限り、確信の契機がアプリオリに考えられえないのと同様である」（ebd.）。フッサールはこうした相関関係が、子のない父が考えられないという単なる意味論的相関ではないと強調してはいる（ebd.）。しかし、ここにはある種の強引かつ早急な独断が含まれているように思われる。意識は常にすでに「何かについての意識」であるというのが、志向性の定石であり、フッサールが見出した認識論的本質事況である。ただしこのことは概して、フッサールの術語で言うところの「客観化作用」、すなわちここでの「基づける作用」に妥当する。それに対し「基づけられる作用」である非客観化的な感情はどのような意識体験なのか、というのがそもそもの出発点であった。にもかかわらず、感情が志向的体験であるのは、それがその種的本質に依存しているからであると断言するにとどめるのでは当然合点がいかず、この本質そのものが何であるのかを明らかにする必要がある。しかも、ここで選択された種々の感情概念は、他動詞的使用が本来的である。つまり、言語および判断形式によって、初めから目的対象を志向するよう方向づけられた動詞群が用いられており、感情体験が志向的関係をもつか否かという議論が、対象を志向する動詞によってすでに決定されていたふしがある。この箇所でフッサール自身、必ずしも志向が向かう対象がなくても成立する「喜び（Freud）」や「不快さ（Unfreud）」という感情概念を使用してもいるが、それらもやはり、表象および判断という客観化作用に基づけられて初めて成立するのである。「喜びはそれ自体で成立する具体的作用ではなく、判断はそれと併存するような一作用ではない。判断は、喜びを基づける作用であり、喜びの内容を規定し、その抽象的な可能性を実現する。というのも、そのような基づけなしにはどんな喜びもそもそも存在しえないからである」（XIX/1 418, vgl. auch 381）。

『論研II』のこの時期に、ナミン・リーが指摘したフッサールの「客観化作用」の重視が見られるのは明らかである[9]。客観化作用としての「表象作用こそが対象をまさに対象たらしめ、それによってそれが感じること（Fühlen）や欲求すること等の対象になりうることも可能にする」（XIX/1 443）。その限りでまた、「非客観化作用は『論研』の規定に即しては対象構成に何の寄与もなしえない」というメレの指摘も的確である。[10] 学問的客観性の基礎づけというモチーフを一貫することがフッサール現象学の推進力であることから、こうした方向性を避けることはできなかったようにも思われる。客観化作用は真偽の判定を可能にする言明を形成するが（XIX/2 738）、志向的感情を含む非客観化作用は、実用的で伝達にとっては重要であるとしても、客観化作用の言明の偶然的な特殊形態に過ぎないのである（XIX/2 749）。[11] ここには感情体験を単に主観的で偶発的な現象として切り捨てる極端な客観主義が感じ取れなくもない。さらに、たとえそのことを措いておくとしても、先に提起された表象と感情の関係は、いまだ纏綿として曖昧さを払拭しきれない。しかしまた、リーが「静態的現象学の枠内では構成は客観化を意味する」[12]と解釈しているからといって、そのことにより前期フッサールの感情分析の一切が、客観化作用重視の視点からのみ扱われていると断定することも早計だと思われる。われわれは、『論研II』でのさらなる感情体験の分析を追うことにする。

第二節　非志向的感情

前節でフッサールは感情体験が志向的であることを承認した。しかしでは、非志向的な感情も存在するのか否かというのがここでの問いである。この疑問に対してフッサールは即座に「然り、と答える」（XIX/1 406）。「いわゆる感性的感情（sinnliches Gefühl）の広大な領域には、志向的性格は全く見出されない」（ebd.）。もとよりフッサールは、「必ずしもすべての体験が志向的ではないということを、感覚や感覚複合が示している」（XIX/1 382）として、感覚には志向性を認めていなかったのであるが、[13] この「感覚（Empfindung）」および

「感性（Sinnlichkeit）」[14] へとここでは感情体験が引きつけられて捉えられている。「感性的感情」という概念で考えられている体験は、「感性的痛み（Schmerz）」や「感性的快感（Lust）」、「不快感覚（Unlustempfindung）」、「衝動（Trieb）」等であり、これらは「確かに確信、憶測、意欲などと同列に置かれるべきものではなく、粗さや滑らかさ、赤や青などの感覚内容と同列に置かれるべきものである」（XIX/1 406）[15]。つまりここでの感情体験は、例えば快感が、それがバラの香りや料理によって引き起こされたかに見えるとしても、そうした超越的連関を一切考慮せず、まさに意識に与えられているがままの現象として把握されている。その限りで感性的感情は、「諸々の感覚野に属する感覚と融合している（verschmolzen）」とも言われる（ebd.）。

しかしでは、この「融合」という概念で記述される感情と感覚の関係とはいかなるものなのか。ここでは「痛み」が感性的感情の代表例として挙げられているが、痛みといってもそれは一義的に確定されるようなものではない。身体が傷つくことから生じる局在的で鮮明な痛みから、必ずしも明確な局在性を伴わない鈍痛や心痛というものにまでその範囲はおよぶ。フッサールはここでは、皮膚感覚的なものとして触感覚に関係づけられる痛みについて分析している。例えば壁に手を激しく擦りつけるような場合、最初は壁のでこぼこした質感の触知であったものが、突如熱をもち、一切の質的感覚を無効にする痛みへと移行する。こうした場合、触感覚に痛みという質が数え入れられてもよいほど両者には親密さがある。痛みという感情体験は、「それが初めからある種の触感覚と融合して現れる限りで、それ自身感覚とみなされる必要がある」（XIX/1 407）。痛みと触覚のこの類比関係において重要なのは、「感覚が知覚作用の呈示する内容として作動する」（XIX/1 406）ということである。火傷の場合その痛みは、何らかの仕方で「対象的なものへと関係づけられる」（ebd.）。例えば、この痛みがまさに痛いのは、私の「身体」が負傷したからであり、火傷を引き起こした「対象」があるからであるというように。

このことは、接触する身体部分と接触される他の物体とに関係づけられる触感覚にも同様に当てはまる（ebd.）。しかし対象への関係は本来的には、「志向的体験の中で成就される」ものであり、感覚および感情体験は「経験的で対象的な統握の拠り所（Anhalt）」ではあるものの、それ自身は非志向的である（XIX/1 407）。「感覚それ自身は作用ではないが、感覚と共に作用が構成される」のであり、「感覚がここでは対象的『解釈』および『統握』を経験する」（XIX/1 406）。こうした感情体験の説明が、「感覚与件」つまり「ヒュレー（Hyle）」の問題と直結しているのが容易に見て取られる。しかもこのように感情体験を感覚与件との繋がりで理解する仕方は、『現象学的心理学』における「痛み与件」（IX 167）等の表現からも明らかなように、後年に至るまで見出される。フッサールは、感覚与件と親密な連関をもつものとしての感情体験を非志向的感情として把握する。

ここでフッサールは、志向的感情と非志向的感情がはたして同一の類に属するのかどうかを改めて問うている。その際、志向的感情が「理論的作用や熟慮の要する判断決定や意志決定などの作用と明証的に類似した体験」であることを、つまり判断形式に則った体験であることを省みることで、彼は非志向的感情との「本質記述的な差異」を認める（XIX/1 407）。つまりそれらの間に、「真に類的な統一を確保できるなどとは到底考えられない」(ebd.) のであり、統合されることのない感情体験の二義性が主張されるのである。この二義性とは、表象作用に基づけられる志向的感情と、表象作用を内容の呈示機能によって構成する非志向的感情との二義性のことである。それぞれ異なる感情が、一方では志向的作用によって基づけられ、他方では志向的作用の構成に寄与する。そしてこれら二義的な感情はひとつの「複合体験（komplexes Erlebnis）」を形成する（XIX/1 408）。例えば、喜びという体験は以下のように記述される。その体験は、「喜ばしい出来事の表象作用とそれに関係づけられた適意の作用性格をその統一に含んでいるだけではなく、その表象に快感感覚が結びつき、この快感感覚が、一方で感じる心理物理的な主体の感情興奮として、他方で客観的な特性として統握され局在化される」(ebd.)。こうした複合体験が、そのつどの事物の現出に様々な彩りを、二〇年代のフッサールの言葉では「感情の色調(Gefühlstönung)」(XXXVII 326)を与えることで、志向的感情が作動するための「土台」を形成するのである(XIX/1 408)。

非志向的感情は、その呈示機能を通じて志向的作用を形成するが、その際、必ずしも表象的作用との間に一義的な連関を築く必要はない。むしろ「快感と痛みの感覚は、それらを基礎にして形成される作用性格が消失しても持続しうる」(XIX/1 409)。ここでは感情体験が志向的作用との連関を、すなわち対象的統握を欠いたまま生起しつづけるあり方が見て取られている。フッサールは今や、志向的作用との連関を欠いた感情体験の豊かな領野を拓く端緒にあるにもかかわらず、それは「感じる主観へと関係づけられているにすぎない」(ebd.)として、単に主観的な心的出来事とみなすにとどめる。対象との志向的関係をもたない体験には、客観性の基礎づけにとっての重要な布置はいまだ与えられないのであり、認識論的動機がここでも強くフッサールの中に働いている。

しかし、フッサールはここで、「欲求(*Begehren*)」や「意欲(*Wollen*)」といった、通常は何ものかを目指す感情概念が、対象への意識的関係を必ずしももたなくても成立するのではないかという問いを今一度立てている。「すべての欲求が、欲求されたものへの意識された関係を要請するようには思えない。というのも、われわれはしばしば、暗い憧れや衝迫に突き動かされ、表象されることのない究極目標へと駆り立てられるからである」(XIX/1 409)。これに加えて注目されるべきこととして、「少なくとも根源的には意識的な目的表象を欠いた自然的本能の広大な領域」(ebd.)があることが指摘される。[16] 非志向的感情の様態のひとつとして「本能(Instinkt)」が数え入れられるのである。志向的感情が、ある対象への表象的作用が成立した上での疑似因果的な関係において成立するとすれば、ここで考えられている欲求や本能は、表象作用による対象の供給を必ずしも必要としない、端的な飽くなき飢えであり、表象的作用に先立って駆り立てる意識の事実である。またここでは、何かの動きの兆しや微かな物音の気配の察知という体験様式までもが考慮に入れられている(XIX/1 410)。しかしフッサールは、これらの意識体験がはたして本来的に志向的であるのか、非志向的であるのかを決定することはなかった。つまり、志向的関係をもつ体験とは全く別様の体験であるのか、それとも「志向的体験ではあるが、無規定的に方向づけられた志向」、すなわち「欠如という意味ではなく」、「無規定的な『何か』を表象することがまさに規定性であるような志向」であるのか、ということに関する決定を留保したのである(ebd.)。ここでは結局、「志向的な衝動および欲求と非志向的なそれらとの間にはどんな類的共通性も認められず、多義性の関係だけが認められる」と静態的に分類し、「多くの事例に対しては一方の解釈が適合し、他の事例に対しては他方の解釈が適合するであろう」と述べるにとどめる(ebd.)。

ここまでが、『論研』という現象学の出発点でなされたフッサールによる感情分析の概略である。暫定的にではあれ、彼は志向的感情と非志向的感情という二つの体験様式を認めることとなった。これ以降の彼の現象学的探究において、二つの感情概念がここまで明確に区別され対置されている分析箇所を見出すのは困難である。上述したように二つの体験様式の区分には問題点もあることから、フッサール自身がこの区分を放棄したという見方もありうるであろう[17]。しかしそうした速断は行わないにしても、ここでの議論は、この後フッサールが感情概念を分析する際に、どのような視点から事象に切り込んでいるのか、その足掛かりを与えることになるはずである。

第三節　感情概念の二義性と感性的ヒュレー

われわれは前節で、『論研』におけるフッサールの感情体験に関する分析の足跡を辿ってきた。そこでは、感情体験には志向的感情と非志向的感情という二つの体験様式があることが見出された。こうした二つの方向性からなる感情概念の記述は、一九〇七年の現象学的還元の明確な導入の後、一九一三年の『イデーンI』に至るまで散在してはいるが同様に見出される。例えば、一九〇七年の『理念』講義につづく『物と空間』講義では、現在的な作用としての知覚および、過去や未来という時間地平に関係する想起や予期が、基礎的な低次の作用と捉えられており、この「低次の作用の上に〔判断や認識という〕高次の作用が構築されることで、われわれは、考えたり推論したり理論化したりしながら世界と関係する」(XVI 5)。そしてさらに「ここに、いわゆる情緒的(emotional) 作用が繰り返し加わる」(ebd.)。この情緒的作用で考えられていることは、「われわれが、快や不快、善や悪を評価し、世界へと行為しつつ介入していく」(ebd.) ことであり、これは先述の志向的感情の性格に妥当する。また一九〇八／〇九年に由来する「倫理学の根本問題講義」でも「表象することに基づけられた感情の布置」(XXVIII 323) について記述されている。[18] そして一九一三年の『イデーンI』では以下のように述べられる。「そもそも一切の作用は、すなわち心情作用や意志作用でさえも『客観化』作用」(III/1 272) であり、「『志向的体験』」(III/1 269) であるが、「一般に心情作用や意志作用は、より高次の段階において基づけられた作用である」(vgl. III/1 77, 266, 272)。志向的感情がここでは、非客観化作用ではなく客観化作用の一種とみなされているのは、『論研』との大きな違いであるが、「基づけ」関係に関しては『論研』の志向的感情の性格が敷行されている。[19]

そしてその他方で、『物講義』では、われわれが「端的に体験する感情」、つまり非志向的感情は、「それ自身の内で存在する（in sich sein）」、一切の超越が閉め出された「実的所与性」、すなわち「現象学的な絶対的与件」であると述べられ（XVI 21）、『イデーンⅠ』でもこの絶対的与件としての非志向的感情は、感覚与件つまりヒュレー概念と共に以下のように語られる。「感性的感情」（III/1 75）は、感覚与件と同じく「志向性の担い手」であり（ebd.）、「『衝動』領域の感覚的契機」（III/1 192）をも含んだ非志向的な層として「呈示」機能を有する（ebd.）。これらの引用箇所から『イデーンⅠ』までは、感情概念の二義性について事情は変わらないように思われる。しかし実は、現象学的還元が導入され、超越論的現象学という構想が示される『イデーンⅠ』において、先の二義性をそのままの形で維持するのが困難となる問題が浮かび上がってくる。それはまず、「非志向的感情」および「感性的ヒュレー」の概念と密接に関係する。

還元の遂行によって、実在世界に関する一切が純粋意識との相関へと引き戻され、「あらゆる世界的超越を……それ自身の内で『構成する』」（III/1 107）主観性が見出される。超越論的主観性のこの「構成（Konstitution）」概念とともに、いわゆる志向性の「統握図式」が展開され、ヒュレーおよび非志向的感情もこの枠内へと組み込まれる。そしてその際、ヒュレーおよび非志向的感情は、この図式の枠組みでは扱いきれないことが判明する。すでに『論研』において感覚の「呈示する」（XIX/1 397）機能が注目されてはいた。しかしここでは逆に、ヒュレーを「『生化する』意味付与的層」（III/1, 192）としてのノエシスが強調される。[20] それによりヒュレーは、ノエシスにより統握され、生化されるのを待つ単なる「形式を欠いた素材」（III/1 193）、つまり無規定的な「死せる素材」（XVI 46）となる。[21] つまり、「自我の生が対象的なものへの志向的行動の顕在性において経過することを出発点に取ることで、非志向的なものはただ『死せるもの』、『生気づけられていないもの』として現れ出る」[22]。このように規定されたヒュレーはまさに空虚で、それ以上の分析を許さないもののように思われる。

しかし、前節の非志向的感情の記述では、体験複合の「統一的な全体性格は、感覚契機（例えば快感感覚や衝動感覚）に規定されて現出しうる場合と、それを拠り所とする作用志向によって規定され現出しうる場合がある」（XIX/1 410）として、非志向的感情にも積極的意義が認められていた。つまり感覚には「強度（Intensität）」があり、この「強度のあらゆる相違は、原初的、本来的には基づける感覚に認められ、……作用の具体的な全体性格は、この感覚の基礎にある強度差によって共に規定される」（ebd.）というように。この引用では、感性的ヒュレーこそが一切の作用を積極的に基づけるということが述べられている。それゆえ、絶対的与件としての感情や感覚は、単に形式を欠いた空虚な素材ではなく、それ自身のうちに質的で強度的な差異をもつ与件であるはずである。『イデーンI』でフッサールは、無規定的な素材であるにもかかわらず感性的ヒュレーを、様々な与件（色彩与件、音与件、触覚的与件など）に区分し、さらに感情体験について以下のように述べている。「感情体験は自らを射映することはない。もし私がそこへと眼差しを向けるのであれば、私は一つの絶対的なものを手にするのであり、それはあるときはこのように、またあるときはそのようにと、おのれを呈示しうる側面をもつことは決してない。確かに思考することで私は、それについて真なることや疑なることを考えることはできるが、直観する眼差しのうちに現にあるものは、その性質およびその強度とともに絶対的にそこに存在する」(III/1 92 f.)。

こうしたヒュレー概念の規定のズレは何に由来するのか。理由として以下の三点が考えられる。まず第一点は、これまでの探究が「第三の意識概念」、つまり「志向的体験の包括的関係」としての意識概念の内部に限定されているということである。志向性とは、本来ノエシス―ノエマの相関関係を主題化するものであり、すでに『論研』において立てられた問い、つまり「客観性の『即自』が『表象』へと至り、しかも認識において『把握』に至るということ、したがって結局は再び主観的になるということはいかにして理解されるべきか」(XIX/1 12f.)という問いに解答を与えるために導入されたものである。[23] そしてここから、なぜノエマと感覚与件が区別されるのかということも明らかになる。つまりそれは、われわれが多様な感覚与件のもとで同一の客観を思念し、また同一の感覚与件という所与から様々な客観を思念するという認識論的事実に解答を与えるためである(vgl. XIX/1 § 14, III/1 230)。[24] したがって「統覚図式とは、……(明証的に与えられる)主観的な意識内容と客観的な意識内容の区別に対する解明として、もしくは客観的な対象志向の一般的図式として役立つ」、いわば認識論的に限定された領域で効力を発揮するモデルなのである。[25] 統握図式のもとでのヒュレーはそれゆえ、ノエシスにより生化されることをあらかじめ見越した空虚な素材として記述されざるをえないのである。

例えば、志向性分析において感覚与件は、主に視覚与件が特権化されることで、呈示機能を担う「現出多様性」、「射映多様性」として主題化される。現出者は連続的な射映の中で現出する。その際、統覚的媒介を通じて射映現象はある現出者の射映という規定を受け、例えば家屋はそのつど「一面的な」所与性という仕方で記述される(vgl. XVI 50ff., 56f., III/1 91, ff.)。空間的現出者は、一挙に与えられるのではなく、側面的な現れの変化を貫いて同一的対象として統握される。ここでは「側面的所与」と「射映」は同義である(vgl. XVI 146)。しかしでは、この「側面(Seite)」という概念は射映体験の内実を言い当てているのか。『物講義』でフッサールは、側面という概念について以下のように述べる。「側面とは非自立的なものであり、断片は自立的なものである。より正確には、断片はそれ自身で存在することができ、事物は、それが断片へと還元されたとしても事物でありうる。しかし事物は側面へと還元されえない。それとしてあるところの側面とは、側面としてのみ明証的で、必然的なのである」（XVI 52）。さらに後年の草稿でフッサールは、「ある側面は、諸々の他の側面との共存在によってのみ意味をもつ」（XV 124）とも述べている。つまり、側面が側面として成立するのは、そもそも他の側面との指示連関が成立している限りであり（vgl. XI 4f.）、そのことからすでに、「知覚される事物一般と同様に、部分や側面、契機といった事物に帰属するもの一切もまた、至る所で同じ理由に基づいて知覚から必然的に超越している」（III/1 84f.）。射映という「連続的なヒュレー的変転」（III/1 227）を側面的な所与性として記述することは、説明図式としては明瞭であり示唆に富むとしても、その本質を捉えてはいない。というのも、射映現象は意識の実的成素として端的に体験されているにもかかわらず、それが事物の側面として捉えられている限り、すでに超越的統握によって構成されており、その側面そのものが再び射映を通じて与えられなければならないことが帰結するからである。しかし感情体験が射映によって自らを与えることがないのと同様（vgl. III/1 92）、射映それ自体は射映を通じて与えられるのではない。まぎれもなく与えられている射映体験を、「側面」というノエマを手引きとして導出する概念で記述する試みは、様々な困難を引き起こす。また統握理論による知覚の主題化は、視覚与件の特権化に加え、個々の志向的体験を断片的に切り取るようにして行われるが、現実には個々の対象が虚空に浮かぶように知覚されることはない。外的知覚における対象の主題化は、周囲の対象が地平化することと同時に起こっている。では、地平意識をも含めた一連の対象知覚の流れにおいて射映体験はどのように記述されうるのか。この問いに統握図式の枠組みのみで答えることは容易ではない。われわれの視野に現れる多様な対象ないしその背景は、静止しているように見えても一切が止むことのない細かな射映の直中にある。しかしわれわれがこの射映の変転を、現出する対象の志向的関係へと組み込むことなく記述するには芸術家的な感性の修練が必要である。われわれは志向性を通じて常にすでに感覚体験を超出している。そのため、開眼手術者が初めて眼にするような知覚化されない世界を生き直すことはほとんど不可能である。したがって感覚体験を、知覚の記述様式から捉える試みにはもともと無理がかかる。とはいえ、ここで見逃してはならない点は、こうした探究から「『意識対象性の構成』問題」を、「『綜合的統一』を可能にする機能の『目的論的』観点」から考察するという動向が、つまり「機能的目的論」が導出されるということである（III/1 196 f.）。それは、フッサール現象学で様々に語られる「目的論（Teleologie）」概念が整序される機縁となるということである。ヒュレーはノエシスの生化機能を通じて必然的にノエマへと展開する。この意味でノエマはすでに「目的論的に統一的な意識形成の一定のシステムについての指標」（III/1 357）となっている。

第二点として、感性的ヒュレーをそれ自体として記述することの困難さが挙げられる。フッサールによれば知覚内容の存在と感覚内容の存在とは端的に異なっているが（vgl. III/1 229, XIX/1 395f.）、改めて感覚をそれ自身の方から記述しようと試みると、われわれは言語の乏しさに気づかされざるをえない。赤い色を、何らかの対象（炎やポスト）および他の色との関わりなしに説明することは困難である。にもかかわらず、その同じ赤には様々な度合いの濃淡が判別されている。感覚質、クオリアとは、他のものとの比較によって初めて成立するのではないにもかかわらず、比較をもちこまなければそれ以上の記述が困難である何ものかである。そもそも知覚に親和的な記述言語と、感覚体験の差異化の仕方は全く異なっている。これまでは、現象学的に設定された明証性基準に即して意識体験が、実的成素や志向的成素へと区分されてきた。しかしこうした区分の仕方では、例えばノエシスもヒュレーも等しく「実的なもの」として括られる。とはいえ、両者はそれぞれの機能において全く異なる働きをしており、これら働きのモードそのものは明証性による区分からは導出されない。フッサール現象学において「感覚」と「感情」の区別が曖昧であるのも、実はこのことに起因している。したがって明証性による区分とは別に、それぞれの独自の体験様式を見て取る方法が本来要求されるべきである。

　フッサール自身は感情体験を見出すプロセスを以下のように記述している。「現象学的態度は、反省しつつ、超越的措定を遮断することで絶対的意識へと向かい、今や絶対的体験の状態性統覚を見出す。つまり、……喜びの感情体験を絶対的な現象学的与件として見出す。ただし、それを見出すことは、その与件を生化する統握機能を媒介するのであり、しかも、現出する身体に結びついた人間的主観の状態性を『告示する』統握機能を媒介する」(III/1 118)。状態性とは、「人間および動物の体験の状態性」(ebd.)であり、すでに「超越的形式」(III/1 119)であるが、この統握的媒介の中でヒュレー的与件ないし感情が取り出されうるのである。つまりここでのヒュレーは、それ自体で扱われるものではなく、形式と素材という志向性の「機能(Funktion)」概念に組み込まれるかたちで際立たされている。「心情や意欲の領域とは、その中で当該の領域の感覚与件が、機能する『素材』として登場する志向的体験のことである」(III/1 194)。しかしわれわれはすでに前節で、感情が必ずしも機能的な志向的体験として成立しなくとも生起しうることを確かめた[26]。そこでは、感情体験をそれ自体において分析する必要が出てくる。とはいえ、感覚および非志向的感情の独自の体験様式は、「第三の意識概念」のもとでは容易に扱うことができないのである。しかもフッサール自身がこのことに気づいていた。つまり、「こうした感覚的体験が体験流の至る所で必然的に何らかの『生化する統握』を担うのか……、もしくはこうした感覚的体験が常に『志向的機能』のうちで成立するのかについては決定されえない」(III/1 192)、と述べているのである[27]。

　最後に第三点として、ヒュレーが「時間」の生起に深く関連することが挙げられる。第三の意識概念の内部でヒュレーは、現出者を与える限りでの現出の多様として、主に空間的視点が強調されることで「ヒュレー的な射映多様性」(III/1 230) として記述される。つまり、「事物ノエマにおける統一的な性質と……諸性質のヒュレー的射映多様性との相属」(ebd.) という連関で取り出される。[28] ここでの多様なヒュレーは、いずれノエシスの生化機能に媒介される必要があるが、それ自身すでに「連続的なヒュレー的変転」(III/1 227) のうちにある。この「絶えず変転する」というヒュレーの時間的推移の規定は、ノエシスによる生化機能によって初めて成立するものではない。連続的変転、射映連続性は、ヒュレーそれ自身のアプリオリな規定であり、この規定のおかげでフッサールは、第三の意識概念の枠内で感覚野と知覚野の区別を語りえたのである (III/1 86)。「ヒュレー的な成素断片とノエシス的な成素断片との実的な体験統一は、『そこにおいて意識される』ノエマの成素断片の体験統一とは全く別様なものである」(III/1 228)。この全く別様の統一としての実的な綜合が感覚野の形成を意味し、そこにおいて志向的対象を持続するものとして現出させる「時間意識」の綜合を意味してもいる。感性的ヒュレーは空間における超越的対象としては構成されえないため、時間的綜合の探究として差し当たり着手されねばならないのである。ただし『イデーンI』でフッサールは、こうした事情をあらかじめ見越した上で分析を行った (vgl. III/1 191f., 273)。したがって、感性的ヒュレーに関する規定がズレを含むのは、実はそれが異なる二つの意識概念に、つまり第一の「体験流としての意識」と第三の「志向的体験としての意識」の両概念に跨るものとして現れているからである。フッサール自身述べているように「ヒュレー的研究は、ノエシス的現象学そして機能的現象学 (両者は本来的に分離されえない) の遥か深みに位置して」(III/1 198f.) おり、その限りで機能的な志向性に吸収されたヒュレー分析は不十分なものとならざるをえなかったのである。非志向的感情の本来的な分析は、第三の意識概念の枠組みを抜け出た意識の時間的綜合の展開とともに着手される必要があるのである。

第四節　志向的感情と動機づけ

(1) 態度と志向的感情

フッサールの現象学的探究で「非志向的感情」は、ヒュレーと同等の位置づけがなされる。その限りで、それ自体を際立たせるにあたり、第三の意識概念の枠内では限界があることが前節で示された。しかしわれわれは、その問題を解決すべく直ちに意識流の問題に向かうのではなく、第三の意識概念の枠内にとどまり、「志向的感情」の詳細を追う。そうすることが今後の展開における感情体験の問いの射程および位相をより明確に際立たせることになるからである。志向的感情と呼ばれる体験様式は、『イデーンI』では『論研』と同じく表象的志向に「基づけられる志向」というものであった。これら感情体験はその後も、フッサールによって「心情作用(Gemütsakte)」や「意志作用(Willensakte)」を主要な類例として記述されている。ほぼ『イデーンI』出版と重なる時期から一九一五年前後に起草された『イデーンII』[29]では、「領域的存在論」が構想されており、そこでもこれまでと同等の叙述が確かに見出される(vgl. IV 16, 186, 188)。しかし、このことから事情に変わりはないと即断するわけにはいかない。領域的存在論は、自然科学であれ精神科学であれ、一切の学問が前提せざるをえない、対象をアプリオリに規定する仕方を、すなわち、そのもとに諸対象が包摂される最上類としての「領域(Region)」を劃定することを目指す(III/1 344)。その際、志向的感情の展開にとって重要なのは、領域的存在論における諸々の「領域」が、それぞれ異なる態度(Einstellung)のもとで見出され、その限りで、一つの包括的視点から諸領域を俯瞰し、それらを積み木のように組み立てることはできないことが洞察されることである。

差し当たり『イデーンII』でフッサールは、自然科学者の主要な態度を「理論的態度」として特徴づける（IV 2）。「自然は理論的な主観に対して存在する」（IV 3）[30]。さらにこの理論的態度から、「実践的（praktisch）」および「価値論的（axiologisch）」態度が区別される（IV 2）。これら態度は、われわれが物事を評価し、対象に様々な価値を見出しながら意志的に行為する際の態度を意味している。諸々の態度が錯綜する中でわれわれは日常的な生を営むのである。こうした諸態度の意味規定に鑑みると、志向的感情の分析に際して見出された二つの志向的類型が、つまり「基づける客観化的志向」と「基づけられる志向的感情」とが、完全にではないが、これら態度の区別へと重ね合わされているように見える[31]。「理論的態度」は、「われわれがドクサ的（客観化的）作用および表象、判断、思考という諸作用として特徴づける意識体験によって規定される……」（IV 3）。それに対し、実践的価値論的態度において現れる志向的感情としての「心情体験は、……志向的体験として構成してはいる。つまり、その体験も対象に新たな対象的層を構成する。しかし、それらの層へと主観が理論的態度を取っていないのであるから、したがってその層は、そのつど理論的に思念され、判断に即して規定される対象そのものを構成してはいない……」（IV 4）。志向的感情が、『イデーンI』で「非客観化作用」ではなく、一種のドクサ的な客観化作用とみなされるに至ったのは、それが対象構成に何らかのかたちで寄与しているからである。ただし、理論的態度が対象をドクサ的に措定し、構成するだけではなく、自らの作用への反省をも含んでいるのに対し（ebd.）、実践的価値論的態度では、志向的作用が何らかの構成を行っているにしても、対象そのものを構成するには至らない。対象の本来的な構成には、「理論以前の構成作用の段階から理論的な構成作用の段階へと移行する」（IV 4f.）必要がある。したがってここでは、志向的感情の分析における客観化作用と非客観化作用の区別が、本来的に対象を構成する「理論的態度」と、その態度への転向によって補完されるべき「実践的、価値論的態度」の区別として語り直されているように見えるのである。しかしでは、理論以前の「構成」とは何を意味しているのか。[32] この構成概念は二重の意味において問われるべきである。つまり、心情作用や価値作用といった志向的感情が、それ自体一種の客観化作用として何らかの構成を行っているという意味での「構成」と、理論的態度以前の実践的、価値論的態度において、つまり反省による客観化的ないし対象化的視点を取る以前に何らかの構成が行われているという意味での「構成」である。理論的態度と実践的価値論的態度の区別は周知のように、「自然的態度」における根本的な二つの態度としての「自然主義的態度」と「人格主義的態度」の区別として語り直されることになるが (vgl. IV 189ff.)、この態度の区別が遂には、現象学的な「反省」と「構成」概念に関する規定のズレを際立たせることへと繋がっていく。

ともあれフッサールは、差し当たり理論的態度にとどまり、自然科学者が扱う「物質的自然」の構成へと向かう。この自然は「単なる諸事象」であり、それを扱う「自然科学者には価値述語も実践的述語も無縁である」(IV 25)。[33]「それゆえわれわれは、一種の『還元』を遂行し、一切のわれわれの心情志向や心情の志向性に由来する統覚をいわば括弧に入れてしまう」(ebd.)。フッサールは、自然科学者が扱う事象を取り出すために、彼らが素朴に行っている理論的態度に特有な「価値統覚の還元」を遂行する。それゆえこの態度のもとでは、価値づけや評価などの実践的側面が捨象されると共に、さらには自然や事物と関わっているはずの主観それ自身も「自己忘却」(IV 55) される。したがって例えば、主観の心理的条件が変容することによる「異常性は、事物構成のために何の寄与もなしえない」(IV 74)。こうした理論的態度における「狭義の、最も根底的な第一の意味での自然」が、延長を本質的徴表とする「物質的自然」である。さらに「まさにこの態度のもとでは、感覚、表象、感情など、あらゆる種類の心的作用や状態が、……『実在的な (real)』作用または状態」とみなされることで、これら作用が属する「第二の広義の自然」、つまり「動物的自然（*animalische Natur*）」が、第一の自然から区別されて構成される（IV 27f.）。動物的自然は、それが「延長を本質的徴表とする物質的自然の下層と、それと不可分でありながら、とりわけ延長を排除するという根本的に異なる本質をもつ上層とから成立する」限りで、「精神的自然」とも呼ばれる（IV 29）。ここでのフッサールの意図は、物質的自然、動物的自然、精神世界という異なる諸領域を、物質的自然を基底とする「基づけ」関係を用いて階層的に組み立てていくことにある。「物質的なものに心的なものが基づけられている」（ebd.）。「動物的実在性は、基づけられた実在性であり、それ自身の内に基層として物質的な実在性、いわゆる物質的身体を前提している」（IV 33）。この基づけ関係は、志向的感情の分析における客観化作用と志向的感情の基づけ関係と類比的なものであることが理解されよう。

ただし注意すべきは、ここでの基づけの階層関係が、構成素材としての物質、つまり脳や神経組織を初期条件として設定することで初めて意識および心的なものが成立するという、現代の経験科学にも敷衍される疑似因果的な基づけ階層として想定されているということである。それゆえ、こうした試み一切は、「自然主義的態度」、すなわち一種の「理論的態度」に根ざしている（vgl. IV 26ff., 174, 181）。つまり「われわれは、自らの分析を自然主義的態度において遂行したのである」（IV 174）。したがって重要なのは、「精神的主観」を見出すために、自然主義的態度の延長線上で物質的自然に基づけられた「心的主観」を分析することと、自然主義的態度では自己忘却されている主観を、自然主義的態度以前に生きている仕方で開示することとは全く別の次元に属する問題であるということである。後者こそが、人格主義的態度において主題化されるべきものであり、後の現象学の展開にとって多大な意義をもつものである。

「人格主義的態度」のうちでのみ、「われわれは、お互いに生活し、言葉を交わし、挨拶の手をさしのべ、愛や憎しみ、意向や行為、語りやそれに対する異議において相互に関係しあう」(IV 183)。そこではわれわれは、「自らを取り囲む事物をまさにわれわれの環境として見出すのであって、自然科学における『客観的な』自然として見出すのではない」(ebd.)。理論的、自然主義的態度を取る以前にすでに、われわれは「人格(Person)」として生きている。つまり、朝目覚めて、食事をとり、仕事を行い、眠るという日常をわれわれは「人格主義的態度」における一個の「人格」として生きる。ここにおいて初めて、「自然主義的態度が人格主義的態度に従属している」ことが洞察される(ebd.)。厳密な理論的態度を要求する科学者ですら日常的生を営まずには生きることができない。にもかかわらず自然主義的態度は「抽象によって、もしくは人格的自我の自己忘却という仕方で、ある種の自立性を獲得し、それにより同時に、この態度における世界や自然が不当にも絶対化される」(IV 183f.)。それに対し、「自然的な生においてわれわれは、世界に絶えず目をやることはないし、ましてや自然主義的に優先的なものとして世界を眺めることもない」(IV 183)。こうした態度論の展開のうちに『イデーンII』構想の破綻を見て取るのは難しくはない。表面的には、物質的自然からの基づけ関係を柱にした領域的存在論の階層構造が、人格主義的態度において逆転しているように見える。ただしフッサール自身は、「基づけ」という概念によって精神世界が物質的自然を基づけるとは、つまり本来的な意味で逆転しているとは述べていない。周到にも彼は、「従属する(unterordnen)」という他の概念を用いている。したがって、物質的自然が実在するためには精神世界がそもそも存在していなければならないというように早計に理解されるべきではない。そうではなく重要なのは、前者は後者における日常的生を土台として現れてきた一つの態度に過ぎず、その限りで、後者との関係において初めて正確に理解されうるということである。こうしたモチーフが、後年の『危機』書における一元的科学的世界観の批判につながっていく。人格的自我が生きる世界は、理論的態度における客観化作用の主題的相関項ではなく、つまりその意味では非主題的に生きられている世界であり、種々多様な価値に彩られた世界、すなわち「周囲世界（Umwelt）」である。この概念が『危機』書における「生活世界（Lebenswelt）」概念へと徐々に先鋭化されていく[34]。さらには、われわれの探求テーマである志向的感情の問題が、錯綜する態度論の展開と共に再び分析の俎上に載せられることになる。つまり、「周囲世界の構成には心情や意志が参与している」（XXXVII 291）のである。

（2）人格と動機づけ

人格主義的態度における主観は、周囲世界を「人格（Person）」として生きる「実践的自我」である。「最も広い意味で、われわれは人格的態度……を実践的態度としても特徴づけることができる。そこで常に問題になるのは、行為し、受苦のうちにある自我……である」（IV 189f.）。それゆえ人格主義的態度では、一切の意識体験が自我の行為連関の内で主題化される。つまりこれまでの志向的分析が、特定の認識の一場面を切り取り、そこに含まれる志向的構成能作を明らかにするという仕方で行われていたのに対し、人格主義的態度の展開と共に、判断や知覚がすでにそれ自身行為の一種であり、途切れることのない目的連関の内で主題化されるべきものであることが洞察されるのである。例えば『イデーンII』の後に起草される『第一哲学』では以下のように述べられている。「今や、……判断する自我のそうした活動一切には、作用＝活動（Akt）という語も示唆しているように……、行為が横たわっている。私は、判断という行為において、私をそこへと駆り立てる目的としての存在と様相存在に方向づけられている」（VIII 95）[35]。ここでは、判断という論理的－認識的な客観化作用の遂行が、目的の充実へと方位づけられた行為であることが指摘されている。このように志向性の行為論的な枠組みが整序されることで、「実践的価値論的態度」に対置された先の「理論的態度」も、後年『危機』書で述べられるように「理論的実践」（VI 113）という広義の実践的態度に包括されていくことになる。

さらにこうした展開には、志向性の注意理論の深化が重要な役割を演じている。対象への志向的眼差しが、知覚、想像、適意、意欲などの「特殊な作用様態の区別」としてではなく、「顕在性の様態」として分析されることで（III/1 76f.）、作用の「注意」（III/1 77）的側面が際立たされる。つまりここで、ある対象への注意的眼差しが他の対象の背景化ないし地平化を引き起こすことで、時－空的に奥行きをもつ立体的な意識概念が形成されるのである。したがって、知覚という場面を一つ取っても、それは孤立した断片ではなく、周囲世界にある諸対象が自我の注意に即して流動的に顕在化し背景化するという行為の流れに初めから組みこまれているものとして理解される。つまり、第三の意識概念として、当初認識論的に設定された志向性概念が、人格主義的態度の分析、注意作用論の展開により、認識的動向をも内に含む自我行為の連関全体を示す意識概念へと鋳直されるのである。そしてここからは、「自我生（Ichleben）」という、自らが決して抜け出すことのできない固有な体験の流れ全体を意味する「生（Leben）」という視点が生まれることにもなる。[36]

周囲世界を生きる自我は、そのつどの「関心（Interesse）」に応じて注意的眼差しを対象に向ける。「実際、関心づけられていることの最も広義の意味で関心について語るのであれば、通常の語義の固有な拡張により、一切の作用の根本本質がそれによって表現される。つまり、『自我が何らかのものに関心づけられている』ということは、『自我が志向的にそこへと方位づけられている』ことと同じことを意味する」（IX 412）。このように関心づけられた自我の、つまり精神的生の規則性が、外的な因果性に対置される「動機づけ（Motivation）」である。[37]自我は膨大な経験の堆積に絶えず動機づけられ、傾向づけられている。ある知覚判断は、以前行った知覚判断の影響下において行われざるをえない（vgl. IV 220）。それに対して「感覚器官や、神経細胞、神経節細胞における生理学的プロセスが、私を動機づけることはない」（IV 231）。『イデーンII』ではこの動機概念が主に、能動的な自我の「理性的動機（Vernunftmotivation）」と習慣性を支配する受動的な、つまり自我の関与なしに生じる「連合的動機（assoziative Motivation）」の二種類に区別される（IV §56）[38]。理性的動機のもとでの自我は、「純粋に論理的な思惟において『行為する』」（IV 221）主体であり、自律的に行為することで自由を獲得する。それに対し連合的動機で問題になるのは、「以前の理性作用や理性能作に基づく沈殿」であり、「感性、駆り立てられるもの、先所与されているもの、受動性の領圏における衝動的なもの」である（IV 222）。ここでは、感性や衝動が、自我に対して受動的／受苦的（passiv）なものとして設定されている。「人格的自我は根源的な発生において構成されるが、それは、衝動に拘束されて規定された人格性、初めから絶えず根源的な『本能』によって駆り立てられ、それに受動的に従う自我であるだけではなく、より高次の、自律的で自由に活動する、特に理性的動機によって導かれる……自我でもある」（IV 255）。「理性－感性」という伝統的な図式が、自我行為の「能動－受動（aktiv-passiv）」という図式に包括される形で持ち込まれているのが分かる。

（3）人格的自我の構成と原信憑

自我の行為を起点として志向性概念が分析されることで、「能動－受動」という自我の行為図式が導入される。ただし、人格的自我の詳細な分析は、広義の自然的態度における分析であり、超越論的態度における分析ではない。にもかかわらず、『イデーンII』における人格的自我の分析には、そうした自然的態度における議論から、超越論的領域への踏み越えをフッサールが意図せずに行ってしまっている箇所が見受けられる。

連合的動機とともに語られる「習慣性」の問いが深まることで、人格は固有な歴史のうちで形成されることが明らかになる。それぞれの自我が固有の歴史性を担うことにより、人格の「個体性」が形成されるのであり、その際、精神的存在としての人格の「個体性」は、自然的な事物が有する「個体性」からは厳密に区別される。「精神的意味における個体性は自然個体性とは全く異なっている」（IV 298）。自然的事物が有する個体性は、人格主義的態度の枠内では精神的自我との関わりにおいてのみ理解される。つまり、「同じような二つの事物を区別するのは、実在的－因果的連関であり、この連関はここ（Hier）と今（Jetzt）を前提している。……この場所と時間の措定に関する規定一切は、主観性との関係によってのみ構成される。どんな事物もそれみずからで、みずからの個体性をもつことはない」（IV 299）。したがって、一切の事物はその「相対性」（IV 297）を免れえない。それに対し、精神としての人格的自我は、相対的な自然事物に依存することなく、むしろそれら一切を規定づけ、みずから自身をも規定づける「絶対的」個体性を確立する。「つまり、もしわれわれが世界からすべての精神を排除すれば、もはやどんな自然も存在しえないのに対し、われわれが自然を、つまり『真なる』客観的－相互主観的な実在物を排除するとしても、そこにはいまだ何ものかが、つまり個体的精神としての精神が残りつづける」（IV 297）。「絶対的個体化が人格的自我へと入り込んでいる」（IV 301）。

こうした語り方に、『イデーンⅠ』のエポケーの導入の仕方、つまり純粋意識を取り出すための現象学的操作との類似性を見て取ることができる[39]。ただし、ここではすでに、精神的、人格的自我が、『イデーンⅠ』における空虚な極としての「純粋自我」ではなく、周囲世界との関わりにおいて、具体的歴史を担う「超越論的自我」として捉えられ始めている。一九一七年、フッサールは人格的自我について以下のように述べていた。「人格的主体は単なる純粋自我ではない。それはそれ自身の必然的発生を有している。精神的自我は、すべてに対する関係点であり、すべての空間時間的なものに関係づけられる。しかしこの自我はそれ自身時間の内にも空間の内にも存在しない。すべての時間的なものは、この自我の眼差しの野の内で存在する。それはすべての空間的なもの、理念的なもの、経験的なもの等々においても同様である」(IV 349)。この引用における自我は明らかに、自然的態度を生きる経験的個体としての人格という規定を大きく逸脱している。後年、一九二四－二八年の間にフッサールは、この文章に対して「しかしこれでは、私は超越論的態度に入り込んでしまう」(IV 421) との注を書き付けている。人格主義的態度における自我の詳細な分析は、一九二〇年前後に導入される、歴史性や習慣性に関わる「発生的現象学」や「受動的綜合」の展開に大きな役割を演じているだけではなく、超越論的自我が具体性を備えた個体的存在としての「モナド」として把握されていくための重要な機縁ともなるのである。

このことをさらに明確にするために、われわれは『イデーンII』で分析された人格的自我それ自身の構成の問いへと眼差しを向ける。この自我は、価値に彩られた周囲世界と「志向的」に相関する「志向性の主観」である (IV 215)。また理性的動機のもとで行為する自我は、そのつどの立場決定を、論理的で理性的なみずからの意志に基づく判断とともに行う措定的主観でもある (vgl. IV 220, XIV 20ff.)。ただしこうしたことは、みずからに反省の眼差しを向けることなしに行われている。それが自然的態度としての人格主義的態度を特徴づけている。フッサールは、こうした態度に生きている人格的自我そのものの存在様式を明らかにしようと試みる。「反省することで常に、私は自らを人格的自我として見出す。とはいえ、自我は根源的には体験流を貫いて支配する発生のうちで構成される」(IV 251)。したがって、「ここでの困難な問いは、人格的自我は自我反省に基づいて、すなわち純粋な自己知覚や自己経験に基づいて完全に根源的に構成されるのであろうか」(ebd.) というものである。むしろ自我は、理論的態度において反省を遂行するに先立ってすでにドクサ的な信憑のうちで構成されて存在しているのではないか、というのがフッサールの暗黙の答えである。本章四節（1）で提起された現象学的な「反省」と「構成」の規定のズレが、ここで改めて浮上する。というのも人格的自我は、理論的態度によって主題化される以前に生きている行為主体であり、その自我の固有性は、まさに理論的態度の眼差しによって客体化されていないことにあるからである。狭義の理論的態度である自然主義的態度では、まさにこの自我は忘却されており、主題化されることすらない。たとえ主題化されたとしても、それは物質的プロセスに還元された精神という名の死せる自然に他ならない。したがってフッサールがここで問題にしたいのは、そうした理論的な眼差しに先立ってすでに存在している自我の構成のあり方である。先に引用した文章のつづきでフッサールは以下の問いを立てている。「人格的自我は、自我反省に基づいて、……構成されるのであろうか。われわれは『連合』という名で呼ばれる法則性を……有している。……単にそうした法則性によって統覚一般が、または主観的な状況との関わりで規則づけられ、行為する人格的自我が発展させられうるのであろうか、したがって、コギタチオへの反省はここでどんな優勢的な役割も演じてはいないのか。もしくはその際、反省が特別な全くもって本質的な構成機能を有しているのだろうか」（IV 251）。「何がそのとき、先反省的領域において自らを組織化しているのか。〔答えは〕明らかである。『連合』〔に他ならない〕」（VI 252）。

フッサールはここで、経験領域に作動する「隠れた能力（傾向）」（ebd.）ないし、「『隠れた』動機」について語り始める。「今やわれわれは、気づかれていない『隠れた』動機について語る。その動機は、習慣性のもとに、ないしは意識流の生起のもとに横たわっている。内的意識においてすべての体験はそれ自身、ドクサ的に『存在するものとして特徴づけられる』。そこにはしかし大きな困難が見出される」。つまり、「体験への反省は根源的に措定する意識であるが、体験それ自身が、〔反省以前にすでに〕措定する意識において与えられ、構成されているのではないか。……ただここで明らかなのは、隠れた動機があるということである。しかも、われわれが信憑作用を遂行することなしに、信憑作用が諸動機に入り込んでいる」(IV 224, 251)。「しかし大抵の場合、この動機は確かに意識のうちに現実的に存在しているが、際立ちには至らないのであり、気づかれず、認められないる(『無意識的な』)ものである」(IV 222ff.)。こうした意味での信憑意識は、純粋な客観化作用によって定立されるものではない。そうではなく、様々な価値や感情に動機づけられた自我が生きる周囲世界に常にすでに根づいている「原信憑(Urglaube)」である。世界はわれわれにこうした仕方であらかじめ与えられており、自我はその中で固有な歴史を作り上げげつつ成長する。後年の『経験と判断』でフッサールは、この世界信憑のあり方を以下のように述べている。「この世界信憑の普遍的地盤とは、生活上の実践であろうと、認識の理論的な実践であろうとそれら実践一切が前提しているものである」(EU 24)。「世界意識は信憑確実性の様態における意識である。〔ただし〕それは、生の連関において特別に現れてくる存在措定の作用や、現に存在するものとして把握する作用、あるいは述定的な存在判断の作用によって獲得されるものではない」(EU 25)。特殊な態度の一つである理論的態度における反省が可能になるためには、そもそも非主題的な世界の信憑性を前提にして、自我がその世界を生きていなければならない。現象学的反省を介すことなく行われている意識構成の次元がここで示唆されている。

自我は理性的および連合的な動機の網の目の中で生きているということの洞察が、反省以前の信憑意識の根づきを開示する。その際、前節で示唆したように自我は、受動的な感情に傾向づけられながらも、能動的、理性的に行為しつつ自らの生を生き、それによって個体性を獲得する。二〇年代初期に人格の個体性について書かれた草稿では以下のように述べられている。「主観性ないしモナドの『個体性』として人格は、エゴ・コギトの形式における特殊な能動性の領域に関係づけられている」(XIV 18)。そしてその際、「自我個体性が実践的に活動し、目的を措定することが、あるいは自我個体性が『より強く意志する』ことが優位に置かれる。受動的な衝動にはどんな個体性も示されることはない。それは、感性的な快感感情や痛みの感情においてそうではないのと同様である。衝動には、〔理性的自我の〕実践的な立場決定が対置される。衝動的な、純粋に受動的な実現化は、どんな人格性も告示することはない」(XIV 20, 196)。これら引用には、自我の自由な理性的行為と受動的な感情経験との区別が見出され、この受動的な感情経験は、自我が人格性を獲得するために克服されるべきものとして設定されている。こうした行為する自我の能動性という視点は、後年に至るまでフッサールの自我論的構造を支えるものとなる。ではたして、この能動性を重視する視点は、どのようにして生まれたのであろうか。その答えは、志向的感情の一様態として主題化されていた「意志」概念の展開の内にある。

(4) 意志の現象学と志向的感情

価値の客観性　受動的な感情経験に対置される、自我の理性的行為およびそれへの意志という「実践的理性」に関わる問題は、「倫理学(Ethik)」と「価値論(Wertlehre)」とが現象学的に扱われた一九〇八/〇九年、一九一一年、一九一四年の講義の中で育まれてきたものである。[40] これら講義は『イデーンI』執筆期に先立つ、もしくはそれと重なる時期に行われている。非客観化作用としての志向的感情が、『論研』の時期から『イデーンI』への移行にかけて客観化作用の一種として扱われることになった事情もこれら講義の分析に由来している。[41] フッサールはこれら講義で、学問としての倫理学の原理が相対主義や懐疑主義へと陥ることを回避するため、判断および認識のモデルである「純粋論理学」の枠組みを、それとは異なる領域である価値づけや情緒、意志の領域へと「類比的に」移し入れることで「純粋倫理学」を確立しようと試みている[42]。フッサールが意図しているのは、『論研』において心理学主義からアプリオリな認識論的基盤を取り戻したのと同様な仕方で、倫理や価値における形式的かつ無条件的な原理を定式化することである（XXVIII 12f.）。目下、われわれの問いにとって重要なのは、実践的に行為する人格的自我に固有な意志作用や志向的感情という『論研』での非客観化作用が、これら講義においてどのような探究の深まりを見せたかである。

非客観化作用およびその作用が向かう対象が、表象的かつドクサ的な客観化作用による基づけを必要とするのは、単純に言えば、非客観化作用が表象作用およびその対象に付随することによってでしか現出しえないからであり、それら作用の対象が客観化されることがなければ、それは「いわば押し黙ったものであり、ある意味で盲目」（XXVIII 68）だからである。つまり、喜ぶという意識が成立するためには、その喜びの対象が表象的に構成されていなければならず、さらにこの喜びを分析するためには、その喜びを対象化する理論的作用が必要なのである。したがって非客観化作用は、それが成立するためにも、学問的に解明されるためにも「論理的理性の松明」（XXVIII 69）に照らされる必要がある。では一体、「この論理的－認識論的理性の全能および優勢に直面して、いかにしてそれに並行する価値づけ、意欲する理性様態について語られうると言うのか[43]」。われわれは本章四節（1）で、態度論の展開が「実践的価値論的態度」における理論化以前の構成を問題化することについて述べた。前節では、この問題が現象学的な「構成」と「反省」概念のズレとして現れることも指摘した。それに対して、『イデーンII』起草以前のこの倫理学の講義では、いまだ明確な態度論の展開には至っていない。それゆえここでは、『論研』における非客観化作用がいかにして対象構成に寄与しうるのかという問いとして分析されている。何らかの存在領域に関わる対象構成が学問的主題となるためには、当該の領域が客観性の基準を満たす必要がある。したがって問われるべきは、非客観化作用の相関項としての「価値」の客観性およびその客観性を洞察し証示する認識論的アプローチということになる。「価値評価することにおいて出現する〔主観的〕感情という事実を越えて、われわれはいかにして客観性の要求を満たす述定に至りうるのか」(XXVIII 254)。

メレは、彼の論文「客観化作用と非客観化作用」で、フッサールはこの時期、一元的な理性理論に対して、理性の諸様式の並行論という多元的理性理論を唱えていると述べている。[44] つまり、フッサールにとって論理－認識的理性、価値論的理性、実践的理性はそれぞれ固有の理性様式を有しているのであり、主知主義や情動主義、快楽主義のように特定の主義や立場へと一切の事象を還元する教説に彼は与しないということである。このことが意味するのは、相対主義的な懐疑論を避けるために、論理－認識的理性とは異なる価値的理性および実践的理性の「客観性」を確保する必要にフッサールが迫られたということでもある。そもそも志向的感情は、客観化ないし客観との関係が問題にならないからこそ非客観化作用と名づけられていた。それゆえ、価値的、実践的理性に関わる「客観性」をいかに確保するのかという問いは、志向的感情としての「非客観化作用」を破棄すべきかどうかという問いに結びつく。一九〇八／〇九年の講義「倫理学の根本問題」でフッサールは、このことへの迷いを確かに見せている(XXVIII 322)。彼は、ある作用によって価値づけられた対象が、異なる作用によっても同一の価値づけられた対象として現出することが可能であるためには、客観化作用による対象の同一化が必要であると考えている。「同一化の綜合は客観化する作用にのみ妥当する」(ebd.)。それゆえ、『論研』の見解はここでも踏襲されているように見える。

フッサールはしかし、先の引用のすぐ後で、「すべての作用そのものが、したがって心情作用であっても、……ある仕方で思念やもしくは現出を含んでいるのではないか。〔しかもこのことは、〕基づける作用を通じてだけではなく、心情作用としての、それと類似するすべての基づけられた作用を通じてもそうなのではないか」（XXVIII 322f.）という問いを提起する。反語的問いに肯定的答えが隠されているのはよくあることである。「何らかの仕方でこの問いは肯定されねばならず、肯定的答えが理解されねばならない」（ebd.）。つまり、「価値作用においてもあるものが現出する。そこではまさに価値客観が現出するのであり、しかもそれは単に価値をもっている客観ではなく、価値そのものとしての価値が現出している」（ebd.）。つまり、気に入るという作用には気に入られた対象だけではなく、気に入られていることそのものが、美しいものへの作用には美しさそのものが価値として現出する。「もしわれわれが、『太陽が溢れる春が来るといいのだが』と希求すれば、まさにこのことが現出している。われわれが希求すること。つまり、この希求は作用であり、その作用をわれわれは生きる。しかもその作用を生きることでわれわれは何ものかを意識する。この意識の何（Was）が、希求の命題とともに表現されている。……このことはいわば、希求する作用のうちで、希求として現出している」（XXVIII 323）。「われわれは……希求に生きる。より明確に言うと、希求する作用の中で生きる。とはいえこの希求の作用を遂行している間に、われわれはそこ〔その作用〕へと眼差しを向けてはいない。それは現出しない。それは単なる体験である。〔しかし〕その表象の基礎にわれわれは現象学的な意味である現出、ある表象を有している。この現出はわれわれが希求に生きている間、何度も変転し、弱まることもあり、それは絶えず変化しうるものである。しかしこの希求〔それ自体〕は同一のものとしてとどまりつづける」（ebd.）[45]。ここでは明確な対象性に依存しない「希求」それ自体の現出、および同一性について語られている。つまり、価値としての希求それ自体が、絶えず変転する作用に相関する同一的対象として現出するというのである。「諸々の希求作用には様々な違いがあり、諸々の現出にも再び様々な違いがある。しかしそれらが統一にもたらされる希求の諸現出は、ある同一的なものを有している。つまり、同一的な希求とは同一の希求意味なのである」（XXVIII 324）。

フッサールはここで、志向的感情の一類型である「価値づけ作用」の相関項として「同一的意味」（ebd.）を見出す。この「意味」が、『イデーンI』におけるノエマへと先鋭化されることは容易に理解されよう。多様な作用および現出多様性を貫いて、同一的な現出者、すなわちノエマが現れる。ただしこの構図は、「客観化作用」に妥当する図式であった。それゆえ客観化作用の相関項としての意味概念が、非客観化作用においても見出されたということは、理論的理性と実践的、価値論的理性とのアナロギーが、客観的な「意味」概念を通じて確証されたことを意味する。とはいえこのアナロギーに、すべての意識作用を「客観化作用」に一元化する「論理的理性による全支配」（XXVIII 68）という意図を読み込むことも可能である。[46] フッサール自身が以下のように告白している。「それゆえ『客観化作用』という表題がすべてを飲み込むことになり、非客観化作用をいかに確保すべきかに留意する必要はなくなる。そしてこのことのさらなる帰結であると思われるのは、われわれはただひとつの理性についてだけ語ることができるということである。つまり理性とは、妥当的な客観化にとっての能力の名称なのである」（XXVIII 333）。メレが述べるように、ここでは「非客観化的価値づけの方位づけられてあることは、……もはや客観化する知覚の方位づけられてあることから区別されえないように思える」。[47] このアナロギーの成立によってフッサールは実際、客観化作用の分析で用いられている諸々の概念を、非客観化作用の領域へと転用する。同一的対象が確保されることによって可能になる「印象と再生における同一的区別」（XXVIII 342）ないし「志向と充実の関係」（XXVIII 344）が、希求や喜びの作用へと「転用（Übertragung）」される。そしてこのことは最終的に「客観化する領域における明証の概念が、非客観化作用の領域において正確な類比体をもつ」（ebd.）ことを含意するのである。

とはいえ、フッサールの当初の意図は、実践的、価値論的理性の独自性を学問的に証示することであった。したがって彼は、理論理性に属する客観化作用との正確な類比を非客観化作用のうちに探すと同時に、後者の独自性も明らかにしなければならない。フッサールは『イデーンⅠ』で志向的感情は「客観化作用」ではあるが、それにもかかわらず「基づけられた志向」であると述べていた（vgl. III/1 77, 266, 272）。とすると彼は、志向的感情の積極性を、『論研』以来使用されつづけている「基づけられた」という概念にいまだ託していることになる。「価値はその本質に則して基づけられた対象」（XXVIII 310）であり、その限りで「二次的対象」（ebd.）である。この段階でも志向的感情は表象的、判断的な基づけを必要としている。フッサールによればこのことは、「価値論的思念」（XXXVIII 327）における価値が、「理論的思念」（ebd.）における「対象、事態、存在、非存在、真、偽」（XXVIII 340）の領域には属していないことに由来する。つまり「価値づける作用は、客観に向けられているのではなく、価値に向けられている。価値は存在者ではない。価値は存在や非存在に関係する何ものかではあるが、それとは別の次元に属するものである」（XXVIII 340）。『イデーンⅡ』でも、心情にかかわる領域は表象的対象という基層の上に、「新たな対象的層を構成する」（IV 4）と述べられていた。ではしかし、この新たな次元の構成とは何を意味しているのか。フッサールは一切を客観化作用に統合しようとする他方で、同時にその独自性を確保することに腐心する。「もちろん喜びにおける『何かへと方位づけられてあること』は、……表象されたものへと向けられたカテゴリー的判断における述定作用の関係づけられていることとは完全に異なるものである」（XXVIII 336, 340）。

われわれはすでに本章四節（1）および本章四節（3）の「態度論」の展開においてもこうした構成の問いに直面していた。『イデーンⅡ』では、一方で理論的態度による自然主義的な基づけ構想が語られ、他方で、価値論的、実践的態度における人格的生のあり方が指摘された。その際、人格主義的態度の展開は、理論的態度における自己忘却的で、抽象的な基づけ関係を、理論的態度以前に人格が生きている「周囲世界」との関係において捉え直すこととなった。このことは、物質的自然を基盤とした階層構造が、一種の理論的構築であることを暴き出したことを意味する。最初に一切の価値が排除された表象的世界が存在し、その上に価値的なものが付与されるという素朴な世界観に変更を迫ることになったのである。むしろわれわれは、そもそもの初めから「価値」と実践的に関わっており、そしてこのことが人格的自我の固有な「生（Leben）」を絶えず動機づける。それが行為における生である。先にわれわれが見た「希求」に関する分析において、フッサールが度々「生きる」という概念を用いていたことは注目に値する。この講義は、いまだ明確な態度論の展開として扱われていない。にもかかわらず、そこにおける「価値作用」の分析は自然的生に価値が深く根づいていることを示している。フッサールは『イデーンI』で、基づけられた作用の対象、つまり「……価値的なもの、喜ばしいもの、愛されるもの……などは、固有な『対象化的な』転換において初めて把握される対象になる」（III/1 76）と述べる一方で、こうした価値自体が、単なる事象に後から付け加えられるものではないことを以下のように強調している。「愛される子供の集団はひとつの集合体である。この集合体は、……〔初めに〕事象的な集合体があって、それに愛情が加えられるのではなく、むしろ〔初めから〕ひとつの愛情の集合体なのである」（III/1 280）。

とはいえ、他方でフッサールはやはり、信憑の形成に関わる「存在様態」を「価値論的様態」から峻別し、論理的判断に由来する客観化作用にのみ「存在確実性」の起源を帰属させている（vgl. XXVIII 325）。つまり、信憑に関わる「確実であることの契機をわれわれは、立場決定の特性としての客観化する作用一切の様態におけるモードとして見出す」（XXVII 325）。何らかの対象が表象されるからこそ、それが「蓋然的」なもの、ないしは

「疑わしい」ものとして存在措定されるとフッサールは考えている（vgl. XXVIII 326）。このことは、表象されるからこそ、その対象の価値づけが可能になるということと類比的である。したがって、この講義ではいまだ、「人格主義的態度」において展開される信憑意識の根づきないし、価値的、実践的な作用の信憑意識への関与が示されることはない。このことは、フッサールが「判断作用」を客観化作用の「傑出したグループ」として扱っていることに由来する（XXVIII 325f.）。『論研』で導入された論理的、言語的判断モデルとしての「志向性」は、『イデーンI』において知覚野の構造モデルとして拡張されることになる。つまりこのことは、信憑意識の成立が「論理的判断」という高次の認識レベルから、「知覚」およびそれと相関する世界ないし「周囲世界」で働く意識作用という低次のレベルへと引き下げられることを意味する。それゆえにこそ、『イデーンII』における「人格主義的態度」の分析は、純粋な客観化作用には還元されえない原信憑の根づきを開示することを可能にしたのである。そしてこのことを裏づけるように、『イデーンI』出版の翌年に行われた一九一四年の講義「倫理学と価値理論の根本的な問い」では、志向的感情としての「意志」が、信憑意識の形成に関わる問いとして提起され始める。そしてこの意志の積極的規定を通じて、能動的行為と受動的経験という自我の行為論的な区別がより明確に際立たせられることになる。

意志の現象学

『イデーンI』出版の翌年に行われた一九一四年の講義「倫理学と価値理論の根本的な問い」で、フッサールは「意志の現象学（Phänomenologie des Willens）」を展開している。この講義の前置きとしてフッサールは以下のように述べる。「常に注意されるべきことは、われわれは意志の領域を、信憑やドクサの領域も相応しく詳細に理解されるような適切な仕方で理解するということである」（XXVIII 102）。ここではすでに、前節では触れられることのなかった、広義の志向的感情（以前の非客観化作用）に含まれる「意志」と「信憑意識」が関係し合うことが示唆されている。日常的な意味でも「意志」は、何らかの状況を現実化することに向けられることから、「意志作用」の場合、客観化作用の相関項であるノエマの「存在」様相への関与が、「価値づけ作用」よりも強調されるのである。とりわけ「行為意志（Handlungswille）」（vgl. XXVIII 106ff.）という概念に関する分析の端々に、理論的な客観化作用に基づけられた二次的作用としての意志という以前の志向的感情の規定を、行為論という枠組みから乗り越えようとしている記述が見出される。つまり、知覚という存在定立作用が意志的な行為のひとつであることが見抜かれ、そのことにより、単なる知覚作用による志向的構成が問われるのではなく、そのつどの認識や知覚がどのような行為の連関から産み出されるのかという問いが立てられるのである。ここでのフッサールの課題は、そうした行為の連関を産出する「意志の特殊な創造力」を主題化することである。[48]

まず初めにフッサールは、前節で分析された価値づけ作用としての「希求（Wunsch）」の概念を「意志（Wille）」から区別する。確かに「希求や意志の両者は、……ある仕方で存在へと向かっている」（XXVIII 105）[49]。しかし意志は絶えず、「実践的な実現化の可能性の意識を内含して[50]」おり、その限りで、実現化とは無縁な「理念的なもの」や「過去のもの」に向けられることも可能な「希求」からは厳密に区別される。「意志は、……イデアールなものに向かうのではなく、実在的なものに向かう。それは過去のものへと向かうのではなく、未来のものへと向かう。〔それゆえ、〕喜びや希求とは対立するものである」（XXVIII 106f.）。意志は実現されるべき未来へと向かう。ここで問題になるのは、将来的なものへの「意志」と将来的なものの「信憑」との関係である。信憑とは対象の「存在意識」を意味し、「広義の意味における斉一的な対象意識一般の形式……」である

(vgl. XI 364)[51]。その限りで信憑意識は、ノエマで言えばその存在様相に相関する。それに対し志向的感情は、そうした対象の信憑意識を前提することで初めて機能しうる「基づけられた」作用であった。にもかかわらずフッサールはこの講義で、意志作用に関して以下のように述べる。「将来的なものへと向けられた意志は、ある仕方で将来的なものの信憑を内含してもいるが、その意志は、この信憑を前提しているのではなく、その信憑を基礎として内含しているのでもない」(XXVIII 106)。つまり将来の信憑は、いまだ現実化されてはいないが、現実化されるべきものとして意志に内含されているのであり、その信憑に基づけられて初めて意志作用が遂行されるのではない。むしろ「意志」こそが「現実化の措定」を行うのである。「意志の措定とは現実化の措定である」(XXVIII 107)。

このように意志作用にも措定機能が認められたのは、前節で確認したようにフッサールが、認識作用に関わる「『信憑』の立場決定(Stellungnahme des „Glaubens")」がそれ以外の作用、つまり「心情作用、感じる作用、欲求や意欲」にも見出されることを確認したからである(Vgl. XXVIII 59f.)。フッサールは、「ここで現れる立場決定は根本的に新しいもの」(ebd.)であると述べており、これら価値意識に関わる志向的感情は、一切の立場決定を包括しうると示唆してもいる。「最広義の意味で、すべての思念ないし、すべての志向的な立場決定は、『価値を保持すること』として特徴づけられうると述べることはもちろん可能であろう。つまりすべては当為(Sollen)の理念のもとに成立すると述べることも可能なのである」(XXVIII 62)。この発言は、志向的感情の領域が、認識作用である客観化作用に基づけられた二次的領域としてはもはや理解されえないことを暗示しており、一九〇八／〇九年の「倫理学の根本問題」講義では明確化していなかった立場である。こうした文脈の中でフッサールは、「論理的理性の全支配」と「諸理性の並行論」という相矛盾する立場を正当化するために以下のように述べる。「論理的理性の全支配が、理性様態の並行論ということに関してわれわれを誤らせることはない。そこではドクサ的意識と心情意識およびそれに関わる一切の意識一般とのある本質の絡み合いが表現されている」（XXVIII 63）[52]。

　では、先に問題にされた将来の信憑意識それ自身を形成する意志の現実化とはどのようなものなのか。フッサールが意図しているのは、単に時間が過ぎ去るようにして「現実になること」ではなく、まさに「現実を作り上げること（Wirklichmachung）、現実化の能作（Leistung der Verwirklichung）」である（XXVIII 107）。「私が意志するから、それは存在するようになる。換言すれば、意志は、その創造的な『存在せよ！』」（ebd.）である。こうした現実化の能作は、「まさに意志意識の統一の内にその源泉を有しており、そこにおいてのみ理解されうる原－固有的な（Ureigenes）何ものかである」（ebd.）。したがって、「作用の側面に関して述べうるのは、将来的な存在の信憑に意欲が基づけられる代わりに、むしろ将来的なものの信憑が意欲を源泉として現れ出る。さらに意欲が行為意欲であるとすれば、実現化が遂行される……一切の位相において、この今－実在的なものは、本源的に創造されたものとして、つまり本源的に創り上げられたものとして特徴づけられる。それと相関的に、知覚現出および知覚確実性は、意志から産み出されたものという特性を有する」（ebd.）ことになる。フッサールは、こうした意志を「創造的志向（schöpferische Intention）」と名づけている（ebd.）。自我のそのつどの行為意志は、客観化作用と相関する将来的な知覚状況を、自らの決意とともに創造的に形成する。

　しかし他方でフッサールは、「実在性があらかじめ措定されていない、つまり何らかの仕方でドクサ的に意識されていないところでは、創造的な実現化は際立ちえない」（XXVIII 109）とも述べる。ここにも、ドクサ的な客観化作用による基づけ関係を維持しようとするフッサールのアンヴィバレントな立場が現れている。それに加えてここでは、「将来的な決意意志」の問題が、意志志向性として限定的に主題化されているにすぎず、その限りで現在の状況はすでに前提となっている。それゆえ一概に、客観化作用と以前の非客観化作用の基づけ関係の逆転を読み込むことはできない。客観化作用が志向的感情としての意志を基づけていることはここでも維持されている。「一切の意志はそもそも意志されたものの表象を前提にしているだけではなく、それは必然的に、包括的な表象の基礎をもっており、その際、意志されたものへの存在信憑に関する無前提性にもかかわらず、実在的なものに関係づけられた信憑の基礎をもっている」(ebd.)。

メルテンスは彼の論文「倫理学の反省におけるフッサールの意志の現象学」において、行為意志概念の批判とそこに含まれる可能性についての指摘を行っている。特に彼が重要な成果とみなすのは、意志概念に様々なモードを認めたフッサールが、中でも「行為意志」を他の意志概念、特に「決意意志」や「企図的意志」から区別したことである(vgl. XXVIII 111)。決意や企図による意志の場合には、それらは「将来実現されるべき意志されたプロセスへと」志向的に方位づけられる。そしてその際、実現されていないものへの「空虚な志向」とその「充実」の間に「時間的ギャップ」が残りつづける。[53] つまり通常の意志は、意志される目標や対象へと志向が向かうことで初めて行為を作動させるのに対し、「行為意志」においては、行為することそれ自身が、行為意志の顕在的な現実化ないし充実を意味すると、メルテンスは解釈している。それゆえ、「志向と充実の区別がここでは不可能である」。[54] フッサール自身が以下のように述べている。「行為意志は、先行する企図的意志が充実することで〔確かに〕実現されうる。……しかし行為意志は、企図の実現である必要はない。それは端的な行為として直截に始まりうるものである」(XXXVIII 111)。たとえ決意や企図により志向されたものを現実化するために行為するとしても、そのこととは全く独立に、端的な行為それ自体として、創造的な意志の現実化が行われる可能性が残りつづけるとメルテンスは考えている。「特殊な意味での創造性は、意志－志向の客観化において志向されることのない革新的で、ある意味で驚異的な性質として特徴づけられる。……このことは、特殊な充実のための内容が、志向において予期されていることとは異なっている。創造的プロセスの決定的なアスペクトは、意志－志向によって決定されることはない。例えば、科学者や芸術家はしばしば、彼らの革新的な行為の結果に驚きを示している。この例においては、行為の特殊な遂行は意志においては志向されなかったし、志向されえなかった[55]」のである。

メルテンスが指摘した行為意志の特性を鑑みると、一切の行為には、それが決意意志であろうと企図的意志であろうと、絶えず創造性の契機が含まれることになる。フッサールの言葉では、「一切の行為の位相には、顕在的な創造の瞬間が属している。つまりそのつどの今点には顕在的な能作が伴い、その能作には特筆すべき意志の位相が、つまりそこにおいて意志が創造的な本源性を発揮する位相が属している」(XXVIII 110) ということになる。また彼はこの根源的な行為の湧出点を、「第一の、ある意味で創造的な原衝撃とともにある端緒の瞬間」(ebd.) と名づけてもいる。とはいえ、われわれはこうした行為の創造的特質を、日常的に経験していると言いうるのであろうか。この特質をいかに理解すべきなのであろうか。大抵の行為は、一定の動機連関に基づく、実現可能性の枠内へと向けられた、企図され、決意された意志、つまり志向－充実という図式で説明可能な志向的感情の一様態として理解されるのではないか。それに対しメルテンスが指摘する行為の創造力とはいかなるものなのか。彼は、芸術家や科学者の革新的成果の例を挙げ、その際に生じているのは「実現化そのものにおける創造的充実ないし驚異的充実」であると述べている[56]。もし行為意志が、あらかじめ設定された目標を実現するという形でのみ行われるとすれば、われわれはなぜその成果に驚くことができるのか。何がわれわれを驚かせるのであろうか。空虚に意志されたものが、その空虚な枠組みを満たすように実現されるのであれば、そこには何の驚きも生じることはない[57]。メルテンスが指摘する行為意志の創造性とは、空虚に志向されることとは全く別の事柄として生じる必要がある。行為者の意志ないしその志向性とは取り違えられえない端的な意志の創造力が示唆されている。その限りでメルテンスも、創造的な「行為の特殊な遂行は、意志においては志向されなかったし、志向されえなかった」と述べているのである。フッサールはこの草稿で、意志の遂行者として一人称主語の「私(ich)」や「主観性」という語を用いてはいるが、概念化された「自我(das Ich)」を用いてはいない(vgl. XXVIII 107, 111ff.)。『イデーンI』ですでに自我概念が容認されているのであるから、ここでの意志の遂行者を超越論的自我と解釈することも可能だと思われるが、われわれは、この創造的意志の行為者とは誰かという問いをここでは未解決にしておく[58]。

先にわれわれは、フッサールが将来的な意志の現実化には現在における表象の基礎を前提すると述べていたのを確認した。しかし他方で彼は、「知覚現出および知覚確実性は、意志から産み出されたものという特性を有する」と述べてもいた。いまだ実現していない「将来」への意志は絶えず「現在」の信憑意識を前提する。しかしその信憑意識が、すでに行為意志による創造的現実化の結果であれば、われわれはここでひとつの「循環」に巻き込まれているように見える。現在の表象的基礎は、将来的な表象を形成するように意志を促す。しかし将来の表象が現実化されるのは、現在においてである。したがって、現在的な表象的基礎はすでに意志により実現されたものに他ならない。この循環は、本章四節(2)で述べたように、志向性概念が行為論の枠組みにおいて展開され始めたことに起因する。つまり知覚や想起といった認識場面を行為連関から切り離し、それらの志向的構造を類型化した場合、行為に関わる志向的感情は、それ自体では存立不可能な二次的領域として、表象作用に基づけられたものとして析出される。つまりここには、空間と時間に局在化されない価値および実践的行為を、局在化する表象の手がかりなしに分析することはできないという前提がある。他方しかし、客観化作用が関与する個々的な認識場面が、改めて一連の行為の中で、つまり行為連関から切り離されずに分析される場合、この基づけの階層構造が疑わしいものとして現れる。われわれをある対象の知覚へと動機づけるものが、単なる事物の表象ではなく、事物の価値であることは明らかであり、動機づけ連関の中でわれわれがそもそも、一切の価値的規定が抽象された事物を経験しうるものかどうかも怪しいところである。それゆえ実は、この循環は見かけ上のものに過ぎないことが明らかになる。つまりこうした循環が生じるのは、理論的反省により人格の行為連関を捨象することで初めて、客観化作用ないし表象の基礎的前提が導出されていたにもかかわらず、この基づけ階層の図式を再度、行為の一連の繋がりの中に見出そうとしているからである。行為連関の主題化がこの図式と折り合わないのは、当初より明らかなのである。

とはいえ、この意志概念の展開は、客観化作用としての認知的、理論的作用を、行為的、実践的観点における作用概念によって包括するようフッサールを促す。理論的態度が、実践的、価値論的態度に従属しているのは、一切の行為の基盤が後者にあるからに他ならない。理論的態度は、意志された行為の一つとしてのみ可能になる。対象が、知覚され、認識にもたらされ、普遍化されるのは、そうした行為一切がすでに、『経験と判断』の言葉における「認識努力」、「認識への意志」(vgl. EU 92, 232, 236)に貫かれているからである。意志概念の展開は、自我の理論的生と実践的生の関係の再考を迫るだけではなく、自我の行為論的な枠組みをより堅固なものとする。こうした分析を背景にすることで初めて、自我の「能動的な」意志により現実化される知覚およびその信憑意識が規定され、他方で行為の無力さや、外部から与えられるものに耐え忍ぶ、受苦的経験、つまり「受動的な」感情体験が規定されるのである。「意志の現象学」講義の中でフッサールは、意志によって産み出された知覚以外の知覚は、「受動性という特性を有しており、そこにおいてわれわれは、まさに現に存在するものを甘受し、現存在するものに対向する」（XXVIII 107）と述べている。この「能動－受動」という図式とともに、自我はいかにして感情や衝動に束縛された受動的経験に抗い、自由な意志決定に基づく理性的行為を実現しうるのかという問いが提起されることになる。フッサールは一九二三年の草稿で、自我の自由について以下のように述べている。「主観として、主観が自由であるのは、それが受動性に抵抗する限りにおいて、また実践的な情動や傾向にたやすく従うのではなく、それらを『無効にし』、熟慮し、自由に意志の肯定ないし意志の否定を語ることができる限りにおいてである」（WL 211）。

第五節　二次的感性と原感性

『イデーンII』では、意志の「能動性」と感情の「受動性」という行為論的な枠組みの中で自我の構成について議論されていた。こうした議論の背景で前節の「意志」の分析は非常に大きな役割を演じている。さらに『イデーンII』の人格主義的態度の分析では、「理性」と「感性」という対概念もまた、能動的な意志と受動的な感情という先の行為論的な枠組みに包括されるかたちで配置されていた。フッサールは、伝統的な概念である「自発性（Spontaneität）」と「受容性（Rezeptivität）」という認識能力の説明図式を、「能動性」と「受動性」という実践的で行為論的な図式へと転換しようと試みているのである（vgl. IV 213）。

また、これら能動－受動の対概念は、動機概念と関連することで、上層－下層という意識の階層構造として、つまり低次の「感性」と高次の「理性」として語られてもいる。前節で述べた信憑意識を現実化する自我の意志的行為は、その遂行後に受動的な連合的動機の網目へと沈み込み、後の自我の行為を先行描出する「傾向」を形成する。そしてこの傾向が形成される場こそが「感性」なのである。「一切の根源的な産出性は、……作用の自発性であり、一切の自発性は受動性へと沈んでいく」(IV 333)。「感性ということでわれわれが理解するのが精神の『心的な』根底である」(IV 334)。

フッサールが精神の自然的側面について語り出すのはこの場面である。ここでつまり、精神的生が抱え込まざるをえない自らの「自然」についての分析が行われるのである。「一切の精神は、『自然的側面』をもっている。これはまさに主観性の根底である……。自然的側面には、直接的に低次の感情的生、衝動的生が属しており、注意の機能も属している」(IV 279)。ただしここで述べられる自然は、自然主義的態度において取り出される領域的基底としての「物質的自然」ではなく、いまだそうした客観的構成を経ていない「『私の自然』」(IV 280)である[59]。したがってそれは、価値一切を剝ぎ取られた裸の表象といったものではなく、抗いがたく生じる意識の固有な衝動的運動である。自我は己の決断に基づいてそのつど行為する。しかしそれら行為の連関が、連合的動機の中で後の行為に影響するどのような傾向を形成するかは、もはや自我の意志に属する問題ではない。低次の意識は自我の関与なしに自らを形成する。こうした精神の自然性と高次の精神的活動との関わりをフッサールは以下のように述べる。「精神的領域は、……低次の『心的なもの』のうちにその根底をもち、さらに高次のものから低次のものへと法則的に変転する内在的目的論をもっている。この変転は精神的な能動性から受動性、つまり二次的感性への変転である。二次的感性は、後の自我の活動のために先所与性を作り上げ、同時に能動性へと再変転する文字通りの再－産出のために、あらかじめ描出される道筋を作り上げる」(IV 332)[60]。

自我の意志に基づく理性的行為が、連合的動機において受動的な感性へと沈み込む。それは、能動的自我の視点から見る限りで、「二次的／副次的（sekundär）」な産物である。そしてその沈殿した自我行為の連関は、感性において再度能動的な自我の理性的行為を円滑に導きだすよう組織化されるが、このプロセスにフッサールは「目的論」を見ている。本章三節でわれわれは、多様な主観的現出が客観的、統一的現出者へと綜合される認識プロセス、つまり生化されるべき感性的ヒュレーの「機能的目的論」を指摘した。それに対しここでは、自我の自発性がそれとして産出されるための目的論が、つまり自我の能動的行為を産出するために理性化されるべき感性の「内在的目的論」が見出される。確かに後者は、認識構造に限定された前者とは異なり、自我の認識行為をも含めた行為連関全体における目的論である。とはいえ両者に、受動的経験から解放され自立的で、合理的な理念を目指す「理性の目的論」を読み込むことは可能である。[61] フッサールにとって「理性は、当該の作用領域を貫いて支配する目的論的なアプリオリに対する名称」（XXVIII 343）である。したがって感性ないし受動的傾向は「隠された理性の層」（IV 276）であり、自我の「意志理性の法則」（XXXVII 68）を実現するための前段階なのである。「生とはそれ自身における努力であり、それは人間的生として受動性から能動性への上昇……、つまり傾向に即した生から、慎重な選択ないし批判的で、価値づけられたものを優先するより高次な生への上昇である」（WL 210）。こうした目的論を生き抜くものとしての自我は、「目的論的存在、当為的存在」（IV 275）と呼ばれる。それゆえ「動機づけ」という精神的自我の本質規則は当初より、この目的論に裏打ちされた理性の運動であることが明らかになる。「類似的な断片の実存は、類似的な補完断片の実存を要請する。これが動機づけ法則である。それは実存的法則に関係づけられている。この要請は『根源的な』理性要求である」（IV 223）。

われわれは、こうした「内在的目的論」を、低次の「非合理的（irrational）」領域から「合理的（rational）」

領域への「理性的」運動としても特徴づけることができる。一九二〇／一九二四の「倫理学講義」では、動機概念について以下のように述べられている。「精神的領域の至る所で二種類の動機が絡み合っている。つまりそれらは、合理的動機と非合理的動機であり、高次の、つまり活動的な精神性の動機と低次の受動的もしくは触発的精神性である」（XXXVII 107f.）。「理性の領域が、自我によって遂行される諸作用」（XXXVII 112）の領域であるとすれば、自我作用の関与を欠く受動的領域は必然的に非理性的なものとなる。さらにこの合理／非合理という区別は、そのまま理性／感性という対概念にも妥当する。ではその際、こうした意識の目的論を洞察するフッサールはどこに位置しているのか。フッサール自身はそのことを明記してはいないが、「倫理学の根本問題」講義において非客観化作用を客観化作用へと回収した際と同様に、彼はすでに論理的、理性的態度を取りつつ、こうした分析を行っているはずである。それゆえにこそ、理性的ではないものを理性的なものへと回収する目的論プロセスを俯瞰することが可能になっている。それゆえ合理／非合理という区別は、暗黙のうちに合理的立場から行われていることが分かる。ただし他方でフッサールは、一九一四年の講義「倫理学と価値理論の根本的な問い」で、すでに以下の告白もしていた。「もちろん深刻な困難がわれわれに立ちはだかる。……端的に言えばそれは、論理的理性による全支配に関する困難である」（XXVIII 68）。フッサールは、論理的理性の目的論が容易に打ち立てられるとは考えていなかった。というのも、理性的観点から照らされた事象は必然的に、「理性的なもの」ないし、「非理性的なもの」として「理性的に」区分されるが、こうした概念配置の枠組みからは抜け落ちてしまうものが余りにも多すぎることにフッサールは気づいていたからである。

　ここでわれわれは先の内在的目的論に関する引用で、感性が「二次的感性」と呼ばれていたことに注目したい。「われわれはここで感性と理性を区別する。感性の中でわれわれは、理性の沈殿を一切含まない原感性と理性の産出に基づいて生じる二次的感性を区別する」(IV 334)。フッサールは、目的論的展開の中で語られる感性を「二次的感性」と名づけ、「本来的な感性」(ebd.) をそれから区別している。「その際、感覚与件は、原感性における与件として理解されうる」(IV 337)。つまりここでフッサールは、理性的目的論の内部で把握される「〔二次的〕感性」と、そうした概念配置から解放された「〔原〕感性」という二種類の感性を区別する。われわれは本章で、理性的で客観化的な志向に基づけられる「志向的感情」と、そうした志向的特性を一切含まない感情体験および感性的ヒュレーとの区別を扱ったが、ここにおいてもまさに同様の区別に逢着するかに見える。[62] つまり、「機能的目的論」における空虚な規定では非志向的感情ないし感性的ヒュレーを完全に主題化することができなかったように、ここでは感情を含めた感性が、理性に対置され、それに吸収されていく「内在的目的論」に組み込まれるかたちでは汲み尽くしえない事象であることにフッサールは気づいている。

「理性」と「二次的感性」の対比では、自我が動機連関の中で行為することが前提となっている。それに対し原感性とともに記述される事象は、自我の行為そのものが出来する「地盤」である。「習慣的に振舞う固有性としての自我主体の固有性が、背景が揺動することのうちにある固有性から……区別される。後者の固有性は、あらゆる種、暗い深みの内に現存している根底的な地盤である」(IV 279)。この揺動する背景とは、「一切の行為以前に横たわっており、むしろ一切の行為によって前提されている背景」(ebd.) である。そもそも内在的目的論は、自我の行為一切に理性的動機が絡みついており、連合的動機がそれら行為を再産出する道筋を用意するということであった。こうしたことは日常的な事物の知覚の際に常に起こっている。しかしでは、こうした動機の連関をそもそも形成する行為を考えることは可能であるのか。すべての行為が動機の網の目においてのみ可能であるとすれば、それはもはや行為と表現することも適切ではない。非合理的という意味での動機すら欠いた遂行的運動について思惟することは可能なのか。『イデーンII』でフッサールは、動機連関の系列がまさに途切れる場所を、意識流の統一の問いに結びつけ以下のように述べる。「一切の事物的統覚、多くの事物や事物経過の連関に関わる一切の統一の統覚は連合的動機に基づいている。〔それから〕われわれは、いまだ動機に関する何ものも存在してはいない根源的な連関および系列に辿り着く。しかし、このことはどの程度まで考えうるのだろうか。そもそも意識流の統一だけが、一切の動機なしにはたして統一たりうるのだろうか。これは問題である」(IV 226)。この箇所でフッサールは、この問いをさらに追求してはいない。しかし「原感性」が問題になるのはまさにこの場面である。われわれは本章四節（4）で、志向的な意志作用によっては説明されえない意志の創造的力について示唆した。そこで問われていたのは、これまで気づかれることのなかった動機の連関を新たに形成するような、もしくはこれまでの一切の動機の連関を無効にするような端的な行為意志の創造的力であった。われわれは、原感性に関するフッサールの叙述の中で改めてこの問いを見出す。原感性という概念で記述されるのは、理性的−連合的な自我行為一切の基底であり、どんな動機づけからも導出されない感性の衝動的運動である。これがいまや再びヒュレー的な感覚野の形成の問題として指摘されている。「根源的な感性は連合によっては生じない。原感性、感覚は内在的な根拠に基づいて起こるのではない」(IV 335)。「感覚野は一切の『統覚』に先立つ統一であり、しかも感性的衝動与件、衝動は、意識超越として推測される事象ではなく、原体験として、絶えず感性的な根底の成素に属する。これは感性における原成素である」(IV 334)。問題になっているのは、原感性を二次的感性として目的論的プロセスの中へ回収する自我の理性的行為それ自身が湧出する地盤である。われわれは本章三節で感性的ヒュレーの分析が、志向的意識としての第三の意識概念の枠内では分析しきれないことを指摘した。とはいえ、この第三の意識概念は、志向的感情の分析の深化、特に意志概念の分析を経ることで、周囲世界における自我の行為連関を包括する意識概念へと拡張された。それにもかかわらず、この第三の意識概念のもとでは、それが「志向的」意識であることによって、同様の問題が浮上したのである。つまり、認知的な統握以前の感覚の統一とは何か、自我の行為連関をそもそも可能にする動機以前の体験とは何かが問われねばならないのである。そしてこの問題は、第一の意識流の概念、つまり意識の時間的生成の問題と直結し、発生論的方法とともに着手される必要があるのである。志向的感情の問いの深まりは、フッサール現象学における「理性の目的論」の構図を浮かび上がらせると同時に、様々な価値に彩られた「意識生」それ自体の生成の問いへとわれわれを導くことになる。

II　感情体験と明証性

第I章では第三の意識概念における感情の位置づけが明らかにされた。その際、感情現象は「志向的感情」と「非志向的感情」に区別され、前者の志向的感情が第三の意識概念において詳細に探究されることとなった。ただしその際、この意識概念の枠内における分析は、それら一切に明証的基盤を与える「内的に気づかれること」としての第二の意識概念を暗黙に前提している。そもそも志向性は、何らかの超越的対象性へと関与することを意味し、志向的感情も同様に「価値」という超越的客観へと関係していた。しかし第I章では、こうした志向的構造をどのように明るみに出すのか、もしくは志向性が向かう超越を超越として見抜いている視点はどこにあるのかという問いは扱われることがなかった。したがってわれわれは、解明された事象にどのようにして明証的性格が与えられるのかを認識論的な課題として引き受けなければならない。この明証性の源泉としてフッサールが理解していたのが、第二の意識概念としての「内的に気づかれること」である。この意識は、「内的意識（inneres Bewusstsein）」、「内的知覚（innere Wahrnehmung）」、「内在的知覚（immanente Wahrnehmung）」等の術語によって記述され、晩年に至るまでのフッサール現象学における「方法」と「明証性」に関わる概念として用いられつづけた。ただしそれぞれの術語は、互いに異なる問いの位相で記述され、時間的変遷も経ることから、その規定に関して単純に一括りにすることはできない[(1)]。とはいえ、現象学的な探究が、その分析の成果を正当なものとして証示するためにも、明証的基盤をまさにそこから汲み取る、その源泉を曖昧なものとして据え置くことは許されない。したがってわれわれは、第I章での分析が明証的な基準に則った一つの成果であることを確証するためにも、第二の意識概念を問いの俎上に載せなければならない。しかもこの概念を探求することは、第I章で問われずに残された非志向的な感情体験の内実にさらに一歩踏み込むことを可能にする。というのも、内的意識の主題化は、意識における「実的所与性」の存在身分を明らかにすることを要求するが、非志向的感情こそが実的所与性に他ならないからである。さらに「内的意識」概念は、意識の時間的綜合に深く関わる反省理論へと展開することで、第一の意識概念である意識流の時間的統一の問題への道筋を与えることにもなる。

第一節　絶対的所与性としての感情体験

(1)　現象学的概念としての「内的知覚」

第I章では、感情および衝動体験に関する分析が、「志向的感情」と「非志向的感情」という二つの方向からなされたことを確認した。その際、感性的ヒュレーと密接に関係する非志向的な感情体験はすでに「現象学的な絶対的与件」(XVI 21, III/1 92 f.) という明証身分を有していた。しかしでは、この「絶対的」と形容される明証性とはいかなるものなのか。『論研II』で、この「絶対的 (absolut)」に対応する概念は、「十全的 (adäquat)」というものであり、「内的知覚としての『内的』意識」がこの十全性を充たすものである (vgl. XIX/1 365)。『論研II』第五研究、第五節でフッサールは、内的知覚を十全的知覚として特徴づける一方で、それと同時に、この「内的知覚」という概念に含まれる伝統的な使用法を避けることに細心の注意を払っている (XIX/1

365f., XIX/2 750ff.)。

哲学および心理学の伝統において、「外的知覚」と「内的知覚」という概念的区別は繰り返し用いられてきた。ここではフッサールは、ロックによって近代哲学に導入された「感覚」と「反省」という両概念を、「外的知覚」と「内的知覚」という二つの知覚に対応するものとして解釈している。前者は、「物体についての知覚」を意味し、後者は、「われわれの『精神』および『心』が、固有な活動……について所有する」知覚を意味する（XIX/2 752）。したがってこれら対概念のもとでは、「知覚の区分が、〔物体（corpus）と精神（mens）という〕知覚対象の区分によって規定されている」（ebd.）。しかも「この区分には、〔両知覚の〕成立の仕方の区別も同時に組み込まれている。つまり、一方の外的知覚の場合は、物理的事物が感覚器官を介して精神へと働きかける作用効果から知覚が生じ、他方、内的知覚の場合は、すでに感覚を通して獲得された『観念』に基づいて精神が遂行する活動への反省から」知覚が生じる（ebd.）。フッサールは、こうした伝統的な意味での「内的知覚」概念を現象学的に刷新しようと試みる。

確かに「外的知覚」と「内的知覚」という対概念のもとで、「認識理論的関心」からは前者は人を欺くが、後者は明証的であるということが導かれ、「心理学的関心」からは経験心理学独自の領域の確定が試みられてきた（XIX/2 753）。しかし、そもそも両者の「知覚の区別が、物体的な事物と精神的なものとの先行的に理解された区別に基づいて」（XIX/2 753f.）確立されている以上、すでに独断的な前提が含まれている可能性がある。物体と精神という存在領域の確定はそもそもどのように導出されているのか。したがってわれわれは現象学的に、「知覚の区別、あるいは知覚に対応する物体的現象および心的現象を区別するための純粋に記述的なメルクマール、つまり、いかなる認識理論的な前提も要請しないメルクマールを獲得する」必要がある（XIX/2 754）。周知のように、このメルクマールを与えるひとつの方途が、デカルトの懐疑考察に倣って開示される「コギト（cogito）」、すなわち「意識作用」の確実性に訴えることである（ebd.）。「私が認識批判的な懐疑をたとえどこまで広げようと、もしくは内的に知覚されている現出をたとえどのように呼ぶとしても、私が存在し、疑っていること、表象し、判断し、感じていることは、それらがまさに体験されている間は、私はそれらを疑うことはできない」（ebd.）。それゆえ、このコギトに、「最も厳密な意味での知」であり、「最も明晰な認識」でもある「『明証性（Evidenz）』」の名が与えられる（ebd.）。

したがって、『論研II』における十全的な内的知覚とは、「知覚体験それ自身において直観的に表象され、実的に与えられていないものは何ものもその知覚の対象に付加されていない知覚」であり、「対象が知覚することそれ自身の内に実的に（reell）包含されている」知覚である（XIX/1 365）。その限りで現象学的な内的知覚は、単に「自分自身の体験に向けられた知覚」（XIX/1 366）、つまり心理学的「内省」からは厳密に区別される。外的－内的という心理学的区分は、超越的——内在的体験という現象学的な意識明証性の枠内へともち込まれる。つまりそこでは、たとえ伝統的な意味での内的知覚の心象であってもその非十全性を免れえない。過去の想起対象についても思い誤ることはよくあることである。それゆえ、「心的現象といえども超越的に知覚されることは明らかではないか。確かにその通りなのであり、正確に考察してみると、自然的、経験科学的態度において把握された一切の心的現象は、超越的に統握されている。純粋な体験的所与性は、一切の超越的措定を禁止する純粋現象学的態度を前提にしている」（XIX/2 761）。したがって、「すべての心的現象は内的意識の対象である」というブレンターノの命題にフッサールは賛同しない（XIX/1 384）。彼が、内的知覚の対象として理解しているのは、後に定式化されるノエシスである。それと同時に例えば、「私を満たしている快感」（XIX/1 368）という感情体験も同様に十全的所与性として認められている。この感情体験は、志向的感情ではなく非志向的感情のことである。それというのもここで明証身分を与えられているものは、超越的統覚を排除した意識の「実的成素」、つまり「非志向的なもの」に他ならないからである。「……志向的体験の実的成素に属する真に内在的な（*immanent*）内容は（それ自身）、志向的ではない（*nicht intentional*）」（XIX/1 387）。

通常、現象学的な「外的知覚」においては、意識に実的な知覚作用と超越的な志向的対象とが区別されるのに対し、「内的知覚」は、知覚する「作用」とその「対象」の区別がまさに消失する地点で初めて成立する。つまり内的知覚は、その知覚作用が超越的な対象性へと超え出る外的知覚とは異なり、通常は対象へと超え出ていく作用それ自身が、超越的対象性とは独立にみずから自身を超越の手前で意識するあり方を意味している。この意味での意識への与えられ方が「実的」体験と呼ばれるものである。そして、作用のこの内的知覚経験は、意識の志向的分析における「知覚」に対置される「感覚／体験」にも同様に当てはまる。つまり「体験された内容もしくは意識された内容と、体験（作用）それ自身との間にはなんの相違もありはしない。例えば感覚されたものは感覚に他ならない。しかし、例えば外的知覚が知覚された対象に、そして名辞的表象が名づけられた対象に関係するように、体験が体験それ自身とは区別されるべき対象に『関係づけられる』とすれば、この対象は、ここで確定されるような意味で体験および意識されているのではなく、知覚されたり、名づけられたりしているのである」（XIX/1 362, 408）。そもそも感覚には、外的知覚が含み込む志向的な超越の隙間がない。したがってフッサールは、一方で「(外的) 知覚」と「感覚体験」の厳密な区別を要求すると同時に、他方で「(内的) 知覚」と「感覚」との親密な繋がりを洞察することになる。[2]

（2）実的内在とイデアリテートの超越

意識の実的成素は、それが内的知覚の対象である限り、超越性を欠いた「絶対的所与性」である。例えば痛みは、体験している最中ではそれを疑うことはほとんど意味をなさない。疑うことで痛みが軽減されれば、いくらでも疑いを試みるところであるが、そもそも可疑性の間隙を与えないことに痛み固有の質がある。痛みそれ自体は、現実的であろうと、夢の中の出来事であろうと、そうしたこと一切とは関わりをもたない。フッサールは、バイオリンの音を例に感覚存在の固有性について以下のように述べる。「その音が、自然な解釈に任せて現実の音もしくはたった今バイオリンで演奏された音であったとしても、あるいはそれが単なる幻覚であったとしても、われわれはいずれにせよ、その音自身を受け入れ、経験的に実在化するこの措定一切を排除することができる。その際、この音はいまだ何ものかとして存在する。それはひとつの『このこれ！』であり、その存在をわれわれは否定することができない」（XXVIII 313）。しかしでは、この実的成素が内的知覚の対象であるとはいかなることなのか。

一九〇七年の『理念』講義でも実的成素は、体験の「絶対的所与性」（II 31）であり、経験的自我の統覚一切が排除されているため、端的に「このこれ（Dies-da）」（ebd.）としてしか表現されえないと述べられている。その際、超越的統覚を排する還元を、主観や意識といったカプセルの中に閉じこもるかのようなイメージで捉えてはならない（vgl. II 43f.）[3]。そのようなイメージはすでに超越的統覚による疑似空間化の結果であり、こうした統覚をそもそも解除することから現象学的な探究は始まる。実的成素は、安易な空間表象的イメージを徹底的に拒むものとして差し当たり理解される必要がある。そして、その意味を完全に汲み取る限りでなおもそれは、「内在」（II 33）と呼ばれているのである。

次に、フッサールは同講義において、実的成素としての内在に対してのみ絶対的所与性という規定を用いることに警告を与え、普遍的なイデアールな対象も探究領域へと取り込むことになる。このことは、『理念』講義から一九一〇／一一年の「現象学の根本問題」講義に至るまでの「現象学的な所与性領域の拡大」というモチーフと関連している。「今や絶対的に与えられることと実的に内在することを自明のこととして吟味もせずに同一視することはできない。というのも、普遍的なものは絶対的に与えられるが、実的に内在してはいないからである」(II 9)。確かに「ちょうどわれわれが体験している感情のようなコギタチオ」(II 50) は絶対的明証を有しているが、そのような「単一的なものだけではなく、普遍性、つまり普遍的対象や普遍的事態も絶対的自己所与性に達しうる」(II 51)。イデアールな対象性にもこのように絶対的所与性という規定が与えられる。しかしイデアールな対象性とはいえ、それはあくまでも意識作用の相関項であることから、すでに超越的対象である。「普遍的なものは当然この超越を有している」(II 56)。したがってわれわれはここで、絶対的所与性の二重の規定を見出すことになる。実的内在は、一切の超越的統覚を排除したところで見出される所与性であり、その限りで「絶対的」という規定を有していたにもかかわらず、まさに実的な意味では超越しているイデアールな対象性にも「絶対的」という規定が与えられるのである。単純に言えばここには、「内在」としての絶対的所与性と、「超越」としての絶対的所与性という二つの異なる絶対的規定が見出される。[4] このイデアリテートの絶対的身分とは、実的内在という意味ではなく、イデアールな対象性の「自体所与性 (*Selbstgegebenheit*)」を直観的に把握することによって、つまり「思念された対象性それ自体を端的に直接的に見て、把握すること」によって確保される絶対性である (II 35)。

フッサールが普遍的なものとしての超越的対象にも「絶対的所与性」という規定を与えた背景には、客観的な諸学の基礎づけを企図する現象学それ自身の学問性の確立という問題がある。つまり、現象学を学問として成立させるためには、自らの客観性および普遍性を他の何ものでもない現象学内部から確保する必要があるのである。(5)その際留意されるべきは、実的成素としての絶対的所与性が、「個々の視」(II 8)や「単一的なあるもの」(II 9)、「単一のコギタチオ」(II 49)、「現象学的―単一的所与性」(II 50)などとして記述されていることである。イデアールな対象性は普遍的なものであるから、それに対してここでは、作用や与件といった実的所与性が、個別的で単一的な体験として配置されている。「普遍的なものを認識することは、単一的な何かであり、そのつどの意識流の一契機である。しかし、そこにおいて明証の内で与えられる普遍的なものそれ自体は、単一的なものではなく、まさに普遍的なものであり、したがって実的な意味では超越している」(II 9)。普遍―個という対概念は、本質―事実もしくは必然―偶然という対概念とも意味を重ね合わせることで、アプリオリ―アポステリオリという伝統的枠組みで規定されることがある。とはいえ、絶対的という規定がイデアールな対象性と同様に実的な対象性にも与えられていたのであるから、フッサール自身がそうした枠組みをそのまま妥当させることは考えられない。それにもかかわらずここには、イデアールなもののアプリオリな客観的即自性と、心的作用としての個々の経験的、偶然的体験という、心理主義批判の際に用いられた対立図式が暗黙の内にもち込まれているように思われる。さもなければ、フッサールによる実的内在についての以下の消極的言明の真意が明らかにはならない。「個々の視が、われわれにコギタチオを自体所与性へと確実にもたらしてくれるとしても、そのような個々の視がわれわれに何を為しうるというのか」(II 8)。「コギタチオを現象学的な単一的所与性へと制限することがどれほど特別なことであるにしても、かえってそのことが原因となって明証的考察の全体が、……その妥当性を失うことにもなりかねない」(II 50)。さらにフッサールは、こうした言明を総括して以下のように述べる。「われわれが、完全にコギタチオの所与性にのみ定位して言表すると仮定した場合でさえ、言語表現の中にも反映している論理形式を用いている以上、確かにわれわれは単なるコギタチオを超え出ているのである」(II 51)。この引用では、われわれが現象学的な記述や言明を行う際には必然的に、実的所与性を越え出た地点、つまり超越的かつイデアールな論理形式に準拠する地点に立っているということが述べられている。イデアリテートの絶対的所与性が、実的内在の絶対的所与性に対してある種の「優位」をもつことは明らかである。「というのも、現象学が純粋に直観的な考察の枠内において、つまり絶対的な自体所与性の枠内においては本質分析であり、本質探究であることが、現象学固有の性格であるからである」(II 52)。こうした本質の自体所与性を重視する立場は、明証の感情説を唱える「経験的な認識理論家」(II 59)に対する彼の批判からも理解されうる。つまり、自体所与性が明証的であるのは、その所与に経験的で偶発的な「感情」が付帯しているからではなく、それが「純粋な見ることのうちで証示されている」(II 60)からである。様々な現象に感情が伴うかどうかは偶然的であり、それが明証の判断基準になることはない。「類的な本質判断を構成するときにのみ、われわれは学問が要請するような確固とした客観性を獲得するのである」(II 70)。

当初より現象学は本質記述学を標榜していることから、「形相的還元」や「本質直観」という道具立てが整序されていくことに異論はない。とはいえ、そのことから『理念』講義におけるフッサールの実的所与性への消極的言明が直ちに正当化されることにはならない。むしろここには、本質学という「方法的立場についての言明」と、その方法により主題化される「事象ついての言明」との次元の違いに基づく誤解ないし混同が生じているように思われる。事実学ではなく本質学としての現象学の学問的身分を証示するために、方法的記述の明証的基盤を確保することと、その本質記述とともに開示される事象として「イデアールな対象性」と「実的な対象性」とが区別され、それらの明証的な差異が見出されることは単純に同次元で扱われるべき問題ではない。もしこの区別を怠るのであれば、イデアールな論理形式および本質記述に即して一切の現象学的言明がなされねばならないという方法的立場から、事象として分析される実的対象性が、同じく事象として分析されるイデアールな対象性へと回収される、もしくはそれへと高められる必要があるといった事態を引き起こすことになりかねない。しかしここでは本当に、対象性を「普遍性意識へと高めること」（II 8）が問題になっているのか。われわれは第I章で、ヒュレーおよび非志向的感情に関わる問題を、志向的体験としての意識という第三の意識概念の内では扱いきれないものとして指摘した。それはつまり、志向性の成立それ自体に関与している実的所与性を、志向性の相関対象として分析することが容易ではないということであった。それにもかかわらず、ここではむしろ、実的成素としてのヒュレーや非志向的感情の問題が、志向的対象の一類型としてのイデアリテートの枠内へと回収されねばならないかのような印象が与えられるのである(6)。

とはいえ、われわれはそもそも「実的所与性」について現象学には相応しくない個的で、事実的で、実在的な言明を行っていたのであろうか。もしそうであれば実的所与性は、経験的で偶然的な主観の体験とみなされることになる。しかしでは、その際、実的所与性に絶対的規定を与えた現象学的還元の操作は一体何を行っていたのか。一切の経験的統覚の解除は何を意味していたのか。実的所与性に関するフッサールの消極的言明は、こうした問いに明確な解答を与えることができない。むしろわれわれが第I章三節で見たように、ヒュレーや非志向的感情という実的所与性に関わる固有な存在様式は、イデアールな対象性が事象として主題化される領域では容易に扱われえないものであるということが、方法的観点から見れば同時に現象学的な本質言明として行われていたのではないか。われわれは実的所与性の固有な存在身分をさらに問いつづけなければならない。このことが曖昧にされてしまうと、その身分が決して明らかにされないまま、問いはイデアールな所与性の問題へと、つまり本質存在の明証問題へとすり替えられてしまうことになる。

ただし、フッサール自身は後の『イデーンI』の現象学的還元に関する章、§60-61で、この問題にある種の解答を与えているようにも思われる。この箇所でも、自らの学問性の基礎を現象学的に証示しようとするフッサールの強い動機が見出されることに変わりはない。つまり現象学が、「超越論的に純化された意識の本質論」(III/1 128)であるためには、一切の「『普遍的』対象、すなわち本質の系列」(III/1 126)を遮断することはできない。そのためフッサールは、現象学の学問性を最低限確保するために必要な超越性として「内在的本質」(III/1 128)という概念を導入する。この概念は「超越的本質」という概念に対置されている。注目されるべきは、現象学が許容しうる内在的本質を特徴づけるフッサールの以下の発言である。「『内在的本質』とは、専ら意識の流れの個体的な諸生起において、つまり何らかの仕方で流れゆく単独な諸体験において個別化されるような本質である」(ebd.)。それに対して、現象学には「『超越的本質』のいかなるものも属することはない」(III/1 128)。超越的本質によって考えられているのは、経験的統握が遂行されたまま観取されている本質のことである。『事物』、『空間形態』、『運動』、『事物の色』、または『人間』、『人間の感覚』、『心』、『心的体験』(心理学的な意味での体験)、『人格』、『性格特質』等々」は、経験的措定を含む限りで「超越的対象性の本質論」に属している(ebd.)。このフッサールの記述には、事象的な実的所与性の特殊なあり方を、本質言明としてどうにか獲得しようとする腐心が見て取れる。『理念』講義では、実的所与性とイデアールな対象性とが絶対的所与性の身分を巡る対立関係にあったが、ここではそうした事象と方法の対立が非常に緊迫し内的に絡み合うものとして洞察され、記述にもたらされている。というのも、内在的本質は、記述という方法的観点からみれば体験からの超越性を決して免れることはできない。にもかかわらず、この引用の表現には、実的所与性の固有なあり方がそれと内的な関係にある本質言明として獲得されるということが、「本質が個別化する」という記述によって示されていると思われるからである。[7] そしてその限りでの本質のみを、現象学は自らに固有なものとして差し当たり包括する(ebd.)。フッサールがここで何よりも危惧しているのは、客観的な学問性の成立を阻む「形相的なものを心理学化する」(III/1 130) 傾向であり、「意識流を原理的に超越しているものを実的成素として当の意識流に帰属させる」(III/1 131) 趨勢である。こうした傾向から現象学を守るためにも、本質存在の身分は確保される必要があった。現象学は、方法と事象という同一の次元で扱えないそれぞれのものを同じ事象のレベルとして混同する「メタバシス」(III/1 130) を犯さない限りで、実的所与性に関する本質言明を獲得しうるのである。

(3) 実的所与性と反省の問題

実的所与性とイデアールな対象性に与えられる絶対的明証性の規定をめぐる問いが、フッサール現象学における事象と方法の緊張関係の内にあることが前節で示された。とはいえ、それにより実的所与性の内実が明らかになったわけではない。むしろこれまでの論述では、実的所与性が、イデアリテートやレアリテートの超越的対象性からは区別されるという消極的内実を、本質的言明として確保しえたにすぎない。より具体的な解明を進めるために、われわれは実的所与性を主題化する現象学的な「反省」の問題へと歩を進める。本章一節 (1) でわれわれは、内的知覚を「対象が知覚することとそれ自身の内に実的に包含されている」(XIX/1 365) 知覚として特徴づけた。この内的知覚は、主題化される現象学的事象に明証的基盤を与えるものであるため、事象開示の方法的操作である「反省」概念と密接に関係する。フッサール自身が、「内在的知覚は実際反省である」(III/1 166)

と述べ、「内在的に知覚する反省」（III/1 168）という概念を用いてもいる。こうしてわれわれは、実的所与性の存在様式を開示するために、イデアリテートの問いとは異なる仕方で、現象学的な反省理論へと踏み込むことになる。

ミシェル・アンリは、『実質的現象学』における「現象学的方法」という表題のもとで、『理念』講義の先の問題をすでに指摘し、さらにはフッサールの反省理論にまで批判の射程を広げている。われわれはこのアンリの批判を差し当たりの足掛かりとする。アンリはまず、フッサールが同講義においてコギタチオの絶対的所与性という内在への還元を行ったにもかかわらず、普遍的なものを過度に拡張するあまりに、全く逆転的な「超越への還元」を行ってしまったと批判する。(8) それはアンリの言う「真実の内在」、すなわち「コギダチオと生の実在性」が失われた瞬間である。(9) さらにアンリによれば、こうしたイデアールな対象への「主題の移動」は、すでに「超越の内に自らの根拠を置く、『視ること（voir）』」において予告されていたということになる。(10) フッサールが、「……あらゆる体験は、それが遂行されていることで、純粋な視ることと把握することの対象にされうるのであり、この視ることのうちで、それは絶対的な所与性なのである」（II 31）と述べているこの箇所に、アンリの批判の実質点がある。彼はこの箇所を、「実的なコギタチオが、……絶対的所与性であるのは、このコギタチオが眼差しに隷属し、純粋視に隷属する限りにおいて」(11) でしかないと解釈する。アンリはここで、「所与性（Gegebenheit）」という概念から、つまり「与えられているもの（ce qui est donné）」から、それを「与えるもの（ce qui donne）」としての「純粋視」を導出する。それにより、「与えられているもの／与えるもの（見られているもの／見るもの）」という決して架橋できない「超越」の断絶が両者の間に生み出される。「コギタチオが絶対的所与性であるのは、それ自身によってでも、それ自身においてでもなく、その本源的で固有の存在に後から付け加わる外的な与えるものの結果によってである。コギタチオはそれ自身においては絶対的所与性ではないのであるから、コギタチオは純粋視において、また純粋視によってのみ絶対的所与性になりうる」[12]。

アンリによるこの批判は、伝統をもつ反省理論に内的な二極構造から容易に導出されるものである。フッサール現象学は、固有の存在性格（イデアリテートやレアリテート等）をもつ意識内容が、そこへと向けられる作用からは厳密に区別されるということを、『論研』における心理主義批判以来、本質的規定として用いている。そしてこの「作用」と「内容」という不可分に相関する二極的な志向性構造は、方法的反省の枠組みにもそのまま適用されている。そのため主題化される事象も主題化する方法的反省もすべてが相関的志向性の枠組みを、つまり第三の意識概念を前提している。しかし反省の遂行が繰り返され、徹底化されるにつれ、反省それ自体がこの枠組みの限界を示し始める。アンリの批判は、実的所与性という意識に最も直接的な契機が、純粋視による反省の対象として、あるいはその反省の相関項である本質存在として捉えられることで、その固有性を奪われてしまうということにある。つまり通常の志向性が、意識を超越した対象性にしか向かいえないとすれば、もしくは現象学的な思惟の試みが、一切の対象を超越的なものにおいてのみ見出しうるとすれば、実的所与性はそれ自体では反省の主題にはならないということである。この点において、アンリの指摘には評価されるべきところがある。しかしそれにもかかわらず、アンリはあまりにも早急な解釈によって結論を下している。フッサールには確かに、実的所与性の固有な存在身分を、本質存在の明証的問題とすり替えていると受け取られかねない点が見出される。しかし、われわれが『イデーンI』の引用で見たように、フッサールは実的所与性に関する探究を、本質の明証問題とすり替えることで単純に放棄してしまったわけではない。むしろフッサールからしてみれば、そもそもアンリ自身の発言が、哲学的な学問性をもち、その批判が批判として成立するためにも本質的洞察による方法的基礎づけが必要であることになるであろう。

したがってわれわれに残された課題とは、フッサールが、絶対的明証性である実的所与性をいかなる仕方で主題化しようとしたのか、そしてその主題化は、アンリが批判するように純粋視への隷属によってその固有性が絶えず奪われてしまう仕方でしか行われえなかったのか、その内実を見極めることである。実的所与性の主題化を「超越への還元」として批判したアンリに正面から応じるためには、われわれはフッサール現象学における反省論の展開をさらに追求しなければならない。

第二節　感性的ヒュレーと時間意識

実的所与性は、現象学的な事象分析の端緒を与える絶対的明証性として特徴づけられ、その絶対的規定は、普遍的対象性が有する客観的自立性と同一視されてはならないことが明らかになった。実的所与性が絶対的な明証性を有するのは、それに関する言明が「本質的」なものであるからではない。むしろ実的所与性が絶対的な明証であるという本質的言明が成立するためには、この所与性がもつべき絶対性の内実がその固有なあり方に即して「事象的」に解明されなければならない。

そもそも実的所与性がその明証的効力を発揮できるのは、それが「内的知覚」の対象として把握される限りであった。アンリの批判は、実的所与性を内的知覚の対象として把握することが、対象化のプロセスとして何らかの超越的規定を含み込み、それにより感情や感覚という実的所与性の固有性が失われてしまうということに向けられていた。しかし「内的知覚」は、志向的対象に向けられる通常の知覚作用等とは異なり、「対象が知覚することそれ自身の内に実的に包含されている」限りでの知覚でなければならない。もしその対象が、外的知覚や想起といった志向的作用の相関項に過ぎないのであれば、その対象は自らの「実性（Reelheit）」を失わずにはいられないであろう。ここで改めて、実的所与性の主題化の問題、つまり現象学的な反省がどのようにして実的所与性にアプローチするのかが問われる。ここには、方法的反省がアプリオリに抱え込む「変様（Modifikation）」および「事後性（Nachträglichkeit）」といった問題が関わっている。そしてこの反省理論とともにわれわれは、「時間意識」の問題に踏み込むことにもなるのである。

差し当たりわれわれは、実的所与性の問題を「感覚」の主題化として論じる。というのもすでに述べたように、フッサール現象学における非志向的感情は、その非志向的特性によって感性的ヒュレーと同等なものとして扱われる傾向が強く、実的所与性の主題化に関しては感情の分析よりも感覚の分析が多く行われているからである。この節が「感性的ヒュレーと時間意識」という表題からなるのも、実的所与性の内実を明らかにするためには、感覚の主題化の問題を避けては通れないからである。それゆえ、非志向的な感情に関する分析は、感覚の存在身分が確定されてから後に着手されねばならないということである。

（1）　感覚の非主題性

フッサール現象学において「感覚」概念はいかなる事象的布置を形成しているのか。この問いを明らかにするのは容易ではない。というのもフッサールは、この概念に明確で一義的な定義を与えることなく、重要な場面で繰り返し使用しているからである。差し当たり伝統的な意味で考えられるのは、種々の「感官」に与えられる「感覚与件」であろう。フッサール自身がこの概念を多くの箇所で用いており、それとほぼ同義の概念である

「ヒュレー」も彼の現象学的探究の中で使用しつづけた。これら感覚に纏わる概念が、ことに時間論の展開において「印象（Impression）」概念とも連関することで、フッサール現象学における感覚論に経験論の流れを汲む「感覚主義」との烙印が押されることとなる。[13] 後期フッサールの主要な功績である「受動的綜合」や「キネステーゼ」の問題に精通していたラントグレーベでさえ、フッサールのヒュレー概念は「感覚主義の伝統の残滓からいまだ解放されてはいない」と記している。[14] しかしフッサール現象学にとって、そもそも「意識は、感覚主義がそれだけを見ようとするもの、つまり実際それ自身だけでは意味を欠き、非合理的な――しかしもちろん合理化されうる――素材というものとは、天と地ほどに違うもの」（III/1 196f.）ではなかったのか。[15] 確かにフッサールには哲学の伝統的概念を安易に踏襲するところがあり、そのことが事象をより紛糾させているということは否めない。しかしその反面でフッサールは、既成概念の意味内実そのものを絶えず新たに形成し、しかも自らが気づいている以上に形成してしまう人ではなかったか。われわれが見定めねばならないのは、フッサールがそれら感覚概念を用いて迫ろうとした本来的な事象とは何かということである。

すでに『論研II』でフッサールは、「感覚（体験）」と「知覚」を厳密に区別し、両概念が関係する内容の存在の差異を指摘していた。「意識されてはいるが、それ自身は知覚客観になることのない感覚という意味での内容の存在と、まさに知覚客観という意味での内容の存在との相違は」（XIX/1 395）、「普遍的な本質事況」（XIX/1 396）である。ここで理解されている両概念の配置は、外的刺激およびそれへの反応という物理、生理学的過程を示す「感覚」と、それを統合する心的表象の機構である「知覚」という連合主義的心理学に基づく概念装置とは次元を異にする。現象学的な「知覚」と「感覚」は、前者が超越的対象への関係という「志向性」を含むものであるのに対し、後者は志向性の「担い手」（III/1 75）、もしくは「拠り所」（XIX/1 407）ではあるが、それ自身は志向性を欠いた「非志向的なもの」(ebd.) として、意識概念の内部に配置されている。第I章三節でわれわれは、知覚を主題化する統握図式のもとでは、感覚の規定が曖昧なものにとどまらざるをえないことを指摘した。通常われわれは、諸々の志向的対象へと常にすでに向かっている。その際、感覚は知覚されることのない体験として非主題的に与えられているにすぎない。ではこの感覚の非主題性とはいかなるものであるのか。

一九〇六／〇七年の講義「論理学と認識理論入門」における「低次の客観化形式」という表題の草稿で、フッサールは感覚の主題化について論じている。「どのような仕方で、知覚において感覚は意識されているのか。……われわれは感覚を見ているのではないし、感覚へとわれわれの知覚的注意や、われわれの統覚的な客観化することの信憑が向けられているのでもない。しかしでは、知覚されていないとすれば、ここで『意識されている』とは何を意味するのか」(XXIV 243)。感覚は、志向性が超越的対象へと超出するその手前で生起している意識のされ方である。しかしこの「手前」という表現には注意が必要である。まずここで留意されるべきは、感覚の非主題性は、意識の注意作用が向かう以前の背景的地平とは異なるということである。そもそも「感覚は対象的な背景には属していない。というのも、この背景とは事物的な背景だからである」(ebd.)。背景意識は、「いかに曖昧であろうとも、対象的背景であり、したがって統覚的に構成されている」(XXIV 250, vgl. III/1 189, XIII 246)。一九二〇年代のフッサールの言葉で言えば、背景的意識はすでに任意に主題化可能な「ノエマ的地平」である (vgl. XXXI 5)。われわれは自分の背後に感性的ヒュレーを捉えているのではなく、「隣の部屋」や「壁」といった潜在的なノエマを知覚している。それゆえ、「対象的背景の意識と〈感覚〉体験されてある (*Erlebtsein*) という意味での意識を混同してはならない。そのようなものとしての体験は、その存在を有してはいるが統覚の対象ではない」(XXIV 252)。つまり感覚体験は、背景にあるが今は気づかれていない対象へと

「眼差しを向け変える」という仕方で主題化されるようなものではない。では、統覚の対象ではないというこの感覚の意識のされ方とはいかなるものなのか。

同講義でフッサールは、まず感覚を地平的潜在性とは異なることを指摘した。次にこの感覚の問いは、反省以前の「素朴な」意識体験と反省により主題化される体験という後の態度論の萌芽を含む問いへと移行する。このことは、感覚体験が「反省」による主題化以前の素朴な経験と同一視されていることに由来する。「諸々の感覚は決して背景的な事物ではない。にもかかわらず明証的であるのは、端的な家屋への対向から、別様な対向が、つまり知覚とその内容への『反省』が可能であるということである。……しかしではいかにして知覚の内容が、例えば感覚という知覚内実が、反省に先立って与えられているのだろうか。または、いかにしてそれが反省の内に『前もって存在する』のであろうか」（XXIV 244）。フッサールは、「素朴な知覚」と「反省という解明する作用」との比較を試みることで、「……根源的な意識に対して変化した意識を見出す」（ebd.）に至る。ここでは反省以前の素朴な意識が、「根源的で」、「先現象的な（präphänomenal）体験」として、統握の手前にある感覚の非主題性と重ね合わされている。しかしでは、感覚の非主題性は、「還元」によって明確になる自然的態度における意識の匿名的没入性と同じことを意味しているのであろうか。つまり感覚の「主題的－非主題的」という区別は、「現象学的態度」と「自然的態度」といった還元の操作を通じて架橋される同一の意識体験の異なるパースペクティヴということに解消しうるものであるのか。もしそうであればことは単純である。つまり現象学的反省により自然的、素朴に与えられている感覚体験を、志向性の相関的意識現象として主題化し、記述すれば済むことになる。しかし、われわれが第I章三節で扱った感覚の記述は、まさに現象学的反省により主題化された知覚という志向的体験に含まれる感覚の記述であったのであり、その記述では扱いきれないものとして感覚の位相が指摘されていた[16]。実はここには、フッサールの感覚に対する二重の立場が混在しつつ如実に示されている。

この二重の立場とは、第I章三節で指摘された感性的ヒュレーが孕んでいる二義性に関係する。その立場とは、一方は感覚を、ノエマ的対象の特性として反省を通じて主題化可能なものとみなす立場であり、他方は感性的ヒュレーが生成することが同時に反省的意識そのものの時間的構造に内的に関与していることから、反省による感覚の容易な主題化を許さないとする立場のことである。第I章三節でも示唆されたように、こうした立場のズレは「第一の意識概念」つまり意識流としての意識概念と、「第三の意識概念」つまり志向的体験としての意識概念との両概念に跨って感覚や非志向的感情の問いが扱われていることに由来している。そして実はこの規定のズレは、われわれの探究が目下動いている「第二の意識概念」、つまり内的意識を、他の両意識概念を結びつける接合点として分析することで、より明確に浮き彫りにされるのである。次節でわれわれは、感覚に対する第一の立場を問題化し、実的所与性としての感覚が有する明証的特性は、時間意識の展開として明らかにされねばならないことの必然性を示す。

(2) 感覚と対象化

前節で示したように、フッサール現象学における感性的ヒュレーはたびたび反省以前の素朴な「先現象的存在」であり、反省により主題化され、対象化されるものとみなされている (vgl. XXIV 244f., III/1 229, XIV 48)。「分析する体験において、それら〔素材的内容〕は対象的なものとなり、以前には現存していなかったノエシス的機能の目標点になる」(III/1 229)。対象的になるということは、実的成素である感覚内容が反省作用の相関項として認識の対象となることを意味する。とはいえ、「どんな種類の『反省』も意識変様という性格をもっており、確かに一切の意識がこの変様を被りうるのである」(III/1 166) から、われわれはこの変様の内実を明らかにする必要がある。この反省の変様的特性との関連で問われるべきは、感覚が反省により変様され、対象化されることで、実的な感覚にある種の超越性が関与するのではないのかということである。例えばフッサールは『論研II』で以下のような例を挙げていた。「歯の痛みの知覚においては、現実的な体験が知覚されているにもかかわらず、その知覚はしばしば欺くものであり、健康な歯がずきずきと痛むものとして現れることもある。こうした錯覚の可能性は明らかである。知覚された対象はそれが体験されたままの痛みではなく、歯に帰属するものとして超越的に解釈された痛みなのである」(XIX/2 770f.)。ここで指摘されているのは、現に体験されたままの「痛みの体験」と、超越的に解釈された対象意識としての「歯の痛み」の区別である。こうした区別に基づいて感覚は、知覚的対象に内的な超越が関与することで錯覚を引き起こすというレッテルを張られる。しかしここで問題になっているのは、客観的対象の知覚と相対的な主観の状態的感覚という区別ではなく、実的な「感覚」と超越的な「知覚」という現象学的区別である。したがって問われるべきは、反省による感覚の変様が、感覚から知覚的対象への超越的な統握プロセスと重なるものであるのかどうかである。

ただし、前節で指摘した現象学的な反省の導入に伴う変様の前後の区別は、「感覚」と「知覚」の区別ではなく、態度変更における「自然的な領域」と「現象学的反省の領域」との対比であった。つまり、「一切の反省は本質的に態度変更から生じ、それによって先所与された体験、つまり体験与件(反省されていない)がある種の変様を被り、まさに反省された意識(意識されたもの)の様態へと変化する」(III/1 166)。ここで注意されるべきは、反省による知覚経験の主題化が行われた後に初めて、先の現象学的な「感覚」と「知覚」の区別は際立たされるということである。つまり、自然的態度では匿名的に行われていた意識能作が、現象学的還元と反省の遂行により志向的体験として主題化され、それによりノエシス—ノエマという相関的意識構造が取り出される。それとともにノエシスの機能連関から知覚作用（モルフェー）と感覚内容（ヒュレー）という諸契機を抽象することが可能になる。したがって自然的態度における「素朴な意識生」を、「感覚体験」と単純に同一視することは許されない。にもかかわらずわれわれは、フッサール自身が自然的で素朴な意識生と感覚の非主題性を同一視していると思われる箇所を見てきた。さらには上述の『イデーンI』の引用でも明らかなように、感覚に用いられる「与件」という概念はしばしば反省以前の意識生を表現するために用いられている。[17] ここには、非主題的で「素朴な意識＝感覚」とそれを主題化する「現象学的反省＝知覚」という図式がある。「反省は実際、知覚である……。流れゆく感覚体験は体験されるだけではなく、……ここでは知覚されているのである」（XXIV 244）。こうした捉え方は、実的所与性としての感覚が容易に主題化されるという立場を支持するものであり、ここには単純には解消しえない複雑な問題が絡んでいる。とはいえ差し当たり、自然的態度における素朴な意識生を感覚体験とみなすことはできない理由を挙げることは簡単である。というのも、確かにわれわれは自然的態度において志向性を主題的に意識しておらず、志向的な意識類型に関して何も知らないに等しい。しかしだからといって自然的態度においてわれわれが、現象学的な意味での知覚体験を行ってはいなかった、つまりそこでは感覚体験のみが行われていたとは、決して言えないからである。もしそうであるとすれば自然的態度においてわれわれは事物の個的同一性すら理解しえなかったはずである。

それゆえ感覚の非主題性は、自然的態度における意識生の匿名性からは厳密に区別されねばならず、さらにこのことを踏まえた上で反省がもつ「変様」の内実が問われる必要がある。『イデーンI』でフッサールは、反省が喜びの感情体験をどのように主題化するのかを以下のように記述している。「喜びへと向けられる最初の反省は、これを顕在的で現在的なものとして見出しはする。しかし、それをまさに今始まりつつあるものとして見出すのではない。それは、持続するものとして、以前からすでに体験されてはいたが、眼差しのうちで把握されてはいなかっただけの喜びとして現に存在する」(III/1 164)。それゆえ反省は、「事後的に客観的になった喜び」(ebd.) に向けられる。そして反省の遂行によって客観になったこの喜びから、一方でノエマ的な「喜ばしいものの過ぎ去った持続と所与様態」が明らかになり、他方でノエシス的な「喜び」の感情作用が主題化される。さらにはこの喜びを客観化している反省それ自身に新たな反省が向けられることで、「体験されてはいたが、眼差しのうちにはなかった喜びと眼差しのうちにある喜びという区別」(III/1 164) それ自体が主題化される。とはいえ、ここで主題化されている体験は、相関的対象をもつ志向的感情であり、その際絶えず同時に作動している非志向的感情は、現象学的反省の後にもいまだ非主題的にとどまっている。現象学的反省は、素朴な自然的体験を志向的体験として主題化し、ノエシスとノエマの相関構造を取り出す。さらに反省は、例えば知覚であれば、その知覚作用を主題化するとともにその作用に含まれているヒュレー的体験をそれから区別することを可能にする。しかし区別することと、区別されたものの内実について詳述することの間にはいまだ間隙がある。通常われわれは、喜びの経験を任意に産出することはできない。そのためそれを分析対象とする際には、想起作用を共作動させて分析を行う。それゆえ想起の対象として扱われる喜びの体験は、暗黙の内に、客観化する知覚構成に特有な相関図式を敷衍しつつ分析されてしまう。しかし、実的体験である非志向的感情や感覚が、そもそも対象的な超越経験に固有な図式を用いて解明されうるのであろうか。否、というのが第I章三節におけるわれわれの結論であった。

フッサールは『イデーンI』で、反省により変様を被る「怒り」という感情体験の分析の困難さに、知覚分析の容易さを対置しつつ以下のように述べる。「怒りは反省によって沈静化し、内容的に急速に変様することもありうる。怒りはまた、知覚のように手頃な実験的企てによっていつでも産出する用意ができるわけではない。怒りをその本源性において反省的に研究するということは、沈静化する怒りを研究することである。このことは決して意味のないことではないが、おそらく研究されるべきであったものでもないであろう。これに対して、外的知覚は遥かに入手しやすく、反省によって『沈静化する』こともない。この知覚の一般的本質と、それに一般的に帰属する構成要素および本質相関項の本質は、明瞭性を産出するのに特殊な努力をすることなく、その本源性の枠内で探究しうるものである」(III/1 146)。感情体験の分析には「特殊な努力」が必要であるというこの記述は、フッサール自身が感情および感覚の分析の困難さを吐露しているものとみなしうる。反省による「意識変様」(III/1 166) が行われた後に類型的構造が容易に剔抉されるのは、知覚を範型とした志向的意識の相関項ないしそれら構造が妥当する意識領域である。あえて非志向的感情をこの枠組みにおいて記述しようとすれば、その内実を捉えきれない可能性が多分に含まれる。これまでの非志向的な感覚の規定が、知覚の記述様式を感覚レベルに引き下ろすようにして行われるか、もしくは曖昧で、空虚な存在的身分を付与されるかであったのもすべてこのことに由来している。

(3) 感覚と自己意識

前節でわれわれは、実的所与性を感覚の非主題性の内実を問う試みとして解明してきた。感覚の非主題性は、地平的な潜在性ではなく、現象学的反省以前の素朴な意識生の匿名性とも異なる。にもかかわらずフッサール自身が、感覚体験を素朴な自然的意識と重ね合わせて理解している点があることから、それが容易に抽象化され、対象化されうるという感覚に関する第一の立場が見出されることになる。とはいえ、すでに指摘したように反省作用による客観化が、志向性の相関図式が成立する限りでの対象を主題化しうるものであるとすれば、感覚それ自体はこの図式によってはいまだ捉え切れていないと言わねばならない。

ではしかし、「内的知覚」とはいかなる意識であり、「内在的に知覚している反省、すなわち端的な内在的知覚の絶対的権利」(III/1 168) とはいかなるものなのか。フッサールが述べるように、「ここでの現象学的課題は、反省という名称のもとに含まれる一切の体験変様を、それが本質関係をもち、前提しているすべての変様との連関において体系的に探究することである」(III/1 166f.)。反省的な変様がそもそも可能なのは、一切の意識体験が反省からは独立にそれ自身で変様する構造を備えているからであり、さらにはこのことへの「気づき」が前提されているからである。「一切の体験がそれ自身において生成の流れである」(III/1 167) ことにわれわれは反省に先立って気づいている。われわれはここで、「内的知覚」という第二の意識概念の特性を巡って、第一の意識概念である「体験流としての意識」へと分析を移すことになる。われわれは、反省がアプリオリに抱え込む変様特性の問題から、「ある種の原体験へと、つまり絶対的に本源的な体験を現象学的な意味において呈示する『印象』へと遡及させられる」(III/1 167) のである。

この「印象」概念に、つまり「絶対的に本源的な位相、すなわち生ける今の契機」(III/1 168) に定位することで、感覚は「時間意識」の分析とひとつになって、超越論的意識の反省構造そのものが出来する固有な「自己意識」の次元として開示されていく。これがフッサールの感覚に対する第二の立場である。反省の根拠であるがゆえに、反省からは区別される「原意識」が分析されるのもこの次元においてである。すでに一九〇六／〇七年の講義「論理学と認識理論入門」でフッサールは以下のように述べていた。「われわれは今や本質分析を遂行し、

［感覚］体験の概念を以下のように構成する。つまり体験の概念とは、現象学的な時間性内部で延長する一切の与件……に該当するものである。そしてわれわれは、単なる体験という概念を原意識という概念として構成する。原意識において与件は、いまだ対象的になっていないにもかかわらず存在している。原意識において与件は、その先現象的な存在を有しており、しかも明証を伴ってそれを有していなければならない」（XXIV 245）。この原意識の記述は、後述する『時間講義』の附論IXにおける意識流分析の中で詳述されるものの萌芽段階である[18]。実際、この引用の後でフッサールは、「一切の先現象的なものと反省と分析によって現象化されたものとは……時間的な流れの統一に組み込まれる」ことを示唆しており、前者の存在は、「十全的な知覚統握によっては客観化されない絶対的な存在」であると述べている（XXIV 245f.）。このことからも、「内的知覚」概念は、「時間意識」における絶対性の圏域を主題化するものとして理解されねばならない。

（4）感覚と時間意識

前節でわれわれは、フッサールの感覚に関する第二の立場について述べた。それは、感覚を、反省が可能になるためにすでに前提されている超越論的意識の時間的な変様特性それ自身への気づきとして捉える立場であり、感覚を、時間意識がそこにおいて成立する場として捉える立場である。この第二の立場においてのみ、感覚および内的知覚の内実が問われるべきであり、そこにおいて初めて原意識も分析されることになる。そこでわれわれは、フッサールの初期の草稿群に属する『時間講義』のテクストから感覚の位相を浮き彫りにし、「原意識」概念がいかなる問いの中で見出されることになったのかを明らかにする[19]。

時間意識の探究は、主に聴覚的な「時間客観（Zeitobjekt）」を手引きにすることで、持続的対象を構成する意識それ自身の時間的構造を剔抉することにある。メロディーといった聴覚的客観を手引きにするのは、それが空間特性からは導出されえない時間に固有な不可逆性を備えていることに加え、外的知覚の対象現出を可能にする超越的空間を遮断した意識構造を考察できるからである。実在的対象一切は、メロディーのように空間現出することがない対象であっても、時間による拘束性を免れることはできないとフッサールは考えている。その際彼は、知覚対象の空間－実在的超越に関わる統覚を解除することで純粋な感覚与件の「持続」の分析へと向かい、その操作とパラレルに、知覚対象の現出を可能にする「客観的時間（objektive Zeit）」を意識内在的な「先経験的時間（präempirische Zeit）」（X 73）へと還元する。先経験的時間とは、一切の超越的統覚に先立つ「体験の時間」であり、感覚される限りでの時間である。「時間の問題について言えば、時間の体験がわれわれの関心事なのである」（X 9）。この先経験的時間との関連において感覚が、「根源的な時間意識」、つまり「原印象」が「過去把持」へと沈み込む不断の流れとして記述される。おそらく一九〇九年に起草された草稿でフッサールは、「感覚とは何か」という問いを立て、以下のように答えている。「〔それは、〕感性的内容の純粋に内在的な意識〔である〕。その意識には、空間的現在に関する何ものも含まれてはいないが、……時間的現在に関するもの〔が含まれている〕。なぜなら感覚は、全くもって根源的な内在的時間意識に他ならないからである」（XXIII 251）。

では、感覚が時間意識であるとはいかなることであるのか。ここで注意すべきは、一九〇六年か〇七年頃を境に導入される「絶対的意識」ないし「絶対的意識流」と「先経験的時間」との関係である。[20] 前者において問題になるのは、対象化されることなく気づかれているすべての現象を「構成する（konstituierend）」意識の根源的な作動である（vgl. X 73ff.）。通常反省の主題になるものは、構成された、つまり時間に内属する対象性であることから、時間そのものの生起という構成する諸位相を主題化する試みは容易に無限後退を引き起こす（vgl. X

114f., 118ff.)。絶対的意識流は、そこにおいて対象現出を可能にする時間それ自身を構成するものであるため、自らが先経験的時間の内に現出する時間的存在であるはずはない。論理的に容易に導かれるこの帰結は、構成概念が極限化することで、統握図式における作用－内容という区別がもはや維持できないことを示している。われわれはこれまで「感覚」概念を使用する際に、「感覚すること（Empfinden）＝感覚作用」と「感覚されたもの（Empfundene）＝感覚内容」との区別を意図的に行ってこなかった。それというのもフッサール自身が、『論研II』ではこの区別を拒否し（vgl. XIX/1 362, 408）、さらに『時間講義』では無限後退の怖れから繰り返しこの区別について逡巡しているからである。[21]『時間講義』の脚注でフッサールは、「感覚されたものが……すでに構成されているのかどうか」という問いを未決にした後、「一切の構成が統握内容－統握という図式を有しているわけではない」と注記し（X 7 Rb.）、さらには「感覚された赤はどんなあるものへの関係ももってはいない」（X 89）と、感覚の非志向的特性について強調している箇所への脚注において、「……構成する流れそれ自身を……作用として特徴づけること」がたとえ可能であるとしても、「そのことは種々の困難を引き起こす」と注意を促している（X 89 Rb.）。そもそも、感覚が作用と内容には分割されえない、つまり通常の志向性の構造を有していないということは、感覚には知覚に固有な超越経験が介在していないことから洞察されている。痛みの経験を思い起こせば明らかなように、われわれは痛みを意識作用から超越したものとして経験することはできない。現にある痛みは、認識される対象として在るのではなく、むしろ認識を極度に阻害し、意識のあり方そのものを一変させる。

しかし他方で、フッサールの記述には、「感覚与件」が「構成された内在的内容」（X 83）とみなされ、それを構成する根源的な「感覚すること（Empfinden）」から区別されていると思われる箇所も見出される。[22]名詞形の「感覚（Empfindung）」という語と時間意識を同一視した先の一九〇九年の引用から一年以内に書かれたと思われる一九一〇年初頭の草稿でフッサールは、「感覚すること」という動詞形を用いて時間意識を特徴づけ、それを先経験的－内在的時間における「感覚された統一体」から区別する。「感覚することをわれわれは根源的な時間意識とみなしている。そこにおいて色や音といった内在的統一が構成され、希求や適意等々の内在的統一も構成される」（X 107, XXIII 289）。さらには、「感覚」と「感覚されたもの」との時間的性格づけの違いを強調するために以下のようにも述べられている。「感覚（Empfindung）ということで（内在的に持続する赤や音などの感覚されたものではなく）意識が理解されているのであれば、過去把持や再想起、知覚などと同様に、感覚は非時間的（*unzeitlich*）であり、当然、内在的時間の内に存在するものではない（この意識がどの程度その本性において、ないしは『客観的時間』において客観化可能であるのかは独自の問いである）」（X 333f.）[23]。テクストの成立史から言えば、前者の『時間講義』からの引用は、『フッサリアーナ XXIII』巻の Nr. 12 に見出される内容と重複しているため、おそらく一九一〇年初頭に成立したものであり、後者の『時間講義』のテクスト Nr. 50 からの引用は、ベルネットの報告によれば一九〇九年九月から一九一一年の終わりまでに成立したものである[24]。それゆえ、両者は早くても一九〇九年の終わりから一〇年の初めにかけて、遅くても一九一一年の終わりまでの間に属するフッサールの思惟であったと推定しうる。ベルネットによるテクスト区分の第四グループに属するこの時期において、「絶対的意識は純粋な志向性」であるとみなされている限り、「原印象は音的な何ものも自らの内にもってはおらず、どんな感覚－与件でもない。それは音を感覚すること」に他ならないということになる[25]。後者の引用で、「感覚」が「知覚」や「再想起」といった本来的な作用志向性と同次元にあるものとして語られていることからも明らかなように、ここでは感覚が、「非時間的なもの／感覚する作用」－「時間的なもの／感覚された内容」という統握図式を極限化した形で、つまり知覚の認識モデルを感覚の時間意識へと引き下ろした形で語られているのである。

ただし、フッサール自らも気づいていたように、感覚に対して知覚に特有な統握図式を当てはめることは、諸々の困難を引き起こす。ここでの決定的な問いは、感覚することが一切の現象性を可能にする絶対的意識であるとしても、「どこから私はこの構成する流れの知識を得るのか」（X 111）というものである。そもそも意識的に主題化されうる対象が、時間における現出をその必要条件としている限り、時間を構成する流れに気づきうる可能性はありそうもない。それゆえにこそフッサールは、この時間意識の問いを巡って生涯をかけて腐心しつづけるのであり、この問いへの解答の試みのひとつとして、感覚が、第二の意識概念である「内的意識」に結びつけられるのである。[26] 先の引用草稿とほぼ同じ時期か、その一年後、つまり一九一一年か一二年に成立したと思われるテクストでフッサールは、「内的意識」について以下のように述べる。[27]「一切の作用はあるものについての意識であるが、一切の作用もまた意識されている。すべての体験は『感覚されて』おり、内在的に『知覚されて』いる（内的意識）。このことは当然のことながら、たとえ措定されておらず、思念されていないとしてもそうなのである（知覚することは、ここでは思念しつつ－対向して把握することを意味してはいない）」（X 126, XXIII 307）。フッサールがこの「内的意識」概念で目論んでいることは、統握図式の解体である。つまり統握図式では、作用の相関項としての内容が意識にもたらされる当のものであることから、その際、非主題的な作用それ自身を内容として意識するためには、その作用を志向する別の作用が要求されることになり、それは無限後退に陥る。しかし「内的に知覚することは、それ自身が再び内的に知覚されることはない」（X 127）。したがって、時間論の展開においてフッサールは、統握図式を極限化し、一切の時間的対象の根拠である意識流を「感覚すること

（感覚作用）」として配置する一方で、この統握図式を解体することによってのみ見出される「内的意識」という「直接的」な気づきによって「構成する諸位相」を主題化しようと試みるのである。

「内的意識」は、作用性格を備えているものに直接気づいている意識として、それ自身はもはや「作用」として機能することはない。またそれは、一切の作用統一に付随していることから「随伴意識」として特徴づけることもできる。(28) 通常、われわれは林檎を知覚している際、もしくは想像している際に、反省を加えて初めて自らが知覚ないし想像をしていたことに気づくことはない。(29) 想像している際にわれわれは、その最中でその体験が想像であることに、つまり遂行されている作用のモードに気づいている。内在的統一として遂行されている作用のモードへの直接的な気づきが、内的意識の特性を成している。ただしフッサールは、内在的時間において構成された作用統一からは区別される絶対的意識流に対しても作用特性を敷衍しているのであるから、(30) この絶対的意識という時間を構成する作動に対しても「内的意識」は適用されうるのかという問いが不可避的に立てられる。この次元においてわれわれは、「原意識（Urbewusstsein）」に出会うのである。

（5）原意識に関する論議

前節で示されたのは、絶対的に時間を構成する意識流としての感覚が、統握図式の極限化的適用を受けることで、それ自身は時間的存在ではない「感覚すること」として記述されていたということであり、その際この構成的な作動への気づきとして「内的意識」概念が指摘されたということである。ではもはたして、この根源的に構成する意識流とはいかなるものなのか、そしてこのことへの原初的な知をフッサールはどのように理解しようとしていたのか。

この「構成する諸現象」(X 74) をフッサールは、「時間を構成する絶対的意識流」(X 73)、「絶対的主観性」(X 75)、「根源的意識」(X 89)、「根源的時間意識」(X 107)、「絶対的な無時間的 (zeitlos) 意識」(X 117) などと様々な表現を用いて記述している。しかし「時間を構成する諸現象は、時間の内で構成される諸現象とは、明証に即して原理的に異なる対象性」(X 74f.) であり、そもそも「対象性」と述べることが何を意味するのかも明らかではないものへの名辞である。ただ言えるのは、「この流れは、構成されたものに倣ってそう名づけられているものではあるが、時間的に『客観的なもの』ではない。それは絶対的主観性であり、比喩的に『流れ』として特徴づけられるべき絶対的特性を、すなわち顕在性の点、原源泉点、『今』から発源するものという絶対的特性をもっている」(X 75) ということである。さらにフッサールは「内的意識が流れである」(X 118) とも述べている。絶対的意識流が内的意識そのものなのである。それゆえ随伴意識である内的意識は、構成する流れそのものとして、みずから自身への気づきを伴っていることになる。いまだ反省を介することのない「自己意識」というフッサールにおける感覚の第二の立場が見出されるのはこの次元である。

では、統握図式を解体することで見出される直接的意識としての「内的意識」の内実とは何か。その解明が同時に流れの解明に繋がることは、「内的意識」が、流れそのものであることからも明らかである。先の引用で流れは、「顕在性の点、原源泉点、つまり『今』から発源するもの」として記述されていた。流れとは、「原印象」から「過去把持」への沈下として絶え間なく発源するプロセスである。このプロセスにおいて絶対的意識流の第一の形成が開始される。それゆえ原印象から過去把持へのこの移行をどう解釈するかにフッサール現象学の時間論のすべてがかかっていると言っても過言ではない。「内的意識」との関連で言えば、一体このプロセスのどこで「内的意識」は成立し、その際どのように流れのプロセスと関係しているのかが問われるべきである。

差し当たり、流れの源泉である「原印象」は以下のように特徴づけられる。意識は絶えざる変様であり、「変様は絶えず次々に新たな変様を産出する。原印象は、この産出の絶対的な出発点であり、原源泉であり、そこからすべての他なるものが産出される。しかし原印象それ自身は産出されることはなく、産出されたものとして生じることもない。それは自発的発生によって生じるのであり、原産出である」（X 100）。ここでは、原印象それ自体が有する、決して他なるものから産出されたり、創造されたりすることのない自存性が述べられている。ただし、この原印象は立ち現れるとすぐに「過去把持（Retention）」へと移行する。その際留意されるべきは、それは「既在性」の契機を形成しつつも、「この過去把持それ自身がひとつの今であり、顕在的に現存するものである」（X 29）ということである。つまり原印象は、過去把持へと変様することによって初めて唯一の「現在」を創り上げる。それゆえ、「過去把持それ自身は、『作用』（つまり過去把持的な位相の系列において構成された内在的持続統一）」ではなく（X 118）、「把持的意識は、時間を構成する流れの契機としてのみ理解されうる」（X 75）必要がある。過去把持は、過去の志向的体験を想起する「準現在化作用」からは厳密に区別される「構成する流れ」の契機である。[31] この過去把持のおかげで「幅のある現在」という現象学的な時間理解が基礎づけられる。フッサールが純粋な点的今としての原印象を「理念的限界」（X 210）、「虚構」（X 295）、「抽象的なもの」（X 326）と名づける根拠[32]や、過去把持が明証的な「絶対的権利」（III/1 168）をもつことの理由もすべて、原印象と過去把持の相互依存的な理解に基づく限りでのみ明らかになる。[33]

しかし、そうであるとすると、この流れの記述にはすでに二つの循環的規定がもち込まれていることになる。第一の循環は、「原創造（Urschöpfung）」（X 100）としての原印象が自らの「今性」の身分を受け取るのは、それが過去把持へと不断に移行することによって、すなわち「まさに今過ぎ去ったこと」（X 36）という過去把持へと移行することによってであり、それゆえ、出発点の原印象の「今性」それ自身が、過去把持的な変様を通じてのみ保証されているにもかかわらず、そもそも過去把持的な変様が生じるのは、原源泉としての「今点」に他ならない原印象が過去把持へと移行することによってである、という「今性」に関する循環である。原印象的「今性」と過去把持的「今性」は、互いの差異を保持しつつ、ひとつの「現在（Gegenwart）」、つまり「幅のある今」を循環的に形成する。第二の循環は、絶対的意識流の記述が、「流れ」の特性である「変様（Modifikation）」、「移行（Übergang）」、「推移（Vorgang）」ないし「経過（Verlauf）」といった「プロセス（Prozess）」の生起を、時間それ自体の構成として明らかにすることであるにもかかわらず、流れの解明的記述の中に、原印象から過去把持への「変様」ないし「移行」として、説明されるべき概念が繰り返し現れてしまうということである。原印象から過去把持への変様プロセスそれ自体は、原印象と過去把持という状態指定的な記述概念それ自身からは導出されない。これは「プロセス」に関する循環である。第二の循環はすでに第一の循環にも現れていることから、より原初的なものであることが理解される。原印象と過去把持という非自立的な流れの二契機は、変様の生起それ自体を捉えることを目指しつつも、そのプロセスの作動をそもそも前提せずには有効に機能しない。ここには、時間の生起という現象化しえないプロセスを記述する際の困難さが端的に現れている。

では、この時間生起のプロセスに「内的意識」はいかに関与しているのか。フッサールは『時間講義』附論IXにおいてまず、意識それ自身の主題化の可能性、つまり反省による対象化の可能性を過去把持によって根拠づける。「われわれは、意識が客観になりうることを過去把持に負っている」（X 119）。とはいえ、流れの非自立的契機の一方である過去把持にのみ反省の根拠づけを与える試みは直ちに、「自己を構成する体験の最初の位相はどうなっているのか」(ebd.) という問いを提起させる。もし原印象という最初の位相が、過去把持的に変様した後に初めて意識にもたらされるとすれば、過去把持と結合しない原印象は「無意識的」(ebd.) なものとなるであろう。しかしそもそも、無意識的な原印象が過去把持されて初めて意識にもたらされるとすれば、「何がそれ〔原印象〕に『今』という特徴を与えるのかは理解されずにとどまる」(ebd.)。というのも、もしそうであれば、過去把持こそが初めの意識の位相であり、原印象的な「今」ということになるからである。それゆえ、「無意識的な内容の過去把持は不可能である」(ebd.)。過去把持が過ぎ去りゆくものの把持である限り、把持は常にすでに原印象の変様の余韻を感じ取っている必要がある。こうしてフッサールは、過去把持に先立つ原印象それ自体に根源的な意識性を見出さねばならなくなる。この意識が、すでに感覚の問いにおいて見出されていた「原意識」(ebd.) である。「過去把持の位相が、先行する位相を対象的にすることなく意識しているように、原与件もすでに意識されている。しかも『今』という独特な形式において、対象的になることなく意識されている。まさにこの原意識が、過去把持的な変様へと移行する当のものであり、この変様はその時、原意識それ自身の過去把持であり、かつ原意識において本源的に意識された与件の過去把持である。なぜなら両者は不可分にひとつだからである。原意識が存在しないのであれば過去把持も思考不可能である」(ebd.)。ここでの原意識は、意識の原源泉としての原印象それ自身の内的意識を特徴づけるものに他ならない[34]。

「原意識」を導出するこの附論IXは、反省の根拠としての過去把持それ自身を根拠づけるものは何かという、知の根拠関係を遡及する形で論述されている。われわれは先に、流れのプロセスにおける原印象と過去把持の循環的依存規定を見た。それによれば、流れのプロセスの理解は、原印象と過去把持のどちらか一方を断片化することによっては決して得られず、むしろ「内的意識」は、この二契機にすら完全には解消されえない意識形成のプロセスそのものへの気づきとして遂行されねばならないはずであった。にもかかわらず、『時間講義』でフッサールは、「原意識と過去把持」(119f.) を明確に峻別し、「反省と過去把持は、根源的な構成において問題となる内在的与件の印象的な『内的意識』を前提している」(X 110) として、両契機が独立したものであり、かつ原印象が過去把持を究極的に基礎づけていると受け取れる記述を行った。つまり、原意識と過去把持の両者を異なる気づきの位相として解釈させる余地を残したのである。[35] それゆえに、例えば山形のような、「ほんとうに自分で自分の根拠となっているのは原印象の開始相だけであり、他の位相はすべて、最終的にはこの開始相の上に築かれている」といった解釈が可能となる。[36] そしてここから、過去把持をも含めた志向的構成に先立つ生身の「原印象」とは何かという、反省ないし知の限界を突く問いが提起され、それとともに「差延」、「外部性」、「他者」ないし「内在」の現象学といったフッサール以降の現象学が展開されることになるのである。[37]

第三節　作動の現象学

前節でわれわれは時間意識の成立に直接的に伴う気づきとしての「原意識」概念の導出過程を明らかにした。流れとは、絶えざる変様として時間を形成するプロセスであり、このプロセスが、原印象と過去把持という、もはや作用志向性としては機能しえない二契機の非自立的構造として記述されるに至った。しかし、その他方でフッサールは、過去把持を反省作用と同様な、「事後的」変様を被った対象化的な知に関わるものとみなす発言をすることで、過去把持からは区別される原印象それ自体の「内的意識」ないし「原意識」を見出すことになった。[38] こうした議論の前提として残りつづけている統握図式は、二元的相関関係を維持しつつ展開されるものであり、その限りでこの図式を敷衍しつづけることは、絶対的に構成するものを対象化的な反省知の外部ないし彼方に設定し、それが構成されたものの側からの解明的遡行を断固として拒むという構図を作り上げる。[39]

例えばニーは、「フッサールにおける原意識と反省」という論文で以下のように定式化している。「（1）原意識と反省との関係の本質は、原意識が根源的な意識であり、事後的な反省にとっての根本的な前提を形成することにある。（2）この原意識は、……実際のところ事後的な反省によって初めて発見され、解明されうる……。（3）原意識された意識生を主題的に対象とする反省ということで、ここでは……現象学的反省が考えられている」。[40] ニーは、反省と原意識のこの関係を、「反省哲学」と「生の哲学」、「理論哲学」と「実践哲学」、「知」と「生」の分離として特徴づけている。[41] そしてさらにニーの解釈によれば、この関係は最終的に、フッサール現象学における「哲学的、反省的生」と「自然的生」の区別に由来するということになる。[42] 反省が可能であるためにはすでに何らかの仕方で反省以前のものが知られている必要がある。さもなければ、そもそも反省は起こりえず、何についての反省であるのかも知りえない。しかし、生がそもそも直接的な体験であったことが知られうるのは反省によってであり、反省される以前の体験と反省された体験との区別すら反省によってのみ知られうる。こうした「知」と「生」の循環的規定をもち込む議論は、ニーのように「自然的生」と「超越論的生」の相互基礎づけ関係ないしは絡み合いの連関といった問いの内に完結するか、もしくは反省によっては決して知りえない「生の直接知」と「反省の間接知」の区別を、「反省的に」設定しつつ、意図的にそれを反復することで、知の境界の一歩先をいつまでも示唆しつづける。その際両議論では、「根源性」ないし「深さ」、「暗さ」などとして特徴づけられる「直接知」の内実は空虚にとどまる。[43] しかも反省的認識の枠組みによって設定された直接知を、認識の外部へと押し出す後者の議論は、そこへ向けて同じ枠組みから批判を繰り返す限りで、「独断的」であると同時に「懐疑的」な様相を帯びる。[44] 単純に言えば、「知っているのに知らない」という不可思議な言明が量産されることになる。

われわれが本章二節（1）で感覚の非主題性を、自然的態度の匿名性からは厳密に区別すべきであると述べたのは、こうした議論の展開に、感覚の問いが解消させられてしまうことを避けるためであり、フッサールが意識の時間的構成において見出した「原意識」の本来の事象的位置づけを明確にするためであった。そもそもこの時間意識の論述において、極化を伴う志向性に固有な統握図式が限界に至り、知の可能性を基礎づける反省が限界に至るのはなぜなのであろうか。われわれはこの問いに以下の展開可能性を提示する。それはつまり、絶対的意識流が、過去把持を含む反省的志向性の外部に設定されるに先だち、さらには自然的な意識の匿名性とすり替えられることとは独立に、対象を構成し、主題化する認知的な志向性それ自身の形成に関わっているからであると。時間意識が成立するプロセスはすべて、感覚の形成、知覚の形成、より高次な概念的思惟としての認知的なものの形成に関わっている。志向性の形成プロセスそれ自体が再び志向的であることはありそうもない。したがって問われているのは、そもそも客観や主観の認識およびその構造ではなく、認識それ自体を形成する「活動性（Aktivität）」の次元である。このことは、フッサール現象学における意識流の成立に関わる記述が、その核心部において繰り返し、「作動（Fungieren）」や「遂行（Vollzug）」、「能作（Leistung）」、「機能（Funktion）」といった運動系の概念に託されていることからも推測される。したがって、第三の意識概念である「志向的意識」において論じられた自我の志向的行為の次元を、つまり自我の理性的認識能力のもとで捉えられていた「行為」の次元を、そこから一切の認識能力ないし意識それ自身の形成が行われる活動の次元として捉え返すには、志向的な反省が常にすでに遅すぎるのは当然なのである。われわれはすでにこうした創造的行為の次元を、第Ⅰ

章四節（4）ないし第I章五節において示唆していた。われわれは、志向的意識としての第三の意識概念から内的意識としての第二の意識概念を経て、意識流としての第一の意識概念を主題化するために、こうした次元への転換を迫られている。この転換は、反省的な無限後退を断ち切るための端的な活動性の次元への転換である。この立場は、原意識をそもそも認識の機構として捉えるのではなく、意識の実践的行為が成立する場面に働く固有な「気づき」として捉え返すことを意味する。

身体の自己運動　そしてすでに、この意識流の成立に関わる議論を、意識の「自己運動（Selbstbewegung）」から、特に身体性に関わる「キネステーゼ」から捉え返そうと試みたのが、フッサールの晩年の直弟子であるラントグレーベである。(45)われわれはこれまで、意識流の生起という原事実を遡及的に問うことで、もはや志向的な眼差しのうちでは捉えきれない絶対的な「現（Da）」へと至った。ラントグレーベに倣えば、「この遡及的な眼差しにおける端的な現は作動の産物として認知される」。(46)ここでは内的意識の直接的な明証性が、もはや反省の対象としての「所与性（Gegebenheit）」としては獲得されえず、「作動」ないし「遂行」の感じ取りとして規定されている。つまり、根源的な作動としての「自ら動くこと（Sichbewegen）」は、「自己関係であり、この自ら動くものは、自らの運動を自らのものとして『知っている』。しかしこのことは、反省という仕方でそうなのではない。それはむしろ遂行の最中（*in*）での遂行の直接的な確実性であり、反省のように……『事後的に気づくこと』ではない」。(47)内的意識の明証性はこの段階で、意識というカプセルに与えられるかのようなイメージを彷彿させる「直接的所与性」の明証性から、意識そのものの形成に関わる「遂行的」明証性へと置換される。時間意識が感覚として形成されるということは、こうした遂行的な気づきのもとで初めて理解されるのである。ヒュレーや感性的感情は、与えられるものではなく、意識を絶えず形成するものである。以下のフッサールの発言もそのように積極的に理解すべきであろう。「第一の『明証』、すなわち与件が本源的に現れること、そして例えば内在的に捉えられた感覚与件が、その同一性とこの持続のうちで本源的に持続していくことは、ある意味で必当然的であり抹消不可能である」（XVII 291）。感覚が感覚として形成される場面での明証性は、意識が生成してくる場面それ自体への気づきとして「自体能与」的ではあるが、自我の認知的な志向的構成とはいまだ関わりをもたない。「もし自体能与（Selbstgebung）および自体所持（Selbsthabe）の最も広義の意味で明証性を理解するのであれば、すべての明証性が特殊な自我作用、すなわち、ここで自我極を特徴づける自我から自体所与へと方向づけられてあること……という作用の形態を有している必要はない。確固とした法則性において遂行される内在的時間与件の構成は、最も広い意味での連続的な明証であるが、全くもって能動的に自我がそこへと－向けられて－ある必要はない」（XVII 292）。

視覚から触覚へ　こうした運動の最中での運動への気づきを、内的意識の明証性として理解するということは、フッサール現象学の根本的な反省原理である「『直接的な見ること（Sehen）』」（III/1 43）という「視覚モデル」によって組み立てられた意識の階層を、運動性から切り離すことのできない「触覚モデル」から再構築することを余儀なくさせる。われわれは第I章の志向的感情の分析で価値論的、実践的理性の問題を扱った。その際フッサールは、「価値づける実践的な理性はいわば押し黙ったものであり、ある仕方で盲目である」（XXVIII 68）と述べることで、一切は「見ること」を原理とした「論理的理性の松明」（XXVIII 69）に照らされる必要があると考えていた。しかし、ここで問題になっているのは、論理的理性による反省それ自身が出来する場であり、そこにおける気づきのあり方である。

すでに多くの論者によって言及されているが、晩年の時間論である「生き生きとした現在」に関する草稿でフッサールは、こうした根源的な作動への気づきを「自己感触（Sichberühren）」という概念で特徴づけている。「今点において私は、作動するものとして自らを感触している」[48]。時間意識の究極的な作動は、視覚モデルに依拠した配置概念である所与性へと回収されることがない。そのため、作動の最中で作動としての自らに「触れる」という遂行的で、触覚的な記述を用いざるをえないのである[49]。この気づきは、日常的場面で身体行為を遂行する際には常にすでに活用されている。われわれは、反省を向けることなく、自らの意識作用やキネステーゼの運動感に気づく。感情の動きもそうである。そのつど反省しながらキネステーゼを制御していたり、反省して初めて自分が怒っていることに気づくようであれば、それはすでに病理学的徴候であり、当人はもはや日常生活を円滑に送ることはできない。また例えば「感触をつかむ」、「手応えを感じる」といった表現を用いる際には、表象的な認識の系列にはいまだ現れていない、新たな認知ないし行為を形成する活動の次元が絶えず予感されているはずである[50]。そしておそらく、こうした知に関しては、その身分の客観的実在性を証示したり、その根源性ないし深さを正当化するための認識論的論証を行うよりも、それが、現実の世界においてどのような役割を演じているのかを現象学的に展開するほうが議論は生産的になる。

したがってここで、視覚モデルに依拠することから派生する、時間分析における「形式性」の重視も検討を要求される。例えばフッサールは持続する対象性に対して、それを可能にするものの非持続性を、流れの形式として捉え、以下のように述べる。「根源的な流れにはどんな持続もありえない。というのも持続は、持続する何ものかの形式、つまり持続する存在の形式であり、その持続として作動する時間系列における同一性の形式であるからである」（X 113）。そして「この形式とは、今が原印象によって構成され、この印象に過去把持の尾と未来予持の地平が結合されているということである」（X 114）。時間意識をこのように形式的な可能性の条件として記述する試みは、様々な視点から多様な記述を容認する。ただしそうした記述は、「原印象－過去把持」ないし「流れつつ－立ちとどまる現在」という概念も示しているように、二項的もしくは矛盾的状態指定を不可避的に含む[51]。ここにもプロセスの循環は見出される。つまり、フッサール自身が述べているように、時間意識の形式性は、それはそれですでに変転する意識を前提するのである。「……このとどまりゆく形式は、絶えざる変転の意識によって担われているが、この意識こそが原事実なのである」（X 114）。われわれの日常経験における時間意識は、永遠に続くかのような極度に緩慢した持続感や、一瞬のうちに過ぎ去ってしまう凝縮した持続感などとして多様に体験されうる。しかしその際、作動によって構成された経験一切に、原印象－過去把持という形式が見出されるという記述を与えたとしても、そこでは作動の内実は完全に抜け落ちてしまうのである。

この作動の内実とは、意識の「生成（Werden）」という端的な事実である。「『現象性』の本質……には『生成』が属している。この生成とは、われわれにとって、生じてくることや消滅すること、ないしは持続することという仕方での生成……である。この絶対的生成は、時間統握一切にとっての基礎であるが、それ自身は時間統握ではない」（X 296）。形式性を取り出す議論は、こうした生成の内実を扱うことができない[52]。しかもここで問題になっている生成は、形式的な枠組み内部の単なる内容の変化ではなく、認知の形式的枠組みが、枠組みの認知とひとつになって創造されてくる意識の作動そのものである[53]。

では、ここでいう意識の生成とはいかなる事象であるのか。幼児の教本によく描かれている反転図形を例にとる。そこでは例えば、アヒルやウサギといった二つの図形が繰り返し入れ替わるようにして現れる。われわれが一方の図形から他方の図形へと移行する際、いまだ知覚になり切れていない曖昧な遂行感が、図形の一義的な確定へと移行する手前で時間感覚とともに残りつづける。[54] どんなに訓練を重ねても図形が瞬時に変わることはない。つまりここでは、いまだ知覚ではない知覚の形成それ自体が、意識の作動として気づかれている。現象学的にはこうした経験はいかに特徴づけられるのか。フッサールは、「〔対象的〕持続の知覚それ自身が、知覚の持続を前提している」（X 22）として意識の時間構造の分析に着手したが、反転図形の例では、「知覚の持続」ではなく「知覚の形成」それ自身が、遂行的な固有の持続感として気づかれている。ヴァルデンフェルスも反転図形を例に取り上げることで、ここに「として（Als）」構造の形成を見ている。[55] 繰りかえすが、こうした経験に、形式的枠組みをもち込み、そこにおいても原印象―過去把持の普遍的形式が見出されると述べたとしても、知覚の生成的位相が明らかになることは決してない。問われているのは、もはや対象の認識でも、認識の可能性の条件でもない。

ただし、反転図形の例で問題になっているのは「知覚」の形成場面、より現象学的に言えば準現在化的能作も介在する像意識の形成であって「感覚」の形成ではない。知覚の形成に際しては、それと同時に対象構成が行われる。つまり知覚形成は、意味であれ、形態であれ、価値であれ、志向的相関項としてのノエマを現出させる。自我のノエシスが新たに形成されるということは、志向的対象としてのノエマが同時に否応なく構成されることを意味する。この「対象構成の否応のなさ」が知覚形成の特徴となっている。それに対し、時間意識が定位する「感覚」は、固有な自己意識として理解されていた。感覚としての時間意識は、もはや外的なものによっては構成されることがなく、それゆえ自らで自らを構成しなければならない。その際、流れの自己構成は、流れの自己認識や自己反省と取り違えられてはならない。自我意識が世界に根づいていることを示す「原信憑」が、理論的反省を行う自我作用によって初めて構成されるのではないのと同様、意識流それ自体が意識流への反省によって初めて構成されるのではない。問題になっているのは、意識流それ自身が創出される生成プロセスであり、そこへの根源的な気づきである。「音の内在的時間統一を構成し、意識流の統一それ自身も構成しているのが、唯一の同じ意識流である」（X 80）というフッサールの発言は、こうした意味で理解されるべきである。したがって意識流としての感覚の形成には、知覚形成のような「対象構成の否応のなさ」ではなく、「自己創造ないし自己変様の否応のなさ」が常に伴う。通常の知覚経験は、感覚の自己構成が比較的安定している限りで、スムーズに行われるのに対し、突発的な感覚的、感情的変様（痛みや、怒り等）は、知覚的制御を困難にする自己の変様の否応なさとして現れる。それゆえ例えば、知覚経験としての騒音と感覚経験としての騒音は全く異なった経験レベルにある。実在措定を含む知覚経験として騒音を経験する場合は、場所を移動するか、もしくは耳栓等により対処可能であるのに対し、感覚経験として騒音を感じ取っている場合、それは実在的であるか、幻聴であるかは問題にならない。というのも意識それ自体がここでは騒音に包まれた新たな自己として形成されているからであり、この自己に由来する世界が変容しているからである。こうした変容に対する知覚的コントロールはほぼ不可能であり、それは多様な精神病理的症例としても現れる。知覚的認知に比較的容易に結合可能な痛みや局在的な五感の変様だけではなく、知覚や判断能力に何の変化がないにもかかわらず、口腔感覚の変様が自己を腐臭によって包みこむ場合や、世界の現実感覚一切が失われてしまう場合には、感覚の自己が全く別様な自己として作動している。(56) しかもひとたび新たな自己が生成すると、その自己に抗って以前の自己に戻ることはできない。ここでは志向性は端的に無力である。感覚としての意識流は、このように人間存在の具体的生を自己創造するという仕方で生成する。

感覚の作動と自己

　ではたして意識流の生成における「自己」とは何であるのか。例えば山形も、ラントグレーベのキネステーゼ論を導きの糸として、時間意識の議論を自己運動から捉え直している。ただしその際山形は、運動する自己を、「自我」ないし「私」と同一視し、議論を行っている。[57] とはいえ、『時間講義』ではフッサールはいまだ「自我」について語っていないのであるから、[58] われわれは自我機能の明確な解明を行うことなしに、この「自己」を「自我」と同一視することはしない。むしろ現段階では、ケルンの解釈を支持するつもりである。つまり、「内的意識それ自体を自我意識と特徴づけるべきではない。それは自我意識にとって必然的ではあるが、十分条件ではない[59]」。感覚形成における「自己」は、志向性の遂行極である自我の作動とは、異なる作動であるというのがわれわれの解釈である。ただし、この自我概念の分析およびそれと感覚の自己についての検討は第Ⅲ章に譲る。

　とはいえ山形の分析は、われわれが第一節（3）で指摘したアンリ哲学を、なかでも彼のメーヌ・ド・ビラン解釈に基づく身体論を、その下地としていることから非常に興味深い。アンリは『身体の哲学と現象学』という著書で、独自の感情論を展開している。[60] その際、ラントグレーベと同様に彼においても超越論的身体の運動が枢要な役割を演じている。しかし周知のようにアンリは、生の絶対的な内在に基づく存在論を主張しており、[61] キューンに倣えばそれは「ラディカルな意味での世界との『断絶[62]』」を意味することから、フッサール現象学とは必ずしも折り合うことはない。アンリは、知覚と感覚を同一視し、それらを「志向性」が関与する超越としてすべて排除することで純粋な生に到達しようとする。「われわれの感性的な生において超越的であるすべてのものを取り除いたときに残るもの、それはこの生そのものである[63]」。その際アンリはしかし、作用－内容の統握図式という枠組みを前提していることに目を向けはしない。つまり彼にとってこの生は、純粋な「感覚作用」であり、

「感覚能力」なのである。[64] 通常統握図式を極限的に用いる議論は、作用それ自身の知を獲得するために反省を繰り返すことで、無限後退か、独断的な懐疑に陥る。しかしアンリの場合は、この内在の「直接知」それ自身から積極的に語り出す。つまり、生それ自身による自己基づけを行うのである。生は、一切の超越的な志向性からは独立に生それ自身によって知られ、充足する。「生は、生が与えるものを生自身に与えるという仕方で与えるのであり、生が生自身に自らを与えるものはほんの少しでも生から分離されることはない」というように。[65] おそらくアンリも、われわれが原意識として提示した「知」のあり方、つまり一切の反省知とは独立に、行為の形成に関わる気づきを、身体運動の中で捉えている。しかしその気づきは、無批判的に受け入れられている統握図式と同様に、「直接知」や「非主題的知」といった認識論的枠組み内部からの配置を受けており、それゆえにこそ、この気づきは神秘的であると同時に、理論的「真理の根拠」として独断的に記述されているように見える。[66]

しかし、われわれが原意識を志向性の形成に関わるものとして理解したように、アンリにおける身体運動の「知」を認識的な構図一切から開放し、実践的行為の知として捉えるのであれば、事情は異なってくる。とりわけ、ノエマから厳密に区別されるヒュレーが身体運動の遂行からは切り離せないことが明らかになる。アンリ自身が認めているように、志向性が相関する表象からは区別される、行為と相関する独特な超越が容認されなければならない。[67] われわれは「超越の一元化」を拒否する必要がある。ヒュレーもそのひとつである。意識流が生起することで最初に産出されるものが、「ヒュレー的契機」である。作用が向かうことなく聴かれている騒音も、気づかれることのない椅子の感触もすべてヒュレー的契機である。そしてこのヒュレー的契機の産出が同時に意識流の成立を意味する。ヒュレーの産出と意識流の成立の間には志向的な対象認識の隙間はない。この距離のなさが感覚体験の直接性という認識論的表現として現れている。したがって、フッサール自身が記述していたように、ヒュレー的体験を内在的時間において持続する内在的与件として記述することは、すでにヒュレーの本来的布置を看過していることになる。というのも、内在的与件という表現は、それを所与として構成し、受け取る意識を前提し、それによりヒュレーの構成をすでに対象構成の次元で語っていることになるからである。こうしたすり替えは、ヒュレーだけではなく過去把持についても起こる。とはいえ、ヒュレーも過去把持も本来的には、意識の形成に同時に参与していなければならない（vgl. X 75)。慧眼にもゼーボムは、意識流分析においてフッサールが抱え込んだこうした困難を以下のように見抜いていた。「第一に、しばしば過去把持それ自身がまるで、諸作用の様態における客観化する『眼差し』であるかのように思われ、他方でまさにそのことによって、ヒュレー的与件の構成が、まるで完全な意味での客観の構成であり、そこに帰属する契機として、意識の自己構成に巻き込まれていないかのような印象を与える[68]」。このことは、ヒュレーを内在的時間における持続する与件とみなし、過去把持を内在的時間において構成された志向的作用とみなす試み一切に妥当する。しかし、そもそも流れゆくヒュレーの「内在的統一はその構成において……知覚されたものが超越的知覚において意識される仕方と同じように意識されるのではない」（X 91, 293)。つまりここでの構成は、内在的時間における位置措定により成立するノエマの超越的構成ではなく、一切を構成する絶対的意識それ自体が成立する場面に巻き込まれたヒュレーの時間的構成であり、同時に時間のヒュレー的構成なのである。ヒュレーは絶えず「構成する生成のうちにある」（XI 164)。そうした観点においてのみ、意識流の自己構成の問いは、内的意識の明証的性格を保証しつつ、ヒュレーの生成の問いとして探求されることになるのである。

III　自我の存在と受動的綜合

第II章でわれわれは、第二の意識概念である「内的に気づかれること」という明証的意識の解明が、感覚の自己構成としての時間意識の問題へ通じていることを明らかにした。それはつまり、フッサール現象学において必当然的な明証性が成立する場とは、時間意識が意識流として根源的な現在を形成する場、つまり実的所与性としての感覚が意識の遂行的作動の最中で形成される場に他ならないということである。このことは同時に、「非志向的感情」の内実は、第一の意識概念である「意識流」の分析として着手されなければならないことを意味している。とはいえ本章では、われわれはこの意識流の自己構成の問いへと直ちに向かうのではなく、フッサール現象学における「自我」の問題を取り上げる。われわれは第II章で、意識流の自己構成の問いを、差し当たりは自我の問いと同一視することを避けた。自我概念を明確に確定することなしにそうした即断を行うべきではないからである。それに加え、一九二〇年代前後から徐々に顕在化する意識の「受動的綜合（passive Synthesis）」の問題を確実に理解するためにも、自我機能の明確化は不可欠である。受動的綜合とは、自我機能が働いていない意識領域の綜合を意味しており、意識流の自己構成の問いとも密接に関連している。しかし、自我機能が何を意味しているのかが曖昧なままでは、そもそも自我が機能していないということが何を意味するのかも明らかにならない。第I章において感情概念は、意志概念に対置されることですでに「受動的な」ものとして規定されていた。しかし、そこで述べられていた受動性の真意を改めて理解するためにも、こうした分析は不可欠である。

　フッサール現象学において「自我（Ich）」概念が主要な問題領域を形成していることには疑いがない。中でも『論研』では是認されなかった「純粋自我」が、『イデーン』期にはむしろ積極的に取り上げられ、その後の自我論的展開を方向づけたことはよく知られている。したがって、われわれが第Ⅰ章で扱った人格的自我の分析も、純粋自我が現象学的に是認されたことで初めて行われえたものである。ただし、フッサールの自我概念が明確であるとは言い難い。「超越論的自我」、「純粋自我」、「人格的自我」、「経験的自我」、「現象学的自我」といった様々な自我概念をフッサールは用いており、錯綜する問いの連関においては同一概念であるにもかかわらず、全く別の内実をもつものとして使用されていることもある。また、「超越論的自我という絶対的主観性がすべての事象を構成する」というテーゼは、その内実を吟味することなく受け取られることで悪しき観念論的イメージを容易に彷彿させてしまう。[1] しかもその原因はフッサールにもある。彼自身が膨大な草稿の中で自我に関する互いに矛盾しあう叙述を散在させている。それゆえ本章でわれわれは、錯綜した自我概念の明確化に僅かながらでも寄与することを目指す。とはいえ、それにより本来的意図、つまり衝動や感情という意識体験がフッサール現象学においてどのような役割を演じているのかがないがしろにされては本末転倒である。したがって重要なのは、自我概念の明確化が、感情概念の適切な布置をより明確に照らし出すための導きの糸となることを認識することにある。自我がすべての意識体験に居合わせることは、必ずしも一切の意識体験を自我が構成することを意味しない。意識は自我の意識に他ならないが、その自我ですらある意味で意識において生成するのである。意識の成立を扱うのは時間意識の分析であり、それは意識流の問題である。自我の問いの位相を明確にすることが同時に自我と意識流との接点を示すはずであり、さらには意識流に自我論的枠組みではアプローチすることができないことをも示唆するであろう。

第一節　自我の問いの位相

この節では一九一〇年前後に至るまでのフッサールの思索を追うことで、彼が自我の問いに直面した位相を浮き彫りにし、自我概念導入の経緯を明らかにする。周知のとおり、『論研II』は現象学的探究の礎を築くという意図に貫かれた最初の著作である。その第五研究では経験的事実を排した本質記述を原則とし、「純粋意識」に属する現象学的成素を剔抉することが試みられている。感覚与件や作用という実的成素が現象学的統一としての意識のうちに見出されるのであるが、その際「自我」はどのように規定づけられたのか。

フッサールは「通常の意味での自我は……個体的事物的対象である」（XIX/1 363）と述べている。彼はここで、事物と同様の「経験的自我」の存在を認め、それを還元する必要を説く。重要なのは、そうした経験的自我の統覚一切を閉め出すことで「純粋現象学的体験」へと向かうことである（XIX/1 387）。では次に、経験的対象ではない「純粋自我」に関してはどうか。『論研II』初版でフッサールは、ナトルプを批判しつつ、一切の意識内容に関わる「統一的関係点」としての純粋自我の存在を否定する（XIXI/1 374）[2]。心的な自我を純粋に現象学的な内実に限定すれば、その自我は意識統一へと、つまり体験複合へと還元される（XIX/1 363）。この体験複合は、「多様な部分から実的に組み合わされた実的なものの全体」（XIX/1 362）のことである。ここでフッサールが、一切の現象を実的な体験複合へと還元するのは、第II章で指摘したように、現象学的な成素一切を「内的知覚」の絶対的所与性に限定する必要があったからである。還元されたこの体験複合とは、現在において生起し、刻一刻と変転する「体験流」である。フッサールは、この純粋意識としての体験流が、どのようにして統一にもたらされているのかを以下のように説明する。純粋意識における内容は、「自らの法則に即して特定の仕方で相互に結合し、より包括的な統一へと融合する」(XIX/1 364)。還元された純粋意識の内容は、全くの無秩序ではなく、すでに何らかの綜合の成果である。とはいえこの綜合は、純粋意識の外部の超越的な何者か、たとえそれが自我であれ何であれ、そのようなものによって遂行されるわけではない。したがって、「諸内容のすべてを担い、それらすべてを改めて統一する固有の自我原理」(ebd.)、すなわち「純粋自我」は必要ない。純粋な意識体験は統一原理としての自我を待つことなくすでに統一されている。これがフッサールの体験流に関する最初の直感である。彼はこの端的な意識統一を暫定的に「現象学的自我」[3]と名づけ、『論研』二版の注において現象学的自我とは「意識流」に他ならなかったと告白している(XIX/1 363)。ここで重要なのは、『イデーンI』が出版される一九一三年頃までの思惟の展開において、どのようにして自我概念が是認されることになったのかである。われわれに要求されていることは、意識流の統一の問題が、その後自我原理を要請せざるをえなくなったのか、もしくは現象学的な探究の拡がりが新たな問いを見出すことで、意識流の問いとは独立に、自我を現象学的な事象として露呈せざるをえなくなったのかを慎重に見極めることである。

第二節　作用の遂行極としての自我

一九〇七年に「現象学的還元」が『理念』の五講義で明確に導入されることで、純粋意識は「絶対的所与性」として特徴づけられる(II 30)。この絶対性はコギタチオネスの明証性、つまり「内的知覚」の明証性に一切を負っているが、その際このコギタチオネスは決して「私のコギタチオネス」（II 43）であってはならない。むしろそれは端的に「このこれ」（II 31）としか言い表せない非人称的な体験である。ここでも「私」の存在はあくまでも経験的自我とみなされている。「自然的に思惟する人間としての私が、まさに体験している知覚へと眼差しを向ける場合、私はそれを即座に、しかも避けられない仕方で（これは事実である）私の自我との関連のなかで統覚する。その知覚は、それを体験する人格の体験として、ないしはその状態、作用、感覚内容として、また内容的に与えられたもの、感覚されたもの、意識されたものとして存在するのであり、この人格とともに客観的時間へと組み込まれる。このようにして統覚される知覚ないしコギタチオはそもそも心理学的事実である」（II 44）。ここまでは『論研II』と事情はそう変わらない。しかし、『理念』講義は現象学のいわば抽象的な原理論であり、その限りで、具体的な事象分析によって補完される必要がある。そして、フッサールにおいては度々起こることであるが、自らの原理を確証するための事象分析が、自ずと意図せぬ問いの方向性を切り拓く。その一端として『理念』講義でも行われた「現象学的所与性の拡大」という企図が挙げられる。つまり第II章一節（2）で指摘したように、この講義においてフッサールは、明証的所与性を「コギタチオ」の実的明証から「普遍的なもの」の明証にまで拡張したのであるが、それにつづき認識現象に必然的な「相関関係」を探求するために、一切の「認識現象内における所与性」（II 74）を現象学的な探求対象として認可しうるのかどうかを吟味する。そしてこの企図とともに自我の問いが深められることになる。

『理念』につづく『物講義』では、身体のキネステーゼが知覚の成立にいかなる仕方で関与しているのかが探られている。その際、事物知覚の例から明らかになるのは、あるひとつの知覚状況が、様々な明証の度合いの中で成立しているということである。このことはつまり、絶対的明証性に限定されることのない「非本来的所与性」を伴って初めて、一つの事物知覚が成立するということに他ならない（XVI §22, 38）。この非本来的所与性の内に潜在的な地平や事物の裏側といった志向性の「注意理論」にとって重要な枠組みが取り込まれることで、実的内在に限定されない「志向的な意味での内在」（II 55）という広大な現象学的領野が拓かれる。ただしこの講義においても、意識それ自身を統一する担い手としての自我については語られていない。むしろ『論研』の立場は踏襲されている。「すべての超越的対象性は、より広義の意味における対象性、つまりわれわれが意識と名づける対象性のうちにその原根拠と担い手を有している。……しかし意識それ自身は絶対的な存在であり、……意識それ自身はどんな担い手も必要としてはいない」（XVI 40）。

同じく「所与性の拡大」をテーマとする一九一〇／一一年の講義「現象学の根本問題」では、知覚の原本的明証性だけではなく、想起や予期における明証的性格も吟味することで、準現在化的能作が関与する領域を現象学的所与性として取り込むことが目論まれている。つまり、ここではすでに「絶対的所与性の領域を超出すること」が「現象学的学問の可能性の必要条件」となっている（XIII 167）。さらに、準現在化作用の一種である「感入作用（einfühlen）」が分析されることで、所与性領域は非本来的な他者の意識にまで拡げられ始める。[4]「他者の意識」が主題化されることで、その他者の意識とは異なる意識としての「純粋意識」それ自身の身分が問われるのである。フッサールは、「純粋意識とは誰のコギタチオであり、誰の純粋意識なのか」（XIII 155）と自問する。しかし、彼はそれを経験的自我のものではないことを認めはするが、純粋自我については態度を留保し、それが現象学的なものとなる可能性があることを示唆するに留める（XIII Nr. 6, §19）。さらに『論研II』で提起された「統一的意識流の構築原理」（XIII 185）についても語られている。そこでは、それぞれ異なる二つの想起の経験が、いかにして「ひとつの意識流」に帰属するのかが問われている。「一般的に妥当することは、二つの経験は、それらを包括する綜合的意識の統一へと互いに組み合わされるということであり、そこにおいてひとつの経験の統一へと組み合わされ、ひとつの経験の統一には再び経験されるものの時間統一が属しているということである」（XIII 186）。ここでもフッサールは、意識の統一原理として純粋自我を持ち出すのではなく、「意識の驚くべき動機づけ連関と規則」（XIII 185）によって意識流はそれ自身で綜合的意識へと互いに組み合わされると述べている。たとえ、「実際のところ現象学的な意識流の統一と、経験的統握における唯一の自我の紛れもない意識の統一は、……一にして同じである」（XIII 184）としても、心理学者とは異なり現象学者としての「われわれは、経験的主体も同様に遮断することに固執する」（XIII 168）。自我概念はこの場面でも必要とされていない。意識流の統一原理として純粋自我が要請されるのではないとすれば、どこに自我を認める余地があったのか。

事物知覚に様々な明証性の度合いが見出され、非本来的所与性の領域も現象学的に分析可能となったことは先に述べた。こうした所与性領域の拡大は、最終的には志向的相関者としてのノエマ概念の取り込みにまで及ぶ。事物知覚において「意識作用が多様な射映を突き抜けて同一の対象を捉える」という周知の志向性の構図は、所与性領域のこうした拡大がなされた後に初めて現象学的な言明として確定されうる。さらに志向性の作用は、キネステーゼ的な身体運動の分析とともに、対象の顕在化および非顕在化に関わる「注意」の問題としても展開され始める。ある知覚作用が特定の対象に向かっている際、その対象の背景ないし周囲は、非顕在的な様態で意識に与えられている。つまり、ある事物が主題化されるということは、それと同時に、主題化する作用に随伴する地平志向性を通じて、その事物の周囲が「共措定」されることを意味する（vgl. XVI 148）。したがって、本来的には与えられていない事物の背景や周囲等は、決して無なのではなく、非顕在的な志向性によって確実性の信憑様態をもつものとして実在措定されているのである。

しかしでは、この事物知覚の例において、対象とその周囲を、すなわち「顕在的なもの」と「非顕在的なもの」とを区分しているものは何であろうか。こうした分析の前提として、現象学的還元はすでに遂行されているのであるから、すべてが意識における現れである。そうであるとすれば、その当の意識内部に明証的な所与性の区分を行うものがなければならない。なぜ事物ないし現象の世界は、一挙に与えられるのではなく、非顕在的な地平に取り囲まれ、奥行きないし深さを備えているのであろうか。ここで初めて、還元を遂行しつつ自己忘却していた当の自我が、還元された意識内部で自らの存在に気づくことになる。それが、作用の「中心極」としての自我であり、「自我－点」（XVI 228）である。対象が様々な明証性の度合いの中で現出すること、すなわち対象のパースペクティブ化は、自我という固有の極から諸作用が照射されることで初めて可能になる。意識領野が平面的ではなく、顕在性に限定されない立体的構造を有するという事実がすでに、自我の「視点」ないし「極」による中心化構造を前提する。「われわれは、この世界における類いまれな布置を有している。つまりわれわれは自らを、われわれの周囲である世界との関係中心として見出す」（XVI 4）。

ここで述べられた自我概念の発見の経緯は、空間的視座から捉えられたものであるが、一九一〇年前後には直観的準現在化に関する教説も同時に結実し始める。それにより時間的視座からも自我概念は徐々に露わになる。(5) 「準現在化作用は今の顕在的な作用」（XIII 52）であるが、例えば想起された過去対象は、知覚対象同様その背景を伴っており、「この背景はまさに過去の自我に属している」（ebd.）。したがってここでは、単なる対象の二重化ではなく、作用を遂行する「自我の二重化」が起こっている（XIII 318）。つまり、現在において「準現在化を遂行する自我」と、準現在化された過去において「現在化を遂行する自我」が二重化されている。したがって想起においては、「対象」が思い起こされているのではなく、固有の極化を担う自我の「知覚」そのものが準現在化されているのである。(6) そしてその今の体験と、過去の体験に常に「居合わせている」のが「現象学的合致統一」としての同一の自我である（XIII 52）。一切の志向的体験は、それが現在であろうと、過去であろうと、この自我の体験としてのみ現出する。ここまでくれば、「純粋自我」（XIII 296）承認まであと一歩である。ただし、ここから単純に自我を意識流の統一原理として導くことは許されない。(7) 意識流において同一的自我が見出され、「一切のそうした意識流が私のもの」（XIII 220）であるとしても、このことは、自我が意識流を統一する原理であることを意味しない。むしろこれまでの論証から言えるのは、それ自身において綜合が行われている統一的意識流において、作用を遂行する同一的極としての純粋自我が見出されたということである。フッサールは、晩年の一九三三年の草稿で、自我概念導入の経緯について以下のように回想している。「私が以前行った内的時間意識の教説では」、未来予持と過去把持という時間の統一を証示する志向性を扱ったが、「しかし私は、自我については語らなかったし、その志向性を自我的なものとして……性格づけることもなかった。後に私は、自我的な志向性を、自我を欠いた『受動性』において基づけられた志向性として導入した」（XV 594f.）。受動性概念が明確化するのは一九二〇年前後のことであることから、この回想に従えば、それまでの間、時間意識の問いは自我の問いと直接結びつくことなく行われた可能性が高い。フッサールは意識流の統一原理とは異なる問いの位相から、自我の問いに直面したのである。

第三節　純粋自我と生

前節でわれわれは、意識流の統一原理に関する問いではなく、志向性の作用ないし注意理論の展開が「自我」概念を露わにしたということを確認した。[8] その自我について論述される『イデーンⅠ・Ⅱ』で、意識流の時間的構成の問題すべてが、前提され、回避されることになったのも（vgl. III/1 182, 192, 273, IV 102ff.）、自我と意識流という両問題の間に乖離があったからだと思われる。では、フッサールが見出した純粋自我とはいかなるものなのか、そしてそれは意識流とどのように関係するのか。

『イデーンⅠ』において純粋自我の存在が明確に是認される。「『自我から発して何かへ』と、あるいは逆の方向照射である『自我へと向かって』」は、コギトの必然的形式であり、このコギトの主体としての自我が「純粋自我」（III/1 179）である。このことは一九一二年の草稿で以下のように述べられていた。「自我への関係、自我とは決して人格を意味するのではなく、人格の一切の客観化以前に『作用』それ自身の本質に属している何ものかである[9]」。純粋自我とは、作用という概念がもつ単光線的なイメージからも理解されるように、それが照射されるための極である。ただし、その『イデーンⅠ』で純粋自我に関わる詳細な探究は行われなかった。現象学的な「多くの探究にとって純粋自我の問いは未決定のまま保留することができる」（III/1 124）というのがその理由であり、これは『論研』の二版で純粋自我否認の論述が削除されなかった理由とも重なっている（XIX/1 376）。つまり、「この〔自我に関する〕問題は、一般的にも、純粋現象学的な問題としても非常に重要ではあるが、志向的体験の実的内実と志向的客観に対するそれら体験の本質関係に何らかの形で普遍的に関係する現象学の極めて包括的な諸々の問題領域は、自我の問題一般に対する立場が決まらなくても体系的に研究されうる。そして本書の研究は専らそのような領域に限定されている」(ebd.)。

　しかしでは、『イデーンⅠ』で主題的に扱われるノエシス－ノエマの相関分析において自我は本当に全く問題にならないのであろうか。ここで、『論研』においてすでに示唆されていた「いまだ十分に解明されていない……注意の事実」(XIX/1 423) が重要になる。というのも、「注意の形態は、その顕在性の様態において、際立った仕方で主観性の性格をもつ」(vgl. III/1 214) からである。ここでは「主観性」という語が用いられているが、後年フッサールは自分の『イデーンⅠ』の手沢本のこの「主観性」という箇所に、「自我性 (*Ichlichkeit*)」と加筆し、それを「主観性」の語と置き換えるべきであるとしている (vgl. III/1 231, 479)。彼は、主観性概念ではなく、自我概念を用いることで事象領域をさらに特殊化しようとしている。それゆえ、彼にとって「主観性」は、「自我」概念を包括する上位概念であることが理解される。フッサール現象学を研究する際、「主観性」や「意識」、「自我」といった同義的な概念が徐々に差異化されていく過程に敏感になることは非常に重要である。ここでの注意の様態とは、確かに主観的性格をもつのであるが、より厳密には自我性の性格をもつのである。志向性は厳密には、あるものを「あるものとして (als Etwas)」把握し、規定し、認識するための意味付与的機能と、パースペクティブ的な射映の統一化という二つの機能をもつが[10]、自我が主題化されざるをえないのは、高次の認識や、判断形式において重要な役割を演じる前者ではなく、知覚対象を注視する際に固有の極化が露わになる後者の場面である。

　対象を主題化する注意や対向は、自我の「関心」に応じており、対象へと向かう「自我の『関与の仕方』や『態度の採り方』を捨象してしまえば、純粋自我は完全に空虚で……記述不可能である」(III/1 179)。第Ⅰ章四節（2）で第三の意識概念である志向的意識は、単なる認識の一場面を可能にするものではなく、自我行為の連関全体を包括する意識概念へと鋳直されることを指摘したが、注意理論として展開する志向性概念は、初めから行為様態における自我を、つまり関心に応じてコギタトゥムと密接に関連する動的な自我を出発点としている。「注意することは、志向的体験の『遂行』のための表現に他ならない」（XXIII 344）。この注意理論の分析が深化することで初めて、「志向的体験という概念が、そもそもすでに顕在性と潜在性との対立を……前提している」（III/1 262）ことが明らかにされるのである。

『イデーンI』でフッサールは、顕在的な志向的体験、つまり自我によって「遂行されている」作用を特徴づけるために「生」という概念を用いている。「遂行された知覚体験ないし、遂行された判断、感情、意志の体験は、注意が『もっぱら』新たなものへ向けられたとしても消えることはない。しかしこのことは、そもそも自我がある新たなコギトを『生きる』ということを意味している」（III/1 263）。われわれはすでに第I章四節（2）で、自我が自らの決意に基づく行為によって固有の生を形成することを、つまり、決してそこから抜け出すことのできない「自我生」を形成することを指摘したが、ここでも作用を遂行する自我の能動的行為が、「生」という概念によって規定されている。(11)

自我の顕在的能作が生として特徴づけられる一方で、以前に遂行されたコギトは、時間的変様とともに「暗闇へと沈み込む」（III/1 263）。これは、コギトの非顕在化を意味する。では、この非顕在的な領域における意識と自我はどのように関係しているのか。フッサールは、背景的な意識の固有な運動について以下のように述べる。「体験の背景にあるコギタチオは、あるときは想起に即したものや、中立的に変様されたあり方で、またあるときは変様されることのない仕方で浮かび上がってこようとしている」（ebd.）。フッサールのここでの意図は、作用概念を「拡張する」ことで、「遂行されている作用」と「遂行されていない作用」とを区別することにある（ebd.）。作用それ自身が、すでに自我行為という意味を担っているとすれば（vgl. VIII 95）、後者の「遂行されていない作用」というのは語義矛盾のようにも思われるが、後者でフッサールが示唆しようとしているのは、「作用の萌し（Aktregung）」という作用がそれとして形成されてくる場面である。「例えば、ある信念ないしある現実的な信念が『動き出す（sich regen）』。つまり〔そこでは〕、『われわれがそれと知るに先立って』すでに信じてしまっている。同様に場合によっては、適意や不適意の措定、もしくは欲求や決意が、われわれがそれらの『内で（in）』『生きる（leben）』に先立って、すでに生き生きと（lebendig）存在している。このことはわれわれが、本来的なコギトを遂行するに先立ち、もしくは自我が判断し、気に入り、欲求し、意欲しつつ『活動する』ことに先立ってそうなのである」（III/1 263）。自我が能動的に生きるに先だって、意識背景では絶えず沈殿した以前のコギトないしコギタチオが新たな作用経験を形成しようとしている。われわれは第I章五節で、新たな自我の行為を産出するための道筋を受動的に準備する「内在的目的論」について論じたが、ここで指摘されている作用形成の運動も意識の内在的な目的論的運動とみなすことができる。その際、「生」概念がすでに二重化していることが分かる。つまり、能動的に「自我」が作用を遂行するという意味での「自我の生」と、自我の作用遂行以前に「意識」がそれ自らの運動により作用を形成するという意味での「意識の生」である。フッサールは『時間講義』において、「生とは構成する意識の流れである」（X 301）と述べ、意識の根源的運動としての意識流を「生」と名づけてもいる。つまりここで、「自我生」と「意識生」という密接に絡み合う二重の生の運動を指摘することが可能になる。このことは、先の引用で「生きる（leben）」という概念と「生き生きとした（lebendig）」という二種類の「生（Leben）」に関わる概念が、顕在性と非顕在性という異なる次元で用いられていたことからも理解される。自我による作用と、「意識生」において作用それ自身が形成されてくるという意味での活動は区別されるべきである。さらに後者の活動の主体を単純に自我とみなすこともできない。「生」概念は、後年の『危機』書において、「表面的な生」や「深みの生」(VI 122)、「超越論的生」(VI 179)といった多様な意味をもつものとして語られることになるが、すでにこの時期に、自我や意識の動的側面を表すための射程の広い概念であることを予感させている。

『イデーンII』では、この「生」概念が「自我」の動態性という観点からさらに積極的に記述される[12]。純粋自我とその体験を区別することは抽象に他ならず、「この区別を抽象的だとする理由は、純粋自我をこれら体験から、すなわちこの自我の『生』から切り離されたものと考えることができないからであり、逆にこれら体験も自我生の媒体としてしか考えられないからである」(IV 99)。純粋自我に対して「あらゆる豊かさはコギトの内に」(IV 105)あり、自我が同一のものとして絶えず合致に至るのも、この豊穣な体験を自我が生き抜くからこそである。『イデーンII』には確かに、超越論的構成論の位置づけが曖昧であるにもかかわらず、精神の絶対性が主張されるという問題がある(第I章四節(1)参照)。とはいえ、そこでの「人格」概念の分析は、この「生」概念を充分に拡張する役割を演じている。人格としての自我は、対象からの触発を受けながらも自由な立場決定を行い(vgl. IV §60, 61)、その際、絶えず自らの固有な「習性」(IV 111)を形成する。この習性を通じて自我は「個別的な歴史を有する」(IV 300)に至る。自我は、常にすでに代替不可能な自らの歴史を生きるのである。このことは、「習慣性の担い手」(ebd.)としての自我が、その始原的過去からの一切の生を引き受けつつ「周囲世界(Umwelt)」を生きることを意味する[13]。したがって「生」とは、単に個々の顕在的な志向的体験に自我が関わることではなく、歴史が沈殿する「体験の流れ」に「自我」が常にすでに織り込まれながら自らを形成していくそのあり方に他ならない。このことは、連合的動機によって傾向づけられることによってだけ自我が生きることを意味してはいない。先に指摘したようにフッサールは、本来的には生概念を顕在的な作用を遂行する能動的自我を特徴づけるために導入していた。「私は、私の生の主体であり、主体は生きながら展開する。自我は根源的には経験から、つまり多様な連関の統一が構成される連合的な統覚という意味での経験から派生するのではなく、生から派生する（生とは何か。それは自我に対してあるものではなく、それ自身自我である）」（IV 252）。自我と生は対象関係的な相関関係にあるのではなく、「自我が存在すること」がすなわち「生」である。この引用には、第I章四節（2）で述べられた、自我の個体性を獲得するための重要な契機としての「能動性」の視点が強く現れている。つまり「自我生」は、意識背景に沈んだ様々な習慣性の契機に傾向づけられつつも、それら傾向をいつでも断ち切ることのできる理性的、能動的行為を通じて形成されていくのである。

　自我が、そのつどの関心に応じて対象に注意的眼差しを向け、それを主題化することが可能であるのは、それが、流れゆく意識生を絶えず引き受け、自らの周囲世界との連関をそのつど形成してきたからである。したがって、「生」概念の分析を通じて初めて「純粋自我と体験流とが必然的な相関者である」（III/1 185）ことが理解される。つまりこのことは、空虚な極としての純粋自我ではなく、固有の歴史性を担う「自我生の統一」における具体的自我」（XIV 44）、すなわち「モナド」（vgl. XIV 34）としての自我の解明が、意識流の中で生きる自我の解明であることが見抜かれたということでもある。「コギトの自我は、……流れを通じて『個体化されている』」（XIV 23）。第I章四節（2）でも見たように、意識生は、自我がそれと知るに先立ってすでに世界を原信憑のうちで与えている。したがって自我とは、意識生が形成する世界の原信憑の中に投錨しつつ、「世界を経験する生」として自らの生を形成していくものなのである。

第四節　二つの超越――自我と意識流

(1)　作動するものとしての自我の超越

前節では、自我が生の直中にあることの解明が、自我と意識流が緊密に関連することを浮き彫りにした。とはいえ、その内実はいまだ明らかではない。自我が一切の体験を自らの体験として生きることは、その自我が意識流の統一原理であることを意味してはいない。むしろ「生」という概念は、私は私の生を生きることしかできないにもかかわらず、その私が生から派生するという逆説的な事態を暗示しているようにも見える。ここで改めて留意されるべきは、自我は意識の流れではないという単純な事実である。『イデーンI』の数年後の草稿でフッサールは述べる。「自我は個々のコギトではない。しかも……コギタトゥムでもない……。自我の本質に属しているのは、それが意識を、すなわちコギタチオネスの統一的な流れを『もっている』ということである……。意識の内で自我は至る所で成立している。……他方、意識は自我ではない。むしろ自我はコギタチオネスの流れを貫いている同一的な統一である」[14]。自我は意識ではなく、流れゆく意識をもつのが自我である。さらに一九二五年に書かれた草稿では、意識流の統一に関して以下のような問いが立てられている。「統一的出来事としての意識流。……それはどのような統一を自らのうちに秘めているのか。自我とは、どのように関わるのか。(1)……この諸体験という意味における意識は、ある統一として、もしくは絶えざる流れの内で連関する出来事として把握される。その際、流れゆくものは顕在的な現在であり、それは常にひとつの新たな現在である。その現在は暗い過去地平や沈み込んだものを有している。意識の統一。(2)この統一はしかし、自我ではない。現に思惟し、感じ、意志する自我は、様々な現出を『もっている』」（IX 415）。「自我生」と「意識生」は生によって繋がっている。とはいえ両者をどちらかに還元することはできない。しかしまた、生の流れは自我に余りに肉薄しているがゆえに、「自我に対してあるものではなく、それ自身自我である」とも言われていた[15]。ではたして、自我は意識流においてどのような仕方で存在するのか。

『イデーンI』でフッサールは、純粋自我の存在を「内在における超越」（III/1 124）として特徴づけている。ただし、この表現は自我に関してのみ使用されてはいない。それゆえ、その内実を限定する必要がある[16]。ここで端的に表現されているのは、自我は外的事物のような超越ではなく、体験流の実的な契機でもないという二つの否定を孕んだ事態である（vgl. IV 106, III/1 123）。射映するのは自我の「身体（Körper）」である限り、自我そのものが射映することはなく、射映を通じて現出することもない。またすべての実的契機が「私の」体験として流れていく限り、その自我が流れる契機であることもない。それゆえ、自我は「絶対的な自己性と射映しえない統一の内で与えられる」（IV 105）のでなければならない。超越としての「自我」は、顕在的、非顕在的な志向的相関項が有する超越とは全く異なっている。それは「世界の超越、すなわち現出を通じた超越とは本質からして根本的に別様な超越[17]」である。

『イデーンI』執筆後の一九一七／一八年に書かれた『ベルナウ草稿』でフッサールは、時間意識と関連させながらこの自我の存在を分析し始める。「根源的に生ける自我とは、絶えずそして絶対的に必然的なすべての客観の相関者である」（XXXIII 287）が、「それ自身は時間的ではない」（XXXIII 277）。自我は「存在者ではなく、把握したり、価値づけしたり等々するものとしての『作動するもの（Fungierende）』である」（XXXIII 278）。われわれは、第II章三節において意識流の根源的な活動について論述した際にすでに「作動」という概念に言及したが、フッサールは、この運動系の概念を自我の活動に対しても用いる。『時間講義』でフッサールが、意識流の活動を反省によって明るみに出そうとした際、繰り返し無限後退へと陥ったように、自我の作動を対象化する試みも同様の困難に突き当たっている。すでに指摘したが、視覚モデルに依拠する志向的反省は、時空的な状態指定を不可避的に含むために、対象性を産出する活動や運動に関わるプロセスそれ自体を主題化することはできない。にもかかわらずフッサールは、この作動するものとしての自我がいかにして反省の対象になるのかと問いつづけている。「いかにして対象ではないものが、対象的になりうるのか。いかにして非時間的で、超時間的なものが把握可能になりうるのか。しかもいかにして、非時間的で超時間的なものが、把握において時間的なものとして見出されうるのか」(XXXIII 278)。しかしそもそも、遂行態にある自我が洞察の出発点である。したがってここでは、時間に拘束された対象性として自我がいかに反省されうるのかと問うのではなく、二重の否定的規定によって消極的に表現されていた自我の存在を、さらに積極的に語る試みが要求されているのではないか。[18]フッサール自身が、明確な意図のないまま、そうした次元で議論を行っているように見える。

自我は、意識の明証的な区分としての内在にも超越にも回収されない「独特な超越」(III/1 124) であった。したがってそれは「対−象 (Gegen-stand)」ではなく、「すべての対象性に対する原−象 (Ur-stand)」である (XXXIII 277)[19]。一切の志向的体験ないし対象世界は、この私に「対して (für)」現出する。この「für」が自我の極性を本来的に示している。では、「この極性とは何か。それは体験流において構成される統一なのであろうか」(IX 416)。ここで留意されるべきは、フッサールはこの自我の対象化されえない生動性を、謎めいた事象として仄めかしているわけではなく、把握や価値づけといった「私が何かを為す」という極めて単純な行為のうちに見て取っていることである (vgl. XXXIII 278)。行為の最中で自我は作動する。私の眼前にノエマが現出している限り、そのノエマはすでに私の志向的作動の産物である。つまり、ある事物が眼前に在るものとして現出し、措定されるということは、自我が自らの作動によりノエマを形成するとともに、それを知覚するということである。その際、自我は絶えざる行為のうちにある。例えばそれは、あるものを知覚しているかと思えば、関心に応じて別の対象へと様々に眼差しを向け変え、そのつど現出する多様なノエマを知覚する。そうかと思えば、過去の出来事を想起しつつ過去地平に沈滞し、そこから将来への予期を働かせることもある。こうしたひとつひとつの行為の系列において自我は、繰り返し空間的地平を変化させ、現在から解放された時間的地平を切り拓く。これら行為の連続体に対象化的な反省の眼差しを介入させることで、われわれは意識の相関的な内在－超越構造、例えば志向的な知覚、想起、予期構造といったものを、そのつど取り出すことができる。しかしその際、「作動するもの」としての自我は、自らが遂行態であることによってこの場面に現れ出ることができない。「作動する極は、その根源的な作動において時間野の内に決して存在することはない[20]」からである。自我の作動が、様々な対象を時間地平のうちに現出させるのであって、自我が地平のうちで措定される対象のように現出するのではない。

こうした自我の独特な超越のあり方を、ブラントは志向的対象が有する「状態」としての超越から区別し、世界へと超出していく「運動」として解釈している[21]。それに倣えば自我とは、ノエシスがノエマへと常にすでに向かっているという志向的な超越構造に内的に関与する「運動」であり、対象地平を切り拓く超越構造が可能になるための根源的な「運動」である。相関関係を必然的な本質規定として含む志向性が導入されて以来、なぜ「実的」なノエシスが「超越的」なノエマへと向かいうるのかという問いは、伝統的な内在－超越の二元論ないしは、不可知の外部を措定する懐疑的な図式を彷彿させるとの理由から不問にされてきた。しかしそもそも志向性が、自我の作動によって初めて機能するとすれば、そうした志向性の構造それ自身が形成される場面を現象学的に問う必要に迫られるはずである。現出する事物が、三次元的形態、つまり裏面や奥行きといった実的に与えられることのない志向的超越として現出し、さらには過去や未来の表象が現在からの絶対的距離という志向的超越を含みつづけるためにも、自我は志向的な対象世界、さらには客観的世界そのものを形成する作動、すなわち、志向性を志向性として成立させる超越運動を行う必要がある。「志向性が自我論的生の本質を形成する」(VI 84) のは、自我が、そこから一切の志向的対象が湧出する超越の通路としての「根源的に生ける極 (*urlebendiger Pol*)」(XIV 29) であるからに他ならない。自我は、実体的に存立するものとして何らかの作動を行うのではなく、作動の中で初めて維持される台風の目のように、照射される志向性の力動的な場の中で自らを形成する。それゆえ本来は、「自我の作動」という表現も正確ではなく、むしろそれは「作動としての自我」と呼ばれるべきものである。

自我とは、意識の内部に絶えず「超越」と「内在」という境界を「区切りつづけるもの」であり、その限りでそれは、意識内部で作動するにもかかわらず、その作動によって区切られる意識の「超越」にも「内在」にも回収されえない。自我は、意識を志向化する超越運動である。それゆえ、その自我の同一性も、ノエマが有する同一性、つまりノエマ的「X」として観取されるようなものではない。「自我極は自我綜合 (Ichsynthese) において構成される。〔しかし〕この綜合は、すべての顕在的ないし潜在的作用を、同一化する一切の能動性なしに、恒常的に統一的合致へともたらすような綜合である」(IX 481)。自我それ自身の同一性は、同一化作用によって行われるのではない。対象に照射される志向的作用それ自体が、すでに作動する自我の同一性を前提しているからである。したがってフッサールは、自我の統一をノエマ的統一から区別するために、「自我はノエシス的な同一性を貫いている」[22]と述べてもいる。自我の同一性を、対象的規定ないし習慣的規定一切を捨象することで見出される空虚な極として想定することが、ノエシス的作動の中で原意識的に感触される自我の超出運動をすでに前提している。

『ベルナウ草稿』でフッサールは、こうした自我のあり方を「遍時間的個体（allzeitliches Individuum）」（XXXIII 284）として特徴づけている。この表現は、矛盾しあう対象規定概念を組み合わせることで生み出されたものである。というのも、「遍時間性（Allzeitlichkeit）」が客観的な時間・空間位置に拘束されることのないイデアールな対象性の時間性格を示すのに対し、「個体」概念は「客観的時間・空間」の内に局在化されて現出する対象を意味しているからである。この苦肉の表現は、すべての時間位相ないし志向的体験に、超越のプロセスとして遍在してしまう自我のあり方をどうにか捉えようとしたものである。

ここで縷説した自我の作動とは、自我の存在様式に他ならない。しかもその自我の存在様式を巡る問いは、自我の存在が当の自我の所与性として反省的にいかに開示されるのかという問いとして設定されているのではなく、行為する自我の存在の仕方が端的に問われている。作動する自我が、決して十全的に規定されることがないにもかかわらず、必当然的な明証をもつのは、自我が絶えず志向性を形成する超越運動に関わっているからであり、その限りで、自らが形成する経験における所与性としては現れえないからである。

（2）意識流の超越と理念

われわれは前節で、作動するものとしての自我を、志向性を形成する超越運動として明らかにした。とはいえ、この超越運動を第II章で扱った意識流の作動と同一視してはならず、さらには意識流の統一原理として要請することもできない。たとえ自我の作動により志向的経験が拡張され、その地平が豊かになるとしても、このことに変わりはない。というのも、端的に言えば自我の能作は、どんなに強力な意志をもってしても、ヒュレー的経験を産出することはできないからである。自我は、目の前の赤い事物の裏側が緑であることを予期し、その事物を様々な意味規定によって統握することができる。このことが自我の志向的能作を特徴づけている。しかし、この赤さそれ自体を志向性によって緑に変化させることはできない。自我が構成に参与することのできる意識の層は、志向的な超越に関わる意味付与的層である。したがってわれわれは、ヘルトのように「究極的に作動する自我」と「意識流」ないし「流れること」を同一視することはしない[23]。先に自我の存在性格を問う際にわれわれは、「自我」と「意識」は異なることを強調してきたが、フッサールも多くの草稿で自我と意識、意識流とが区別されるべきであることを説き、さらには意識の固有な運動は自我の能作に還元されえないことを指摘している。例えば一九二一年の草稿でフッサールは、「自我」と「意識流」の関係を「主観性」概念に包括しつつ以下のように述べている。「本質的に自我と『意識流』とが帰属している主観性において、留まりゆく世界が自我に対して構成『される』。しかしどんなに自我が活動してこの構成に参与していようとも、自我がこの世界を通常の意味で創造するのではないし、産出するのでもない。それは自我がその過去の生や根源的な感性の流れを産出するのではないのと同様である[24]」。引用が示しているように自我の作動は、意識流の作動からは区別されるべきである。確かに自我は、意識流に還元されえない固有の作動を行い、自我の作動が初めて「志向性」という意識能作を可能にする。しかし自我が初めてそこにおいて生きることが可能になる意識流は、それはそれで異なる作動を行うのである。

われわれは第II章で明証性概念の規定を巡り、意識流の構成的契機としての過去把持について分析した。それは、意識内在的な作用ないし所与ではなく、意識流の自己構成に絶えず参与しつつ機能するものであった。その限りで過去把持は、本来的な意味では志向性ではない[25]。過去把持は志向性が機能するための必要条件である。フッサールは一九一〇年の「現象学の根本問題」講義で、過去把持を「現象学的態度内部における『超越』」（XIII 162）と特徴づけ、この超越を「過去把持的な明証」と名づけた。フッサールによればこの明証こそが、学問が「絶対的な懐疑主義」に陥ることを回避するための最終的で根源的な明証である（ebd.）。現象学的な態度の内部で、この超越は確保されなければならない。過去把持の超越には、本来的志向性としての再想起が関与する超越、つまり認知的可謬性は関与しないのである。また一九二二／二三年の「哲学入門」講義でも過去把持の特性に関して以下のように述べられている。「原現在の創設の中心点は、創設する原印象が過去把持の連続体へと移行することなしには、……なにものも創設しえない」（XXXV 121）。われわれは第II章で、過去把持と原印象の不可分離性について縷説したが、この不可分なものとしての原印象と過去把持の緊張関係から生み出される超越こそが意識流の超越運動であり、原意識の遂行的な明証性が成立する場である。

『受動的綜合の分析』でフッサールは、意識流の「原超越（Urtranszendenz）」（XI 204）について以下のように述べている。「第一の原源泉的な超越は意識流とその内在的時間である。意識流とは、超越的自己であり、それは根源的に流れる現在の内在において原創設に至る。さらにまさにこの現在において、再想起を通して自由に処理しうる自体所与と自己確証に至るのである。意識流は流れることで生きている」（XI 204）。一九三〇年に起草されたC草稿でも「第一の超越」（XXXIV 170 Rb. 2）について以下のように述べられている。「私の原的に流れる現在（原現象としての流れること）は、その現在を超越していく生（transzendierendes Leben）、準現在化する生をそれ自身のうちに本質に即して担っている。原現在の原現象的な流れることにおいて、この生自身は自らを超出していくのであり、その生は内在的時間、過去と未来を伴った体験流を構成する」（XXXIV 171）。この「原超越」ないし「第一の超越」に対し、『受動的綜合の分析』でフッサールは「第二の超越」としての「空間世界の超越」（ebd.）を対置し、さらに一九三〇年におけるC草稿でも「原現在において現出する超越としての世界の超越」を「第二の超越」（XXXIV 170, Rb. 2）として特徴づけている。第一の超越としての「この内在的意識領域、および体験領域全体は、……〔第二の超越としての〕客観的世界を経験する構成という形式において自ら自身を超出する」（XXXIV 171）。二つの超越運動が絡み合いながら、「内在的生の全体を貫いて、世界を経験するこの生の流れは進展する。これら経験は内在的経験ではあるが、自ら自身を超越していく」（ebd.）。

前節でわれわれは自我の超越を、志向性の形成プロセスに関わる運動として、つまり志向的な対象世界が開示されるための超出運動として明らかにした。その際の自我の超越とは、先の引用における「第二の超越」に妥当するものだと思われる。というのも、自我は「客観的世界を構成するという形式において自ら自身を超出する」のであり、このことは本来的な志向性が働きだすことを意味しているからである。それに対し、「第一の超越」では、自我は関与していないというのがわれわれの解釈である。ただし、この立論に関するフッサール自身の立場は必ずしも明確ではない。[26] 先の『受動的綜合』の引用から推測されうるのは、フッサールはこの超越の段階的区別を、「意識流」と「自我」の区別としてではなく、「時間」と「空間」の区別として導入しているということである。というのも、「第一の超越」に関する記述では、空間について語られていないだけではなく、自我の作用志向性である再想起による意識流の自体所与の可能性についても語られているからである。その限りでは、第一の超越においても自我が関与しているとフッサールが考えている可能性は否定できない。過去把持の超越は、本来的な志向性である再想起が関わる超越からは厳密に区別されるべきであるにもかかわらず、その区別が明確ではないのである。

実はフッサールがこのように再想起を、意識流構成の重要なモメントとして認知していることには理由がある。すでに『論研』でも述べられていたように（vgl. XIX/1 369f.）、フッサールは、意識流を、再想起の反復を通じて構築しえるものであると考えていた。単純に言えば、現在に与えられている明証的な経験から、今の系列に沿って非明証的な過去の経験へと遡り、さらにそのことを無限に反復することで意識流全体を再構築できると考えていたのである。「流れゆく境界として、顕在的な今ないし私の流れゆく知覚現在が帰属している流れの全体性は、実際のところ私に帰属するすべてのものを包括している。しかしこの流れ全体は、ひとつの流れであり、それを私は一切の想起によって構築することができる」（XIII 219）。この構築は何を意味しているのか。『受動的綜合の分析』における先の「原超越」に関する引用のつづきでフッサールは以下のように述べる。「意識流は、……同時に自我にとって対象的、客観的になる。つまりそれは超越的自己として対象になる。この自己は、そのつどの現在の再想起およびそのシステムにおいて不完全で、近似的な自体所与へと至る。自我に対して、この超越的自己に相応するのが真なる自己の理念である……」（XI 204）。意識流は、「到達不可能な」自己の理念として、再想起の無限の反復の中で観取される。意識流が再想起の反復において構築されるということは、想起経験に含まれる非明証的な超越契機を意識流が含み込むことを意味する。それゆえ構築された意識流は、常に不完全であり近似的である。ここには、絶対的に感じ取られている意識流の作動としての超越と、その原意識を頼りに意識流を所与へともたらそうとする現象学的営為（想起ないし反省）に含まれる超越の問題が同時に関与している。[27] 先の引用で「超越的自己」と名づけられている際の超越は、どの意味での超越なのか。過去把持における超越運動なのか、想起における超越的契機なのか、もしくは理念という対象性に固有な超越なのか。フッサールはここで、感性的経験においては決して与えられることのない感性的経験それ自体を形成する意識流のプロセスを、感性的経験を超えた直観を用いて捉えようとしている。

すでに『イデーンI』でフッサールは以下のように述べていた。「把握から把握へと連続的に進むことで、われわれはある仕方で体験流を統一として把握する。われわれはそれを個々的な体験のようにではなく、カント的な意味での理念という仕方で把握する。体験流は、……絶対的に疑いなく与えられるものである。ただしその際、所与性という語はそれなりに広義に解されている。この疑いのなさは、確かに直観に基づけられているのではあるが、それは諸体験の存在の疑いのなさ、つまり内在的知覚において純粋所与性へと至るようなものの疑いなさとは全く別の源泉を有している」(III/1 186)。第II章でわれわれは、意識流が成立する場における感覚の作動の明証性について詳述した。それはもはや内在的「所与性」として意識に与えられるものではなく、所与性を受け取る意識それ自身が形成されるプロセスに伴う気づきであった。それに対し、理念としての意識流は、感性的経験を超えた「理念視(Ideation)」に基づく直観に与えられる。意識流の根源的作動を、志向的な反省を通じて把握しようとする試みは、反省の無限の反復の彼方に、極限理念としての意識流を見出すことになる。絶対的に疑いえない意識流の作動の原事実に気づいているにもかかわらず、反省的には証示しえないというジレンマが、理念というかたちで意識流の存在を所与性へと回収させることになる。

志向性や意識の形成プロセスに関わる「自我」および「意識流」の作動はしばしば、反省的言語の否定形を用いることで、例えば「非対象性」や「匿名性」、「無」といった表現で記述されるか、もしくは言語の矛盾的使用によって記述される。その好例であるのが、「いたるところにあり、どこにもない(überall und nirgends)」という「遍時間性」に関する特徴づけである。この概念は、一切の対象認識が成立する場面で常にすでに機能し、

「あらゆる任意の時点で、任意に産出する可能性と反復する可能性」をもっているにもかかわらず、客観的時間の特定の時間位置においては現出しえないイデアールな対象性の時間性格を表す（vgl. EU 313, I 155f.）。意識流の作動が理念として把握されるのは、それが、一切の経験がそこから派生する形成プロセスである限り、経験の「いたるところ」に臨在するにもかかわらず、経験それ自身を形成するプロセスであることから、その経験の「どこにもない」と記述可能であるからである。さらにこの意味では、自我の作動に関しても全く同様な言明がなされうる。フッサール自身一九二〇年代の草稿で、作動する極としての自我を、意識流と同様に理念として記述している。「自我極は現在においてその時間的な出現をもつ。しかしそれは理念として、すなわち私が、つまり現在的なものとしての私が現在的な作用のもとでそれへと接近していくところの『理念』として出現する」(IX 476)。

自我と意識流の両者が、同じく「理念」として観取されている。ということは、このことが意味するのは、理念の遍時間的特性の記述によっては、意識流の作動を自我の作動から区別することができないということである。意識流と自我の作動が同一視されるのは、両者が共通概念のもとに容易に包括されうるからである。しかしわれわれはすでに、意識流と自我の作動は、意識が生起する際の異なるモードであることを指摘した。したがって、これらの作動を「理念」として特徴づけるだけでは、その作動の内実を言い当てることにはならない。さらに自我であれ、意識流であれ、それらの「作動」それ自体は、広義の意味での志向性の相関項である理念的対象性ではない。確かにそれは内在的な時空の内部には現出しえない限りで、理念的存在者と同様に「どこにもない」と言えるであろう。しかし、作動の「いたるところにある」という規定に関しては以下のことが留意されるべきである。つまり、イデアールな対象性は本来、一切の認識ないし判断の成立に参与し、しかも任意に、繰り返し産出可能であるという意味で「いたるところにある」のに対し、作動の存在は、イデアールな対象であれ、実在的対象であれ、それらを現出させる時間意識それ自身の形成、もしくは志向性それ自身の形成に関与しているために「いたるところにある」のである。それは拡張された意味においても対象性ではない。フッサールは『受動的綜合の分析』で、理念としての意識流の独特な性格について以下のように述べている。「奇妙なことではあるが、この理念はそれ自身明らかに本質的に流れるものである。というのも、ここでの対象、すなわちこの意識はまさに絶えず新たな原創設を自らのうちで遂行する流れであるからである」（XI 204f.）。この引用でフッサールは、流れるものの理念ではなく、意識流の理念それ自身が流れるものであると述べている。再構築された意識流の理念は流れるものであるというこの奇妙な発言によって、意識流の固有の存在様式をどうにか記述しようとフッサールは腐心している。

また、理念的存在に解消されえない意識流の存在様式に彼が気づいている場面は、一九三二年のC草稿でも見出される。そこでフッサールは明確に、意識流それ自身の存在を、想起により再構築される意識流から、つまり意識流内部で行われる「流れることの再生としての一切の準現在化」（XXXIV 386）から区別しようとしている。「われわれは流れることの記述に関して、……本源的な流れることと流れることの想起形式の区別を有している。その際、想起それ自身は本源的な流れることのうちで現れるものであり、作用体験もそれと同様である」（XXXIV 182）。こうした区別をフッサール自身が行っているにもかかわらず、そのさらなる解明へと踏み込むことはなかった。それゆえわれわれは、彼の残した意識流についての分析から、この意識流の固有のあり方をさらに追求しなければならない。

第五節　自我生成の問いへ

前節でわれわれは、自我と意識流の作動を二つの超越の問題として扱った。その際、フッサール自身は二つの超越を、自我と意識流の作動の区別としてではなく、時間と空間の区別として導入していることを指摘した。というのも、フッサール現象学を形式的枠組みから見た場合、時間性は空間性に対して優位をもつからであり[28]、さらにフッサールが、意識流の存在様式を、再想起を通じた理念的な超越的自己として獲得しようとしていたからである。しかしそれと同時にフッサールが、意識流の独自の存在様式を理念的存在としての意識流から区別しようとしていたことも指摘された。つまりその意味での意識流は、再想起によって構成されるものではなく、その独自の超越のあり方を探求する方向性はいまだ開かれているということである。われわれは第II章で、意識の遂行的明証性としての「原意識」について詳述した。この意識は、作用志向性によっては捉えられえない、一切の志向的作用に随伴する作用それ自身への直接的気づきであるだけではなく、意識自らが形成される場面への遂行的で触覚的な気づきであった。われわれはこの気づきを手がかりに意識流の超越の問題に取り組む必要がある。その際、意識流分析の導きの糸となる問いは、自我の超越と意識流の超越はいかなる関係にあるのか、また二つの異なる作動がいかなる仕方で一つの「意識生」を形成しているのかというものである。われわれが意識流の作動を自我の作動から区別すべきであるとしたのは、志向的経験を形成する自我の作動だけでは説明できない意識経験の層があるからであり、その領域こそが感覚の自己構成としての意識流の問いであるからである。

「経験的自我の構成、経験的自我の根源」と題された一九一二年の草稿でフッサールは、ノエマ的に対象化されることのない作動に関わる領域を、「生の様式」と名づけ、その様式が「自我」および「ノエシス」の領域と「感性的ヒュレー」の領域に見出されると指摘している。「私は以下のように思う。つまりノエマ的に構成され、対象『の現出』へと至ることのない生の様式という領域が、純粋自我とその顕在的なノエシスには絶えず存在しているということである。そして確かに同様のことがヒュレー的領域にも当てはまる。すべてのヒュレー的なものは自然の対象として『統覚される』必要はない」(XIII 246)。本章第三節でわれわれが扱った自我およびノエシスの生の様式ではなく、ヒュレーの生の様式とはいかなるものなのか。これまでわれわれは、意識流の自己構成には、自我が関与しえないということを強調してきた。このことは、そこにおいては自我の機能は意味をもたない、もしくは自我がそもそも機能しないことを含意している。では、自我の志向的作用が発動していない領域における意識の統一とは何であるのか。

こうした問いにフッサールが直面したのは、「超越論的自我が生成する」という発生的事実を洞察したからである。本章三節でわれわれは、純粋自我が単なる空虚な極なのではなく、流れる生の中で自らの歴史を担い、そのことを通じてノエシス的同一性を絶えず確証する存在であることを指摘した。そしてこのことは同時に、「自我は根源的には体験流を貫いて支配する発生のうちで構成される」(IV 251)という思惟へとフッサールを導くことになる。とはいえ、『イデーンII』では人格的自我の発生が問題になっていた。しかし第I章四節(2)で指摘したように、人格的自我における発生の問題は、経験的意味での発生という枠を越えて超越論的自我そのものの発生の問いへと展開する。超越論的自我は作動するものであり、作動するものとして生成する。フッサールは、一九一七/一八年の『ベルナウ草稿』における自我とその存在の反省的開示を問題にする箇所で、生成するものとしての自我について以下のように述べる。「いかにして非時間的で、超時間的なものが、把握においてただ時間的なものとして見出されうるのか。今や本質に即して与えられるのは、その他の体験に即したものとは完全に別様な生成（Werden）をもつものが体験流に現れ、絶えず繰り返し現れうるということである……」（XXXIII 278）。自我の生成は、自我作用の相関項であるノエマ的な対象性の構成からは区別されなければならない。自我は絶えざる生成のうちにあり、この生成のうちで自らが独特の超越であることに気づいている。とはいえ、この気づきは作用志向性として発動されることのない原意識であり[(29)]、その限りで自我は自らを作動の最中で遂行的に感触する。一九二〇年もしくはその翌年に起草された草稿でフッサールは、機能中心としての自我についての文章を、後年、自我の生成という観点から書き換えている。つまり、「自我は機能中心である。それはいかなるときでも機能の機能中心でありうる（sein kann）」（XIV 29）という文章を、「自我は機能中心である。それはたとえ自我が活動的ではないときでもそうなのである。自我は、自ら自身からあるものへと向かい、それに到達し、活動的な機能中心へと生成しうる（werden kann）」（XIV 29, Rb. 2）と書き直している。自我は活動的な機能中心へと生成する。この自我の「生成（Werden）」という問いこそが、一九二〇年代前後に明確化する発生的現象学の課題であり、この新たな方法的アプローチとともにフッサールは、「受動的綜合」の探求に着手し始めるのである。「能動的活動の構築はすべて必然的に最低層としてあらかじめ与える受動性を前提にしており、これを追跡していくと、受動的発生による構成に突き当たることになる」（I 112）。

第六節　受動的綜合の作動領域と発生的現象学

フッサール現象学における意識の「受動的綜合（passive Synthesis）」という問題は、一九二〇年前後から次第に顕在化してきたものである。一九二〇年から二六年の間に行われたこの問題に纏わる三つの講義論稿が『フッサリアーナXI』巻に収められている。これら講義のうち二つが「論理学」を標題に掲げ[30]、また同時期には新たな方法的アプローチとしての「発生的現象学」が導入されていることからも推測されるように、受動的綜合の問いは後の『形式的論理学と超越論的論理学』および『経験と判断』で扱われる「論理学の発生論（Genealogie der Logik）」の内に適切に位置づけられるべき問題領域である[31]。フッサール自身は受動的綜合を、歴史的関心からカントの「産出的構想力の綜合」（XI 275）に比するものと理解している。というのも、「概念と判断という明確な形式のうちで展開する認識」は最終的に産出的構想力へと遡及すると、フッサールはカントの「『純粋理性批判』第一版における超越論的演繹」を解釈しており、受動的綜合も同様に、自我の対象認識や論理的判断に関わる「能動性一切が可能となるために作動する基盤を形成するもの」と理解されているからである（ebd.）[32]。ただしフッサールはカントとは異なり、理性や悟性の介入に先立つ感性を単なるカオスとみなしてはいない。フッサールにおける感覚は、遂行的な作動の明証性を伴いつつ自らを構成する時間意識の別名である。そして受動的綜合の分析とは、そうした感性的経験に隠されている「感性世界のロゴス」（XVII 297）を露呈することに他ならない。それゆえまた、フッサールにおける「受動性」の概念は、「自発性」と「受容性」という伝統的な対概念に収まらない射程をもち、さらには一九三〇年代にフッサールが集中的に取り組む根源的な「時間化（Zeitigung）」の問題にも密接に関連する。彼は意識流の成立をめぐり、根源的な時間の成立のあり方を「自我」の作動として理解すべきなのか、もしくは「意識流」それ自身の作動とみなすべきなのかに迷いを見せることになる。この問題は、第V章に譲るが、ここではさしあたり、発生的現象学とともに展開される受動的綜合の定義的規定ないしその問題背景を浮き彫りにする。

受動的綜合の問題領域を劃定するにあたり、注目すべきはディーマー、ホール、ホーレンシュタインといった現象学者による以下の指摘である。「差し当たり意識と主観性の概念は、フッサールによって同義のものとして使用されているが、とりわけ自我の独自性が浮き彫りになることで、より詳細に区別することが不可欠となる。というのも徐々に主観性の概念が、自我と意識という二つの根本的要素をそのもとに含む包括的概念になるからである」(zit. nach Diemer)[33]。「超越論的主観性においてわれわれが『有する』ものは、自我極としての超越論的純粋自我、流動する志向的生および超越論的対象極である。これら『諸要素』の複合的で不可分な統一の絡み合いこそが超越論的主観性なのである」(zit. nach Hohl)[34]。「超越論的主観性の概念はしたがって、超越論的自我の概念よりも広く把握されるべきである。……意識流と自我は単純にひとつにはならない」(zit. nach Holenstein)[35]。たとえ語られている文脈が異なろうと、これら現象学者が共通して指摘しようとしていることは明白である。これら言明の背景には、「主観性」や「自我」、「意識」といった諸概念を単純に互換可能なものとして扱うことが許されない事象の側からの要求がある。

本章二節で指摘したように、とりわけ『イデーン』以後の探究で「自我」概念が前景化することで、「自我」とは区別される当の自我の「意識」が、奥行きと深さを備えたものであることが露呈される。志向性概念が自我の注意作用という意味合いを強めたことが、こうした展開の重要な要因となっている。そしてその際、そうした自我作用がいまだ介在していない領域での、つまり主題的対象の構成とは異なる次元での意識の綜合が問題となる。この領域の綜合をフッサールは「受動的綜合」と名づける。「この綜合は、自我が能動的に創設したのではなく、純粋な受動性において産出されるものであり、結合に至る個々の体験が自我の能動性において発生したときに、自ら自身を産出しうるような綜合のことである」(XI 76)。その解明にとっての試金石の一つは、意識への「自我関与（Ichbeteiligung）」をいかに理解するのかということである。というのも、フッサールが繰り返し与える受動的綜合の特徴づけが、「一切の自我の能動的関与なしに」、「自我を欠いた（Ichlos）」、「自我に先立つ（vor-ichlich）」等の表現によるものであるからである。こうした表現からも理解されるように、受動的綜合の問いは、フッサール現象学に「無意識の現象学」（XI 154）への道を開示することになる。ただし、フッサールにとっての「無意識（Unbewusstsein）」とは、「意識が無い（bewusstlos）」というよりは、「自我が無い（ichlos）」もしくは「自我が機能していない」、「自我が気づくことのない」ということを意味している。さらに問われるべきは、この「自我の関与がない」とはいかなることなのか、である。

われわれは第I章五節で行為する自我の動機づけ連関を貫く「内在的目的論」について論じた。それは、自我が自らの決断に基づき行為する一方で、遂行された以前の能作は意識の下層へと沈み込むが、その際、意識の下層では、自我の新たな行為を動機づける習慣性や傾向が、自我の意志とは独立に、つまり「受動的」に形成されるということであった。こうした意味での受動性についてフッサールは、一九二〇年と二四年に行った「倫理学入門」講義の中で以下のように述べている。「注意されるべきは、一切の自我作用および作用の連関において構成される一切の意識形成体それ自身は、自我を欠いた受動性の領域へと沈み込み、そこで非活動的になり、受動的な力を行使する。〔つまり〕受動的に他のものと結びつく」（XXXVII 111）。こうした自我の二次的、補助的機能としての受動性に対してフッサールは、別種の受動性概念についても語り始める。「低次段階とは、純粋受動性の段階である。純粋受動性とは、心的な自我を欠いているという特性をもつ。つまり能動的な自我関与なしで経過する下層という特性である。それは自我に対して永続しており、必然的に現存する下層をなしている……」（XXXVII 110）。ここでは、能動性が意識の下層へと沈み込むことで形成される受動的綜合というよりは、そもそも自我にとって必然的に前もって存在している受動性について語られている。「したがって、われわれは一次的受動性と二次的受動性を区別しなければならない。後者の受動性は、能動性に由来するものであり、当然その志向的な刻印を保持している」（XXXVII 111）。フッサールは二種類の受動性概念を区別する。ここでわれわれは、この受動性の区別が第I章五節で詳述された「二次的感性」と「原感性」の区別に類似していることに気づく。つまり、以前に遂行された志向的経験が沈殿する場としての「二次的感性」もしくは「二次的受動性」と、そうした自我の志向性とは無関係に作動する、したがって「内在的目的論」に単純に組み込まれえない「原感性」ないし「一次的受動性」との類似関係である。一九二六年に書かれた草稿でフッサール自身がこのことを裏づけている。「すべての能動性は受動性を前提としているが、この受動性は常に能動性から派生した二次的受動性（二次的『感性』）でありうるのではない」（XXXIV 64）。

フッサールの晩年の草稿群に属する『経験と判断』では、この二種類の受動性の区別がより明確に語られている。一方は、「能動性に先立つ（vor）受動性」であり、これは「根源的に構成し、しかも唯一、先構成する時間流の受動性」であり、もう一つは、「その上に位置づけられる本来的に対象化する受動性、つまり対象を主題化し、もしくは共－主題化する受動性であり、それは基盤として作用に属するのではなく、作用そのものとして作用に属する能動性における（*in*）受動性である」（EU 119）。両者とも意識の受動的綜合である限り自我は関与していない。とはいえ、この関与のなさ自体に次元の違いがある。後者の受動性は、本来的に対象化する受動性とも述べられていることから、自我が対象をそれとして統握する際に、その作用に同時に付随する「地平志向性（Horizontintentionalität）」を形成する。つまりこの受動性は、反復される自我の自発的行為が過去意識へと沈澱することによって、既知性の地平を自我の「習性」として形成する。[36] したがってこの受動性は、先の二次的受動性ないし二次的感性の働きに相当する。「二次的感性、それは習慣性の一般的な意識法則である。すべての習慣的なものは受動性に属している。習慣的になった能動的なものもまたこの受動性に属している」（XI 342）。対象の主題的知覚ないし認識は、知覚野が「可能的経験の地平」（EU 27）によって構造化されることで可能となる。われわれはこの受動性を「知覚における受動性」として特徴づけることもできる。[37] ホーレンシュタインが述べるように、二次的受動性とは、『イデーン』の時期に主題化された顕在的志向性と非顕在的志向性の区別」の後者に妥当するものであり、「そこへと自我は方位づけられてはいないが、にもかかわらず任意にそこへと自らを向けることが可能である」領域である。[38] 二次的受動性は、反省を用いることで非顕在的な地平意識として類型化することができる。

それに対し前者の「能動性に先立つ受動性」は、根源的に構成する意識流の問題、つまり後期のタームである「時間化（Zeitigung）」の問題に密接に関わり、「原受動的（urpassiv）流れ」（XV 585）とも形容される。フッサール現象学における意識の構成能作一切は、最終的に「時間意識」へと遡及する。というのも、一切の対象性を時間の内に現出させる意識それ自身が独自の時間的構造をもつことが、初期の時間意識の探求から一貫して見抜かれているからである。そしてこの時間意識こそが感覚の自己構成に他ならなかった。[39] それゆえこの受動性は、「知覚における受動性」に対する「感覚における受動性」として特徴づけることができる。第II章で詳述した初期の『時間講義』の分析は、自我の問題を扱うことなく行われた。しかしその後、純粋自我ないし人格的自我の動機連関の解明が深まることで、特に『ベルナウ草稿』以後は、この時間意識の問いが超越論的自我とその意識全体の「生成（Werden）」の問題として引き継がれていく。『ベルナウ草稿』では、自我の生成という問いに踏み込むために、「『根源的感性』への還元」（XXXIII 275）という試みがすでに行われている。そこで問題になるのは「自我を欠いた感性の時間性」（XXXIII 274）である。ここでの受動性にはしたがって、「自我自身から湧き出る活動（*actus*）としての何ものも存してはいない」（XXXIII 276）。ここには「一方に流れることがあり、他方にこの流れることを空虚に見ることがあるのではなく」、端的に流れることと、流れの統一が存在する（Vgl. XXXIII 283）。

こうした問いの展開にとって「発生的分析」が非常に重要な役割を演じることになる。一九二〇年の草稿でフッサールは、受動性と発生の関係について以下のように述べる。「意識はまさに自我なしでも経過しうる。つまり自我は、注視し、相互に離れつつ、関係づけるものとして、そもそも作用の主観として低次段階の意識に関与し、従事する必要はない。低次の、自我の下層の意識領域では、いまや発生が経過しており、動機の束が編みこまれている。しかも完全に受動的な仕方においてである。その際、自我は何もすることはなく、何ものも結びつけることはない。ここではすべてのことがそれ自身から生じる」（XXXVII 111）。さらに一九二一年の草稿でフッサールは、発生的分析が何を行うのかについて以下のように記している。「発生の現象学は、それ自身が根源的に構成する生成である時間流における根源的な生成を追究することで……、いかにして意識が意識から生成するのか、そしてその際いかにしてその生成において絶えず構成的な能作が遂行されるのかを示す」（XIV 41）。したがって「発生的現象学」は、志向的構造を備えた意識領域を対象的意味（ノエマ）と意味付与（ノエシス）の機能に即して類型化する「静態的現象学」とは異なり（vgl. XI 340）、そうした志向的構造ないし、意識それ自身が、いかにして生成するのかを解明する。それゆえ「構成」概念が、すでに「出来上がり済み」の構造体系を本質規則に即して記述するための静態的概念であるとすれば、発生的現象学はこうした構成を追究するのではない。「構成を追究することは発生を追究することではない。ここでいう発生とは、構成の発生であり、モナドにおいて発生として動きだすもののことである」（XIV 41）。ここで述べられたモナドとは、習慣性および歴史性とともにある具体的な生を生きる自我の別名である。まさにこのモナドこそが「生成の統一形式、ないしは止むことのない発生の統一形式をもつ」（XIV 34）のである。

自我の生成を発生的に追究するためには、原受動的な流れに定位する必要がある。その際、「受動的構成の『担い手』は根源的に流れる生であり、そこから作用的な措定の自我が生じる[40]」という構図が見出される。二次的受動性とは異なり、自我はこの流れの原受動的生起に何の関与もなしえず、むしろ自我それ自身が流れから生成する。したがって、「原受動的流れ」ないし「原感性」における事象を記述する際には、自我の志向性とともに語られる概念装置を使うことは本来許されない。問題になっているのは、志向性ないしそれを遂行する自我の作動それ自身が形成される場であるからである。原感性について分析した草稿でフッサールは、「われわれはこの受動性の領域で志向性の根源領域を、その意味では非本来的な志向性の領域をもっている。というのもそこにおいては、自我を必要とする本来的な『何かへの志向』が語られないからである」（IV 335）と述べている。当初より「非志向的」なものとして特徴づけられていた感性的感情や衝動の問いが、原受動的、原感性的な流れの次元でのみ適切に扱われうるとわれわれが述べてきた理由が、これによって示されたことになる。

第II章でも述べたが、志向性の極として作動する自我が志向的に構成された対象世界を常にすでに生きている限り、意識流として自己生成する感覚の場に赴き、その事態を記述することは容易ではない。フッサールも述べるように、「私は意識流を、純粋に知覚するものとしての自我が単に把握する自我であるかのようには容易に見出せない」（XXXIII 283）のである。ここにヒュレーの流れが、「主観的（subjektiv）」であるにもかかわらず「自我に異他的（ichfremd）」であると言われることの深い根が隠されている（vgl. XIV 51f.）。ヒュレー的な流れは、自我的作動が遂行されるための必然的前提であり、意識を意識として成立させるための根源的作動である。その限りでそれは意識そのものであり、自我に最も近いものとして「直接的」かつ「主観的」である。にもかかわらずこの作動は、自我の志向的な作動においては決して回収しえない固有の作動として「自我に異他的」なのである。

フッサールにとって自我と意識流に関わる問いは、晩年に至るまで執拗に探究しつづけられたものである。とはいえ、その探求は錯綜しており、必ずしも一つの成果へと結集することはなかった。しかし図らずもそのことが、フッサールに豊穣な問いの位相を拓かせることにもなったのである。「自我」と「意識流」を反省によって開示するのは容易ではなく、単純に同一視することも許されない。両者を同じ問いの位相で論じることは、フッサールが繰り返し陥った無限後退を直ちに招来する。むしろ両者は、それら固有の生の様式によって互いに区別されながらも、決して切り離しえない一つの全体的な「生」を形作っており、その固有の生をそれ自身の内部から明らかにすることこそが、われわれに今や要求されているのである。

IV　感性的感情と意識流

われわれは第II章で、第二の意識概念である内的意識の明証性をめぐる問いが、意識流として生成する感覚の自己構成の問いに通じていることを示した。その際、感性的ヒュレーは自らを構成する作動に巻き込まれる限りで、その必当然的な明証性を確保しえると述べた。ただしこの明証性は、自我の反省を通じた直観的明証性ではなく、直接的で私秘的な主観の心的状態でもない。そうではなく、意識が意識として成立する際の作動に関わる明証性であり、われわれはその明証性をラントグレーベとともに遂行的で、触覚的な明証性として特徴づけた。さらに第III章では、自我概念の問いの位相を明確にすることで、認知的な志向性に不可避的な超越運動としての自我について言及した。その際、自我と意識流の両作動は、どちらかを一方に帰着させることのできない、それぞれ固有の超越運動であることが示された。また発生的現象学の課題として、作動する自我そのものの生成の問いが、特に受動的綜合との関わりにおいて見出されることも指摘した。第I章では、受動的な感情に対置される意志が、自我行為の能動性を際立たせるためのメルクマールとなっていた。しかし自我生成における「受動性」は、自我行為の能動性に対置される志向的感情の受動性からは厳密に区別される必要がある。志向的感情の受動性は、自我が行為することを基点としており、自我の意志的行為が実現されるための二次的な補助機能もしくは自我の個体性を獲得するために克服されるべきものとして規定されていた。このことは、志向的感情がフッサール現象学における「理性」を代表する「客観化作用」に基づけられたものとして導入されていたことにすでに予告されていたとも言える。しかしフッサールは、そうした受動性概念とは次元を異にする受動性についても語り始める。それが意識流の自己構成における意識それ自身の固有な作動である。フッサールはそうした場面を「原受動性」という概念を用いて記述している。したがってわれわれは今や、受動的綜合の展開とともに非志向的感情ないし感性的ヒュレーがいかにして意識流として生成するのかという問いに直面する。この章でわれわれは、非志向的感情ないし感性的ヒュレーの問題を、第一の意識概念である意識流との関連で分析することになる。[1]

第一節　感性的感情の事象的布置の再確認

第Ⅲ章六節でわれわれは、意識の受動的綜合について言及したが、その際意識流は、「第一次的受動性」ないし「原受動性」において生起すると述べた。では、この次元における感情体験とはいかなるものなのか。フッサールは、一九二〇／二四年に行われた「倫理学入門」の講義草稿で、感性的感情について以下のように述べている。「今やまさに奇妙で基礎的な事実が存在する。それはつまり、感情の広大な領域が存在するということである。感情は、われわれの生のすべての瞬間に純粋に現存しているが、そのもとにある自我は、通常われわれが価値として特徴づけるもの一切において活動するようには活動しておらず、立場を決定するものとして活動しているのでもない。そこには価値へと向かうどんな志向的自我関係も作用関係も存在していないように思われる。私は〔ここでは志向的感情ではなく〕感性的感情について考えている。純粋な受動性では、われわれの色彩や音の感覚のような意識領域において、それらと一つになって感情の色調（Gefühlstönung）が出現する……」

(XXXVII 326)。ここで確認すべき点は、純粋受動性における感性的感情は、ヒュレー的経験と一体となって生起するということである。すでに第I章二節で述べられていたように、ここでもそれらは「融合している」(XIX/1 406)。基本的に感情や衝動といった意識経験は、ヒュレー的な感覚体験とは異なり、表象に類似するものは何ももっていない。それゆえにこそ志向的感情ないし価値経験は、客観化する表象作用に基づけられて導入されていたのである。しかしでは、感性的ヒュレーと非志向的感情もこうした基づけ関係において成立しているのか。同じく「倫理学入門」の草稿で、フッサールは両者の関係を以下のように述べている。「当然すべての能動性は受動性を前提している。認識の能動性が認識の受動性を根源的に前提しているのと同様に、価値づける能動性も、それに相応する受動性を前提している。これが感性的感情である。この感情は、最も原初的な認識の所与性および先所与性にすでに付随しており、最も原初的な認識状況を感情に即して色づけている。すなわち、一切の端的な色や音、香りは、一切の価値づける能動性に先だって感情性格を備えている」(XXXVII 294)。この引用では、認識および価値づけの能動性に対応する、それら両者の受動性について語られている。その際、高次の価値経験の構成に参与する感性的感情は、一切の能動性に先立つ受動性の段階においてすでに感性的ヒュレーと一体となり、ヒュレーそれ自体が感情の性格を備えていると述べられている。ただし、その際の両者の関係は基づけ関係ではない。むしろ感情体験は、ヒュレーがそれとして出現する際の背景ないしその余剰として記述されている。両者のどちらか一方を他方へと回収することや、それらを基づけ関係として理解することができないにもかかわらず、両者は一体となって出現する。感性的ヒュレーが意識それ自身として生起するということは、それと同時に意識が感情に包まれた色調の中で生起するということである。

しかし他方でフッサールは、意識領域の「体系的解体(Abbau)」という方法を用いることで、一切の感情体験を捨象し、意識の最深層にある対象性のみを剔抉しようと試みてもいる。つまり、感性的感情は「すでに存在しているが、感情に即したものではないものに基づいている。われわれはこの感情の色づけを解体することで、最も深層段階の対象性を手にすることができる。周囲世界は、すべての知に関わる層の解体、つまりすべての論理的知だけではなく、すべての心情的、実践的な知の解体を通じて、一切の『理性的意味』を失うことになる」(XXXVII 294)。この解体により見出される最深層の対象性をフッサールは、別の講義草稿で「自然」(XXXVII 146) と名づけている。「自然は、規範の外にあるものであり、価値の外にあるものである。というのも、それは世界の構造において必然的な下層であるからである。これは、世界を構成する主観性の構造におけるひとつの相関項にすぎない。主観性は、その志向性において必然的に三層の構造をなし、絶えず最下層としての自然統覚の段階を作動させる必要がある。そこでは根源的に感性的な先所与性は存在せず、感情や努力についても語ることができない。……最下層の世界の層は必然的に精神と意味を欠いた層なのである」(ebd.)。

われわれはこのように見出される自然についてすでに第I章四節(1)で詳述していた。つまりここでの自然は、理性的意味一切をたとえ失っているとしても、『イデーンII』における領域存在論の構想と酷似した理性的、客観化的抽象によって見出された自然である。フッサールはこの「必然的な下層」を「物理的経験」と呼び、「上層は下層なしでは不可能である」という基づけ関係を導入している(vgl. XXXVII 146ff.)[(2)]。つまりフッサールは、意識構成層の深部への探求を、意識の能動性から受動性への移行として行うと同時に、価値的、精神的次元から物質的自然への領域的な移行として行ってしまったのである。問題になっているのは、意識それ自身の構成層であるにもかかわらず、統覚の「相関項」の理論的抽象が行われていることになる。それゆえ、この「解体」の試みでは、最下層でなお自然統覚を作動させている主観性それ自身の構成の問いへと行き着くことはない。

したがって、先の「解体」に関する引用が、感性的感情がヒュレー的経験に基づけられるかのような印象を与えたにもかかわらず、そもそも「感性的ヒュレー」と統覚の抽象的解体によって見出される「自然」とを同一視することはできない。ヒュレーは、ノエマとは異なり自我の統覚の相関項ではなく、統覚の形成それ自身に絶えず参与するものであるからである。さらに感情体験が、何らかの仕方で基づけられるためには、基づけの基体としての同一性の核が必要になる。しかし感性的ヒュレーは、射映を通じて現出するノエマのような同一性の核ないし「X」をもつことはない。したがって感性的感情が、自立的なヒュレーに基づけられるということは、事象に即す限りありそうもない。それゆえにこそ、フッサール自身が別の草稿で、「最終的にわれわれの注意を喚起するのは、単なる感覚与件ではなく、その与件から引き離すことのできない感情性格のうちにある感覚与件である」（XXXVII 326）[3] と述べているのだと思われる。純粋受動性における感性的感情は、基づけとは異なる仕方でヒュレー的体験と内的に連動する。

第二節　感性的感情の客観化のパラダイムからの解放

「感情体験」は、「感性的ヒュレー」ではなく客観的な「対象性」との関係において規定される場合、その両者の間に基づけ関係が導入される。私が感じているこの心地よさは、その対象の知覚に基づけられているというように。「志向的感情」が基づけられた志向であったのは、このような仕方で感情作用が表象作用を前提しているとみなされていたからである。このことは意識の受動性においても変わらない。「受動性において構成された同一的なもの、対象的なものはすでに、この受動性における感情と一緒に進展する。それは、心地よいもの、嫌悪、快適、不快なものとして特徴づけられ、そのつどの客観意識が現出する連関に応じて変転しうるものである」（XXXI 5）。第II章二節（1）でわれわれは、「二次的受動性」においてすでに「ノエマ的地平」（XXXI 5, vgl. XXIV 250, III/1 189, XIII 246）が形成されていることを指摘した。こうした働きがあるからこそ、受動性の経験においても「客観意識が、ある新種の〔感情の志向性という〕意識を、つまり新たな種としての志向性を呈示する、感じること（fühlen）の意識層を基づける」（ebd.）と述べることが可能になっている。

ただし、こうした探求の意図は当初より、「諸客観の同一性統一」（XXXI 7）を基点として、感情体験の配置を決めることにある。「感情は相対的で主観的なものではないのか」（XXXVII 148）という問い自体が、客観性という確保された視点を前提にすることで立てられうる。しかしわれわれが問題にしたいのは、客観を構成する志向性およびその相関項に関わる感情経験ではなく、志向性それ自体の形成ないし意識の自己構成に参与する感性的感情および感性的ヒュレーの内実であった。したがってそれらは、「客観化」ないし「理性」というフッサール現象学に強く根づいているパラダイムから差し当たり解放される必要がある。いかにして意識流が成立するのかという問いは、いかにして自我が客観性という認識理念へと動機づけられ、その構成能作を行うのかという問いからはそもそも独立である。したがって意識流が成立することを、暗黙のうちに自我の理性的な動機連関の内で解明しようとする試みがここではエポケーされねばならない。ではしかし、純粋受動性においては、もはや動機について語ることはできないのであろうか。フッサールは、自我の関与のない受動性における動機について以下のように述べる。「今やわれわれは、純粋受動性における一切の自我関与なしに働く動機に注意を向ける。その動機それ自体に関しては、理性ないしは正しさや不当さ、真理や虚偽、善や悪等についてのどんな問いも立てることはできない。なぜそうなのか。そうした動機は、真であることを維持し、判断し、価値を保持する自我作用ではない〔からである〕。〔むしろ〕そうした自我作用はそこへと関係づけられ、すべての作用は、この背景的な意識からその養分を吸い取る。さらに心的な下層、つまり根源的で純粋な受動性に現れる、それゆえ自我を欠いた感情や衝動、そしてそれらに帰属する諸動機は、それ自身においては理性的でも非理性的でもない」(XXXVII 111f.)。純粋受動性における動機は、客観的、理性的パラダイム一切から独立であり、その限りでそれは、自我に対して絶えず盲目的に作動する。[4] 衝動が衝動として作動し、意識が意識として自らを出現させることにはそもそも理性的理由はなく、真でも偽でもない。そして実はまさにこうした規定こそが「感覚」経験を特徴づけているものであった。「もしすべての正常な人間が、色彩に関しても正常であるとすれば、このことは、色盲の人は誤っているということを意味するのであろうか。感覚することに真も偽もあるのだろうか。くすぐったいことや目がちかちかすること、耳鳴りやくしゃみが出そうな感覚などは真もしくは偽なのであろうか」(XXXVII 148)。感覚を理性的（もしくは非理性的）なものとして評価し、統覚するのは自我である。しかし感覚それ自体は、自我の統覚による対象化的客観化ないし価値づけからは独立に、常にすでに意識流として作動している。

ではいったい、感性的ヒュレーが自らを原初的な意識として成立させる場面に働く動機とはいかなるものであるのか。『受動的綜合の分析』のある箇所でフッサールは、意識が生き生きした現在において目覚め始める際の動機について述べている。「それらの動機は生き生きした現在にあるのでなければならない。その際、最も効力をもつ動機は、これまで配慮できなかった広義の意味での、また通常の意味での『関心』であり、根源的な心情、本能、より高次の衝動の価値づけ、もしくはすでに習得されたそれらの価値づけである」(XI 178)。ここでフッサールは、意識が目覚めることの根源的な動機として、志向的感情の分析の際に扱われた心情や関心、価値づけといった感情概念を用いている。しかも、この引用箇所では、想起作用が過去地平へと向かう「遠隔領域の覚起」(ebd.) までもが考慮に入れられている。つまりこの引用は、生き生きした現在それ自身の形成に関わる問いとしてだけではなく、その現在を超越する空虚表象の想起の可能性も示唆している。

それゆえ、生き生きした現在そのものの生起という問題設定の中では、自我の志向的能作がいまだ関与していない衝動だけがその動機として受け入れられるべきである。「われわれは最下層の発生の段階を考察するにあたって、この問題が要請する体系的な発生にとって必然的な抽象を行っておく。すなわち、自我の世界は単なる印象からなる現在であって、広く張りめぐらされた主観的規則性に基づいて、この現在を越え出て行く統覚が全く共作動しておらず、世界生において獲得される認識や美的関心、また実践的関心や価値づけなどもまだ共作動していないものとする。このようにしてわれわれは、純粋に印象的なものに基づく触発性の機能を考察する。心情の領域に関しては、感性的与件と根源的にひとつになっている感情のみを受け入れることが許される。われわれが述べうるのは、そこでの触発の成立は、一方では対照的なものの相対的な大きさに機能的に依存するが、他方では、その統一において際立ったものによって基づけられる快感のような優先された感性的感情に依存しており、さらには根源的で本能的な衝動に即した感性的感情にも依存しているということである」(XI 150)。生き生きした現在の根源的な動機が「衝動」であるというフッサールの言明は、必ずしもその衝動が、自我の理性的な動機に抗う、本来は抑圧されるべきものであることを意味してはいない。むしろ意識流は、二次的受動的な一切の動機づけから独立に、それでもなお作動している当のものである。フッサールがこの「衝動」という概念に託しているのは、こうした意識の作動それ自身である。したがって、「衝動」とは、意識内部に与えられる所与性では決してなく、意識の形成それ自身に関わる根源的な「生動性 (Lebendigkeit)」、ないし「衝動に即した運動

(triebmäßige Bewegung)」を意味している。

感性的ヒュレーおよび感性的感情は、一切の認識理性的なパラダイムから解放されたとしても、それで無になってしまうようなものではない。むしろそれらは、生成運動それ自身を動機づける運動として意識を形成する。それらは、理性的動機でも非理性的動機でもない。その限りで、意識流の作動はもはや「人間的」ではなく、むしろ「動物的」である。フッサールは、「人間」を反省による自己客観化ないし自己価値づけの可能性によって定義できると考えている。一九二〇／二四年の「倫理学入門」の講義草稿で以下のように述べられている。「誰も動物を道徳的な生き物として考察することはない。したがって、道徳性や徳について語られるためには、該当する生物が理性的生物である必要がある。このことはつまり、反省の能力とそれに基づく認識能力がなければいけないということである」(XXXVII 156)。それゆえ、理性的存在者としての自我の認識能力が形成される場そのものである意識流の生起は、自我の理性的動機ないし認識的機能が働いておらず、いまだ動物的である。「人間的なものと動物的なもの」と題された一九三四年の草稿でフッサールは、目的表象的な志向性意識がどのようにして形成されるのかという問いを立てる中で、衝動的で動物的な時間化について語っている。「それ〔目的表象的なもの〕に対して、表象になることのない衝動充実とともにある暗い衝動が、ある革新的な衝動の顕在化において現れうるのではないか。根源的な時間化は、人間の原幼児性の期間においては動物的な時間化の様態なのではないか。いかにして流れる時間化における世界時間化が、ヒュレー的な内実の時間化として構築されるのか。原幼児においてこのことはすでに現実的な時間化なのであろうか」(XV 184)。一九三三年の草稿でフッサールが、「以前の内的時間意識の教説」において扱われた過去把持や未来予持という時間意識の独特な志向性が、「衝動志向性」として理解されるべきであったと述懐していることはよく知られている (XV 594f.)。このことからも一九三〇年代のフッサールが、時間意識は自らを衝動的に形成するということを確信していたことに疑いはないように思われる。

では、こうした段階における感情体験はどのように記述されるのか。一九二〇／二一年の講義草稿でフッサールは、感情が現れ、展開するプロセスについて以下のように述べていた。「感情が今や潜在的なものから現れ出てきたとすれば、この新たなものは通常の意味での注意ではない。そうではなく注意とは並行的な様態である。そしてその進展は、客観化することではなく、感じること（Fühlen）であり、感じることが自ら展開（Sich-Entfalten）することである。しかも感じることとはいえ、今やそれは能動的であり、自我によって活動的に当該の事象性へと関係づけられる、感じることなのである」（XXXI 8）。感情は自ら自身を展開することで存在する。ただし、この引用に関して留意されるべきは、感情が自らを展開することと、その感情が対象性へと関係づけられることとは全く別のプロセスであるということである。というのも、前者は、意識の自己構成のプロセスに関わるのに対し、後者はすでに志向的作用による対象構成のプロセスであるからである。感情は自ら自身を展開する。痛みは痛み自身になりつづけ、怒りは怒りそれ自体を増幅させる。感性的感情の自己展開のプロセスにとって、その感情の由来ないし原因を超越的な対象性に関係づける自我の試みは常に外的なものとなる。そもそも「感情は表象ではない。したがってその統一はどんな同一化の統一でもなく、同一化し、真とみなす充実という意味での充実統一でもない」[5]。感性的感情は、志向的作用による同一化を必要としてはいない。感性的感情が関係をもつのはただ、その自己展開と一体になった感性的ヒュレーである。自我はこの感情の自己展開のうちでのみヒュレー的体験を感触し、それに、触発されることが可能になる。受動的綜合である感性的な「触発野（Affektionsfeld）」は、感覚が感情と一体になることによって形成されている。一九三一年の草稿でフッサールは、感情とヒュレーの関係を、触発概念と結びつけ以下のように記述している。「自我にとって存在するものとしてのヒュレー的なもの一切には、以下のことが属している。つまり、ヒュレー的なものは感情のうちで自我に触れているということである。このことは、生き生きした現在において自我にとって存在するヒュレー的なものの根源的なあり方である。感じること、感じつつ規定されてあることとは、ヒュレーの側から言えば触発ということに他ならない[6]」。

第三節　触発の二つのモード

原受動性における感性的感情は、ヒュレーとの融合的体験として生じる。そうした意識体験がそれ自体として成立してくる場面では、客観化のパラダイムに規定された動機づけについて語ることはできない。ではしかし、感情やヒュレーは、いかにして意識流として生成するのであろうか。

ここでわれわれは、『受動的綜合の分析』でフッサールが記述した「感覚野」の綜合の仕方に目を向ける。一切の自我の関与を欠いた受動的綜合の中で開示される感覚野は、自我の対向を促すために競合する触発的な「度合い（Gradualität）」のシステムとして形成されている。「触発」とは、対象が自我の「対向」を動機づけることを意味する。より厳密には、「触発する力とは、自我へと向かう傾向であり、それに対応する働きが自我の応答する活動である。すなわち自我は触発に従いながら、換言すれば『動機づけられながら』、あるものに同意することで立場をとり、主観的な確実性において、その誘引するものを能動的に引き受ける」（XI 50）。フッサールは、触発の度合いに晒されて生きる自我について以下のような場面を記述している。「例えば、幾つかの色のついた形象が際立ちながらわれわれを触発し、同時に車の音のような雑音や、歌の響きや鼻につく匂いがわれわれを触発してくる。これらすべてのことは同時に起こっているが、その際、われわれが歌だけに耳を傾けるよう対向する限り、歌は他なるものの競合に勝利する。とはいえ、その他のものもなお刺激していることに変わりはない。しかし、爆発音のような凄まじい音が炸裂したとき、それは聴覚野の触発的な特性だけではなく、他のすべての野の触発的特性をも消し去ってしまう」（XI 149f.）。ここでは、諸々の感覚野ないし知覚的地平における触発的な度合いが差異化することで、自我の対象統握が推移し、変転する様子が記述されている。それと同時に、統握による対象認識へと至ることのない次元での感覚のあり方も示唆されている。感覚野や知覚野は、自我の対象統握を動機づける触発的な力の場として力動的に組織化されている。ここでは原受動性と二次的受動性という二種類の受動性が重層的に絡み合っており、この組織化の規則が「連合（Assoziation）」と呼ばれる。ただし「連合」概念は本来、「何かが何かを思い起こさせる」という意味での「連想」、つまり「再想起」の機能を基調として導入されたものである。したがって、自我的志向性の関与を欠いた意識流が生起する「感覚野」を記述する際にフッサールは、「連合」の代わりに「原連合（Urassoziation）」（vgl. XI 151）という概念を使用する。感覚としての意識流の解明は、この原連合の内容を詳細に浮き彫りにすることで行われるのである。

こうした触発野を分析するために、われわれは差し当たり二種類の「触発のモード」を区別する必要がある。その区別とは、超越的対象としての「事物」ないしはその「意味」や「形態」、「価値」といった「ノエマ的なもの」が自我を触発することと、「ヒュレー」や「感性的感情」という「実的なもの」が自我を触発することとの区別である。フッサール自身は、それぞれ異なる状況において共通して「触発」概念を用いている。「事物は触発する第一のものである」（XVII 254）。「ヒュレーの総体性は絶えず触発している」(7)。どちらの触発も結果として、自我の対向を促すものであるという点では区別されえない。しかし、聞いたことのある「メロディー」にふと気づき、その歌に聞き入る場合と、突然、何とも知れない爆発音が鳴り響き、振り向いた後にそれが自動車のタイヤの破裂音であったことに気づく場合との間には見過ごされてはならない差異がある。一九三二年に書かれた「原構成における感情」と題されたC草稿でフッサールは、触発のモードを区別しようとしている。「差し当たり触発の二つの概念が区別されるべきであろう。①ヒュレー的内容が自我を感情において触発すること。そのときの触発とはしかし自我が対向ないし非‐対向によって、つまりある行為とともに応えるような呼びかけではない」(8)。ここでは、ヒュレーが自我を触発する現象が記述されている。ただしこの草稿でフッサールは、二つの触発概念を区別すると述べているにもかかわらず、ヒュレーの触発について語るだけで、他方の触発概念については詳述することなく終わっている。それゆえわれわれは、同じく触発の区別について語られている一九二三年から一九三一年までの間に書かれたA草稿に目を向ける。この草稿では、自我の対向が衝動的に起こる際の触発の起源を解明しようとしている。「対向衝動の問いを解明するためにわれわれは以下のことを区別する必要がある。①未知なるものが触発する場合。『展開の端緒』において、いまだすべてのものが未知である場合。②知られたものが触発する場合。それゆえ、新たなものと未知なるものとの現象学的な区別がある……。背景において知られたものが触発しているのか、新たなものが触発しているのかが明らかに区別されなければならない」(9)。

この草稿でフッサールは、「ノエマ的なもの」と「ヒュレー的なもの」の触発を明確に区別しているわけではない。とはいえここでは、自我の統握的類型の中で現出するもの、すなわち「似たようなもの」、「自我にとってもはや異他的ではない」もの、「歴史をもっている」ものに対して、志向的類型から逃れ去る「『新たなもの』が背景において現れる」ことが問題になっている(10)。こうした触発概念の区別は、われわれが提起した「ノエマ的なもの」の触発と「ヒュレー」の触発の区別に妥当する。というのも、先のわれわれの例で言えば、メロディーの場合には、志向的客観としてすでに馴染まれたメロディーが、すなわち聴覚的ヒュレーが二次的受動的な仕方で統覚されたものとして自我を触発しているのに対し、後者の爆発音の例では、二次的受動性の潜在的な動機づけ連関の内部では規定しえない生身のヒュレーが統覚的規定を欠いたまま「新たなもの、未知なるもの」として現れているからである。しかもこの後者の例は、二次的受動性の動機づけ連関内においてしばしば起こる志向的な「予期外れ／失望（Enttäuschung）」と同一視されてもならない。というのも、爆発音の場合には、なんらかの同一的対象の規定が、例えば赤いボールの裏面が緑であったり、自分が知っていると思い込んでいた歌が実は違う歌であったりするように新たな意味に即して解釈し直されることが問題になっているのではないからである（vgl. XI 25ff.）。フッサールはたびたび、志向的な「疑念の様相」を分析するために、「人間」から「蝋人形」へと統覚が変転することについて分析しているが、爆発音の例は、こうした志向的能作からも区別される必要がある。統握の変転の例でフッサールは、「ヒュレー的なものの同一的存続体」（XI 33）を、変転する統覚の素材的拠り所として前提している。しかしヒュレーの本来的規定によれば、それが産出されるということは、止むことのない現出多様の流れとして意識それ自身が生起することである。したがって、いかに対象の形態が同一的に保たれているように見えようとも、そこには刻一刻と微細な変転を遂げる現出運動しか存在していない。[11] 確かに先の爆発音の例における唐突なヒュレーの産出の後に、それを何らかの対象（先の例ではタイヤの破裂音）「として」統覚することは（主体が危機的状況に陥らない限り）もちろん可能である。にもかかわらず、そのヒュレー的成素が産出される際には、その統覚の拠り所としての同一的存続体も、それに付随する諸規定も現象学的には存在しておらず、そもそも二次的受動性の予期的地平によって動機づけられてさえいなかったのである。

われわれが日常生活を営んでいる際には、二次的受動性によって動機づけられ、親しまれた周囲世界が原信憑として先所与されている。それゆえ、地平志向性によって受動的に統覚されることのないヒュレー的契機が、自我の対向を獲得するほどの触発力をもつことはそうあるものではない。とはいえ、このことは同時に、自我が意識化することのない領域、より厳密には二次的受動性からも区別される原受動的領域で、ヒュレー的触発が絶えず行われていることを暗示してもいる。通常ヒュレー的触発は、ノエマ的触発へと昇華されてしまうため、われわれはそれに気づくことがない。ヴァルデンフェルスは論文「パトスと応答の間における現象学」で、自我を脅かす、突発的な出来事の出来を「遭遇（Widerfahrnis）」と概念化し、それをフッサール現象学における「原受動性」の根源的な形式とみなしている[12]。「この原受動性は触−発から生じるのであり、その限りで『自我に−異他なるもの（Ich-fremdes）』が絶えず作動している[13]」。ヴァルデンフェルスはまた、われわれが遭遇するこうした出来事、つまり「われわれにふりかかり、襲いかかり、思いがけずに生じ、われわれを捉え、驚かせ、圧倒させるもの」に、「パトス（Pathos）」という概念を当ててもいる[14]。「意識流」の作動は、「自我に異他的な」ヒュレーを絶えず産出することとして、自我を驚愕させ、圧倒させる力を内含している。

先にわれわれは、爆発音の例では生身のヒュレーが現れていると述べたが、この表現も適切ではない。というのも、こうした表現では、何らかのヒュレー的与件が意識内部において対象的に現出するかのような、つまり、内世界的現象であるかのような印象を与えかねないからである（そうした誤解は、観察者の視点をこっそりと導入している）。しかしそうではなく、この例では体験世界を含む超越論的意識の全体が突発的に変様したものとして自らを産出しているのである。われわれは第II章三節において感覚の生成には、「自己創造ないし自己変様の否応なさ」が常に伴うと述べたが、そうした意識の自己創造がここでは問題になっている。ただしその際の自我の振舞いは、志向性を通じて何らかの「対象」に向かわざるをえないことから、ヒュレーからの触発であるにもかかわらず、自我はヒュレーへと対向するのではなく、そのヒュレー的体験を超越しつつノエマへと対向する。それゆえ、二種類の触発のモードは、自我対向の向かう先（それはどちらにおいても「歌」や「タイヤの破裂音」としての志向的対象である）によってではなく、触発が生じる起源（ノエマ的起源もしくはヒュレー的起源）によって区別される。

さらにこの触発の区別は、発生的現象学における動機概念の区別をも要請する。意識の発生的層の解明を目指す発生的現象学が、「二次的受動性」のうちで絡み合う動機の連関を解きほぐすようにしてその発生を辿る限り、われわれは「感覚の自己生成」ないし「自我生成」の現場に迫ることはできない。というのも、感覚の自己構成ないし、自我の生成に際して問われるべき動機は、自我や精神の「隠された理性の層」（IV 276）である二次的受動性の内に見出されるものではないからである。一九二〇／二四年に書かれた草稿でフッサールは、上述の爆発音の例を挙げて以下のように述べている。「精神においては精神的な発生を有するすべてのものが了解されうる。それゆえ精神においては動機づけられて現れるものと、動機づけるものを指示するもの一切が了解されうるということである。〔ただし〕このことから述べられることは、了解しえないもの（Unverständlichkeit）もまた存在しうるということである。私はただ、全く動機づけられていない爆発音のような感性的与件が、われわれの生に突然入り込んでくるといったすべての場合について考えている。そもそも爆発音が起こると、それは意識を経過しはするが、正確な意味ではこの爆発音はどんな『発生』ももたない」（XXXVII 109）。感覚が、根源的な時間意識として自らを成立させることは、「すべての精神的発生」（ebd.）のうちではそもそも了解されえず、そうした意味での発生をもってすらいない。精神的発生は「能動性における受動性」の中で培われてきたものである。したがって爆発音が精神的な発生をもつためには、以下のような自我の認識プロセスを経る必要がある。「私がその爆発音をある信号として、つまり、次の応答信号を期待させるものとして認識するのであれば、その応答信号が意識に現れるときにはすでに、その〔信号は〕発生をもっていることになる」(ebd.)。

通常の「触発が、すでに自我にとっての受動性における特殊な客観化する様相である」(XXXI 8) とすれば、われわれが問題にすべき触発現象ないし動機現象は、いまだ客観化に関わるものではないし、その意味で精神的発生に関わるものでもない。そうではなく、われわれの課題は、精神的発生をもつ自我的経験それ自体が生成する現場を考察することにある。したがって問題は「原受動性」における触発のモード、つまり「原触発」であり、そこで作動する感性的ヒュレーおよび感性的感情のことである。この次元における意識の生成のあり方は自我性を欠いていることから、反省によって事象を開示する方途ではなく、第II章で指摘した「原意識」に定位しつつその生成に入り込むようにして事象を記述する必要がある。それはまた、様々な仕方で入り込む観察者の視点をエポケーしつづける試みである。自我の行為一切が成立する場へと反省を向けることが、常にすでに遅すぎるのは明らかであり、それゆえにこそ感覚および感情が自己生成するあり方は原意識において、つまり遂行的、触覚的な感触を手がかりに記述されなければならない。さらに、この場面における感覚的触発野の分析を行うには、その触発野と一つになって世界に投錨している「身体」の考察を同時に取り入れる必要もでてくる。というのも「一人の人間の意識総体はある意味で、そのヒュレー的基盤によってその身体に結びつけられている」(IV 153) からであり、「すべての感覚一般はある意味で身体との関係において経験される」(V 118) からである。先の爆発音の例で言えば、突然の触発的ヒュレーの生起は、認知的志向性に先立つ「身体的な驚き」として、つまり驚愕、興奮、発汗、動悸の変化といった、自我の認識機能を阻害し、意識の現れを一変させる身体的現象として気づかれるのである。自我の客観化がその後生じるかどうかは、このこと自体とは何の関係もない。さらにフッサールが述べるところによれば、感性的ヒュレーと同様に感性的感情もその際身体性へと関係づけられることになる。「感性的感情は今や、展開する意識において身体性へと関係づけられる恒常的な背景を形成することで、恒常的な興奮ないし興奮可能性のうちに存在する」(XXXVII 326f.)。われわれは次節で、フッサール現象学の身体性の位置づけを確認し、その後に感性的ヒュレー、感性的感情、身体という三つのモメントが絡み合う場としての意識流を解明することへと向かう。

第四節　意識流の身体化と衝動

(1)　身体の二面性

差し当たりフッサール現象学において「身体 (Leib)」は、知覚対象の現出可能性の条件として導入されている。「身体は第一にあらゆる知覚の手段であり、知覚器官であり、よって必然的に一切の知覚に伴っている」(IV 56)。つまり「身体」は、いかにして「自我」が客観的空間およびそこで現出する知覚客観を構成するのかという問題設定において必須の役割を演じるものとして導入されている。現出者が多様なパースペクティブのもとで与えられるということは、自我はある固有な視点に絶えず拘束されていることを意味しており、「身体性」がまさに、作用照射の中心点としての自我がいかなる仕方で世界に投錨しているのかを開示する。「知覚野と共現在地平とを通じて私に与えられている一切の世界現在に、私の身体は不可避的に属している。しかもそれは、絶えず本来的な知覚野の『中心』として、……固有に『機能』することでそこに属している」(XV 122f.)。

身体は、自我が世界に根づくための根源的な「場所性」を形成する。とはいえ、このことが直ちに志向的な現出空間を開示する超越論的自我が、それ自身空間内に構成された「物的身体（Körper）」に条件づけられているという循環問題に行き着くわけではない[15]。この循環にはどこか誤解が含まれている。現象学的に身体現象を捉える際、差し当たり身体とは、私が行為を遂行すると同時に常にすでに感じ取られている「生きた身体（lebendiger Leib）」であり、それはまた「作動する身体（fungierender Leib）」でもある。フッサール現象学における「身体」は、意識に対して外的なものではない。そうではなく、それは感じ取られる限りでの身体であり、身体意識である。それゆえ、そうした意味での「身体は客観的空間における客観として経験されることはない」(XIII 240)。「すべての事物的経験において身体は、作動する身体として（それゆえ単なる事物としてではなく）共経験されている」（XIV 57)。それに対し、身体が「物的身体」として現出するためには、「自我」が志向的統覚によって自らの身体を物体として統覚しなければならない。つまり、「作動する身体」が同時に「物的身体」でもあるという言明は、自我の統覚による同一化的綜合を介在させることで初めて可能となる。この意味では、「作動する身体」と「物的身体」は、一方が自我統覚を媒介することからも明らかなように全く異なる次元に属しているため、それら両者を俯瞰的視点から「構成するもの―構成されたもの」の二元論として配置することはできない。というのも、「自我」が「作動する身体」を構成することがないのと同様に、「作動する身体」が「物的身体」を構成することもないからである。「物的身体」を構成するのはあくまでも「自我」である。第II章二節（4）で時間論の観点からすでに述べたが、「構成」概念の安易な二元論的配置は、例えば、「自我」と「作動する身体」とを、「構成するもの」として同一視し、それ以外の事象をすべて一括りに「被構成態」とみなすことになる。しかしそもそも自我の作動は、意識流の作動からは厳密に区別されるものであり、それと同時に、身体の作動も自我の作動とは異なるモードとして理解される必要がある。したがって、身体は構成するものであると同時に構成されるものであるという定式化は、自我がその際何を行っており、身体はいかなる作動を行っているのかという問いに何の明確な解答も与えてはいない。さらに先の循環問題においても、「作動する身体」と「物的身体」、ないしは「作動する身体」と「自我」、「自我」と「物的身体」といった、それぞれ異なる関係におけるどの循環を指摘しているのかによっても、問いの場面は大きく変わってくる。ただし、ここで確実に言えるのは、超越論的場面では、たとえ「超越論的自我」が「作動する身体」に条件づけられることがあるとしても、その自我が、自らが構成する「物的身体」によって条件づけられることはないということである。生ける身体が作動する場面に、統覚的対象としての「事物」も「身体物体」も前提として持ち込まれることは許されない。

フッサールは差し当たり、身体を「内的身体性（Innenleiblichkeit）」と「外的身体性（Aussenleiblichkeit）」とに区別し（XIV 337）、身体のこの二面性の構成的関係を問うている。「身体は本来二重の仕方で構成される」（IV 145）。ここではつまり、「主観的な感じ方における身体」と「客観的な事物的特性としての身体」がいかにして統一的に構成され、意識に与えられるのかという問いが立てられている。したがって、構成機能を備えた身体がいかにして自らを知覚化するのかという問いとして、それはまた、いかにして身体は客観的空間に現出し、その際、内的であれ外的であれ「対象」として構成されるのかという問題設定において論じられているのである。身体に関するフッサールの多くの記述がこうした枠組みを動いており、その際、自我の統握の役割が、「二重統握」といった概念とともにもち込まれていることがある（vgl. IV §36, §37）。こうした問いの設定は、本章二節で指摘した客観化のパラダイムの枠内で身体現象を把握する試みである。つまり、身体が構成機能を備えたものとして作動する際に、そうした「主観的」身体が、いかにして「客観的な」事物としての身体と関係するのか、もしくはそれへと自らを構成するのかという客観化の問いとして設定されているのである。「そもそも私の身体は、事物のように、知覚され、統握されうるのであろうか。……いかにして私の身体は、私に対して、本源的に構成され、知覚可能になるのか、純粋に知覚に即して証明可能であるのか」（XV 649）。端的に言えば、いかにして「主観的身体」は「客観的身体」へと客観化されるのかという問いが立てられていることになる。

しかしこうしたパラダイムでは、「感性的感情」ないし「感性的ヒュレー」の規定が不十分なものであったのと同様に、特に「作動する身体」の「キネステーゼ」の規定においても看過されてしまう事象が存在するのではないか。例えば、いかにして身体は自我とともに志向的に構成されるのかという「客観化への問い」は、「作動する身体」の存在を暗黙のうちに前提し、それ自体がいかなるものであるのかという問いを深めることなく、客観化的構成に関わる議論を進めることになる。さらにこうした議論の背景には、身体の固有な問いを「自我論的構成（egologische Konstitution）」の枠内に組み込もうとする動向がある。身体とは、他の事物とは異なり、自我が自由にそして直接意のままにできる唯一の「意志の器官」（IV 151）である。したがって、ここでの客観化のパラダイムとは、「自我」が、身体を直接的に制御することによる知覚対象の客観化的構成というものである。このパラダイムでは、自我の原初的な「自由」を保証するキネステーゼが、「意識一般に感覚与件が与えられうるための可能性の条件」[16]として最初に設定される。そしてこの定義とともに、「感覚印象をもつことはたんなる受容性ではなく、すでに『私が動かす』ないしは、『私が動く』というかたちでの能動性を前提する」という議論へと移行する。[17]ここでの力点は、これまで伝統的な「受容性」概念のもとで、何らかの素材ないし刺激をただ受け取るものとして考えられてきた「感覚」に、常にすでに自我の自発的能動性が関与していることを示すことにある。そして、このように自我の自発性がキネステーゼに読み込まれることで、感覚与件は、いまだノエマには成りきっていない低次段階の素材として、つまりノエマへといずれ昇華されるべき志向性の相関対象という暫定的身分を与えられることになる。もしくはアンリのように、一切のヒュレーを超越的契機として排除することで「純粋身体」としての内在的生への沈潜が可能になる。[18]「分析が抽象するものとは、……感覚なき身体、感覚以前の身体であり、すなわちまさにそれ自身において考えられ、一箇の純粋な力能とみなされた感覚作用である」。[19]ここでは、第I章三節で指摘されたノエシスの「機能的目的論」ないし志向性の「統握図式」が、知覚レベルから身体感覚レベルへと引き下ろされていることが分かる。しかしそもそも、「ヒュレー」も「キネステーゼ」も「感覚体験」である。それゆえ両者は、志向性に固有な超越的契機を含んではおらず、本来的な意味でそれらを志向性として特徴づけることもできない。したがって身体構成において、「キネステーゼ」を「ノエシス」、「ヒュレー」を「ノエマ」として作用−内容の機能的、相関的連関に対応させ、どちらかに優位を与える試みはすでにどこか倒錯している。[20]われわれが第II章二節で繰り返し述べたように、感覚においてはそもそも志向性の相関的二項図式がうまく機能することはない。『イデーンII』の中でフッサールは、感覚と結びついている身体の層がもはや志向的構成とは何の関わりももっていないことを示唆している。「人間の意識全体は、そのヒュレー的基盤を通じて、自らの身体にある仕方で結びつけられているのであるが、当然、志向的体験それ自体は、もはや身体に直接的かつ本来的に局在化されてはおらず、身体に接したいかなる層も形成することはない」(IV 153)。感性的感情および感覚の問いと同様に身体性を、自我の志向的体験に関わる問いと混同することがないよう留意する必要がある。

　ナタリー・ドゥプラズは、フッサール現象学における感覚の問題が、客観性の構成に首尾よく接木される感覚、つまり客観化の傾向が強い局在化的感覚(視覚、触覚、聴覚)[21]に優位が置かれていることを指摘し、そうしたパラダイムから感覚概念を解放する試みを行っている。それにより、これまで「現象学的概念の厄介者」であった「嗅覚」や「味覚」に関する新たな感覚論を展開するに至っている。[22] テレンバッハも『味と雰囲気』で、身体活動のひとつである「『嗅ぐこと』、さらには『精神的な障害を被った嗅ぐこと』が、主体と世界という客観化的な分割を背景にしては主題化されえない[23]」ことを強調している。それゆえ、客観的な対象知覚の参与とは異なるパラダイムにおける身体の事象的布置を問うことには、いまだ積極的な意義があるように思われる。そうすることで初めて、作動する身体がヒュレーといかなる仕方で運動し、意識流の形成を行っているのかをより詳細に解明することが可能となる。したがってわれわれの課題は、いかにして身体が意識の作動において構成されるのかではなく、いかにして意識流が、そもそもの始まりから身体化されつつ形成されているのかを明らかにすることである。

（2）　活動性としての身体

「キネステーゼ（Kinästhese）」という概念は、ギリシャ語の「キネーシス＝運動（κίνησις）」と「アイステーシス＝感覚（αἴσθησις）」という二つの概念から合成されたものであり、ドイツ語に直訳された「運動感覚（Bewegungsempfindung）」という概念で代用されることもある。この概念は、なんらかの対象の運動を知覚することを意味してはいない。そうではなく、自らが動いていることを、運動の最中で運動とともに感じ取ることを意味している。その意味でキネステーゼは「運動の自己感覚」である。

　キネステーゼ概念は、対象現出の動機づけを解明するために導入された。自我は自ら動くことで、そのつどの対象のパースペクティブを変化させる。私の目の前にある机、そしてその机がある私の部屋を越えて世界はなだらかな広がりをもつ地平とともに現れている。しかし机が机として、部屋が部屋として、世界が世界として奥行きを備えつつ私の前に現れるのは、私が空間をまさに移動できるからである。私が事物の背後もしくはその先にある諸事物へと移動可能であるからこそ、それらは裏面ないし奥行きをもつものとして現出する。その限りで、空間的対象が現れることには、すでに私の身体の実践的な能力性が関与している。そしてこの「私はできる（ich kann）」という実践的な能力性を開示するものこそがキネステーゼである。「私の生は完全に能力可能性における生である」（XV 203）。

ただしここで留意されるべきは、キネステーゼはノエシスではないという単純な事実である。キネステーゼそれ自体は、ノエシスのように知覚的客観へと向かう意識作用ではない。それは感覚体験であり、その限りでそれ自体が対象性の可能的地平を拓くことはない。第Ⅲ章六節で述べたように、対象の可能的地平を拓くのはあくまでも地平志向性であり、それは自我の知覚に即した行為を補助する受動性、つまり「二次的受動性」の働きである。そしてこの二次的受動性は、「能動性における受動性」と名づけられていたことからも明らかなように、自我機能との連携を前提している。したがって、可能的地平を開示するキネステーゼの「能力可能性（Vermöglichkeit）」も自我機能と協働することで初めて成立する。

フッサールは一九二七年の草稿で、こうした意味での「知覚的に作動するキネステーゼ」をキネステーゼの作動の一つの特殊事例として相対化し、キネステーゼそれ自身の本来的位相を示唆しようとしている。「個々の器官のキネステーゼは純粋にそれ自身で知覚に即したものとして作動しうる。その際、他のキネステーゼも経過するが、そもそも知覚キネステーゼとして共作動することはない。それは例えば私が目を閉じたまま目を動かすような場合や、見て知覚しつつ私の手を何かに触ることなく動かすような場合である。キネステーゼが知覚するものとして作動するのは、対象との『出会い（Kontakt）』においてだけである」（XIV 551）。キネステーゼの作動は、自我の知覚に即したものだけがその動機連関に組み込まれるが、本来それ自体は、目的表象的に何かに方位づけられて作動するものではない。身体運動によって主題化される対象の知覚や認識行為の帰結は、あくまでも自我の作動の領分である。机に近づくために身体を動かすのは、「私」が机の上にある本を必要としているからであって、「キネステーゼ」それ自身が対象に方位づけられているからでも、それを知覚しているからでもない。

しかし他方でフッサールは、「ノエマ的構成の側面」と「キネステーゼ的動機づけの側面」（XI 13）を区別し、「キネステーゼ的系列と知覚現出が、意識に即した仕方で相互に関係づけられている」（XI 14）ことを明らかにしようとしている。その限りでは、キネステーゼをノエマと相関する一種のノエシスとみなしても良いように思われるが、この問題は慎重に扱われるべきである。というのも、そもそもこの両側面の相関関係が成立するためには、自我機能が介在している必要があるからである。例えば、目を開けたまま任意に眼球や頭部を動かすという単純な行為について考察してみる。そこには、眼球ないし頭部の運動、それらと連関する身体全体の体勢化、およびそれらをキネステーゼ的に感じ取ること、それと同時に身体の方位づけに即して変化する視覚的な現出多様等が含まれている。その際、自我が何らかの知覚を行うということは、その現出多様性の中から際立ってくる対象性を、キネステーゼの制御を通じて、ノエシス的に注視し、固定し、確定する認識能力を行使することを意味する。「目覚めて目を開けるだけで、一目ですぐに分節化された印象の『世界』が見える」（XI 413）のは、われわれにとって確かに自明である。しかし、このことが可能になるためには、自我が莫大な訓練的、習慣的経験を通じて「ノエマ的構成」と「キネステーゼ的動機づけ」との相関関係をすでに形成していなければならない。

ラントグレーベが述べているように、「身体は徐々に意のままにしうるものとして発生的に体得される」[24]。そもそも知覚的に作動していなくとも、キネステーゼは作動しうるのであるから、「ノエマ的現出」と「キネステーゼ」の相関は、「ノエマ」と「ノエシス」の相関のアプリオリからは区別されるべき発生的な相関関係である[25]。

キネステーゼ的な身体は、「私」の能力可能性の起源であるにもかかわらず、そうした「自我的」に作動するキネステーゼは、キネステーゼの特殊なあり方のひとつに過ぎない。「身体は、〔自我の〕意志以外のあらゆる『意識の機能』にも居合わせており、このことには様々な源泉がある」（IV 152）。身体には、「感性的事物ないし現出する空間客観に対して構成機能をもつ感性的感覚」、つまり自我の知覚に参与する感覚だけではなく、「全く別のグループの感覚も属している。例えばそれは、快感と苦痛の感覚のような『感性的』感情や、身体全体を貫いて流れる快適さ、『身体の不調』などといった一般的な不快感等のことである。……さらにこれらのグループには欲求的、意志的な生の素材的基礎を形成する、分析も叙述も困難な様々な感覚、すなわち活力の緊張と弛緩の感覚、内的な抑圧、麻痺や解放の感覚が含まれている」（IV 152f.）。フッサール自身が分析の困難さを吐露した「緊張や弛緩の感覚、内的な抑圧、麻痺や解放の感覚」は、極端な触発力をもたない限り自我意識へと至ることのない身体感覚である。にもかかわらず、こうした感覚と一つになって身体は、それに相応した運動を行っている。

つまりこの領域は、「ヒュレー的融合」が自我への「一切の触発的能作なしに存在しうる」領域、「先触発的（vorafektiv）」な感覚統一に関わる領域であり、それは「触発的なゼロ領域」として特徴づけられる（vgl. XI 154, 159ff., 167）。「気づきがゼロであることは、意識所持が相当の生動性を備えている際にも起こりうる。その生動性は、自我における特殊な応答する傾向性を喚起することなく、自我極に達することもない」（XI 167）。ナミン・リーは、身体がこの領域にいかなる仕方で投錨しているのかを、自我が部屋の寒さを感じ取る以前の身体運動として記述している。[26] 温度が下がることで増大する寒さの感覚は、自我対向を促す触発が始まる以前に身体四肢の運動、例えば手足の震えや擦るといった運動と共に生じている。ここでは、感覚は常にすでにキネステーゼ固有の運動に媒介されている。確かに寒さの感覚が自我触発へと至った段階で、身体運動は自我性へと取り込まれる。つまり窓を閉めたり、暖房をつけたりといった自我の動機連関における役割を身体が果たすことになる。しかし、それ以前の運動の「主体」は容易に特定されうるものではない。この運動を、物理−因果的な刺激反応モデルに基づく機械的運動とみなすことは、あまりにも前現象学的であり、他方で、その運動ですら超越論的自我の能作として理解しようとする試みは、あまりにも自我中心的である。

これまで何度も述べてきたように、フッサール現象学において「自我」と「意識」は事象的に区別されるべきであり、意識の運動が自我の運動と完全に合致することはない。そしてまさにこのズレが生起する場所においてこそ身体は固有の運動を行う。脳神経学者であるリベットによれば、自我的意識の「気づき（awareness）」が発現するためには、脳神経が作動してから最低でも五〇〇ミリ秒ほどの時間が必要である。[27] そのためスポーツ選手が敏捷な身体運動を行う際には、自我意識を待っていては遅すぎる。とすれば、自我意識に先立って身体は、それ自身ですでに活動を行い、何らかの行為選択を行っていることになる。[28]

また、このズレは、自我と身体の「中心化」の機構の差異からも明らかになる。たとえ「自我それ自身が、すべての感覚的現象が身体への関係に集中化される場合と類似の形式を備えている」（IV 105）としても、身体の中心化は自我の中心化とは異なる様式として理解される必要がある。一九三四年の草稿でフッサールは、「自我」と「身体」の中心化が、「想起」と「過去把持」という異なる意識機能に由来していることを示唆している。「私は自己同一化および自我極の同一性について想起によって語る……。しかし差し当たりまず、（原初的段階の）過去把持という連続的変様において身体および身体中心化は、絶えざる変転のうちでその際合致しているのではないか」（XV 643）。また同じく一九三四年に書かれたC草稿では、キネステーゼの反復こそが過去把持において消失した運動を同一のものとして取り戻すことを可能にすると述べられている。「キネステーゼの変転において第一の過去把持化の作動、つまり原印象的現在からの『消失』〔が起こる〕。その後、相応するキネステーゼの逆行の中で消失したものが『復帰する』。『消失したもの』が生き生きと保持され、『戻ってくる』。すなわち、消失したものがキネステーゼの反復において同じものとして再－認されるのである」[29]。身体性は、意識流の構成的機能のひとつである「過去把持」において自らを感触し、キネステーゼ的運動の「反復」を通じて運動の記憶を形成する。ただし身体は自らを、自我が想起を通じて同一化するように同一化することはない。おそらく身体運動に関わる過去把持は、再想起に類似するものは何一つもっていない。それゆえ運動の記憶は、もはや記憶とすら呼ぶべきではないのかもしれない[30]。というのも、それは表象の系列を辿るように思い起こされるものではなく、繰り返し現在において再作動するものだからである。十年以上前にピアノを習った場面は思い起こせる。しかし、十年以上弾いていないピアノが弾けるかどうかは、実際に弾いてみなければ分からない。そして行為を現に遂行することで身体は、一切の想起の手前で、過去把持的に機能する運動の記憶を再び感触することになる。身体中心化はこうした場面で常にすでに実行されている。

本章二節で指摘したようにフッサールは、意識流の独自の作動が遂行される場に根源的な本能や衝動、さらにはその高次の習慣化した衝動を見ていた（vgl. XI 178, XIV 333f.）。感覚の自己構成における作動する身体とは、自我が制御するものではなく、自らで動くものである。意識流が衝動的に生起することがすなわち、作動する身体が自らを過去把持的に感触することに他ならない。それゆえ、先のリーの例における寒さを原意識する先触発的段階では、「寒さを感じるから手足を擦る」といった自我の動機連関を設定することはできない。ここでのヒュレーの感じ取りとキネステーゼ的運動の関係は、因果的、動機的関係にはない。[31] 原意識されている匿名的な身体運動が同時に、寒さの感覚や筋肉の収縮感という原初的な認知の始まりを形成している。その限りでは、どちらの契機も他方の原因や結果としては記述されえない関係にある。[32] それゆえ、キネステーゼと一つになった感覚の生成は、例えば以前に部屋の窓を閉め忘れていたことや論文の記述に没頭していた時間の経過という「自我」の動機系列とは本来何の関係もない。[33]

こうした領域では、「自我的に遂行されたという意味を身体運動に付与する身体における知覚の支配」（XV 328）が問題になっているのではない。そうではなく、「ここで際立っているのは、変化することの他の一切の様式に対する運動の優位である。一切の他なる様式の変化の活動性は、運動の活動性（Aktivität der Bewegung）、つまり原実践的な（urpraktisch）身体運動の活動性によって媒介されている」（ebd.）。われわれはここで、「Aktivität」を「活動性」として訳出した。それというのも、この「Aktivität」は、自我の「能動性」と単純に同一視されてはならないからである。この活動性は、「一切の他の実践にとって共作動し、しかもあらかじめすでに作動しつつ、それら実践に共属している」ものとしての「原場所（Urstätte）」を形成する（ebd.）。それに対して、一切の自我行為は、この根源的な身体の活動性の「媒介（Vermittlung）」のもとで初めて可能となる。第I章四節（4）でわれわれは、行為する主体ないし「自我」の意志には還元されえない、端的な意志の創造性の可能性について言及したが、ここでの身体の固有の活動性は、そうした創造的契機を絶えず秘めうるものである。例えばスポーツ選手は、新たな行為の獲得に際して絶えず知覚的な制御のもとでキネステーゼを作動させることはない。むしろ自我は、知覚的な制御によっては対処しきれない限界状況を乗り越えるために、身体それ自身がおのずと活動し始め、新たな局面へと踏み込むのを、その傍らで待ち望むという特殊な努力をする必要がある。その際どこかに、身体が自らの身体であるとは感じとることができないほどの異様な運動を開始し出す瞬間がある。新たな身体行為の形成はその意味で、自我の知覚的な制御が徹底的に解除された場所から始動する。そしてそのようにして形成された新たな行為は、待ち望むという形式における努力を行っていた自我に、絶えず驚異として現れることになる。ドゥプラズもまた、身体経験の新たな習得に際して自我は、受容的に「応待」しつつ感覚を鋭敏にする必要があることを強調している。「『取り集め（captation）』は、感覚がもはや期待されず、あるいは少なくとも意志的追求の対象をもはやなさない瞬間に、どっと感覚が流入することになるように、離脱（無関心）の限界で応待することに、結局その意味がある」。そこには、「意志に属するのでなく、受容性に対する感覚の習得訓練の管轄に属する、内的作業がなければならない。ここでいう受容性は、自発性の古典的対立物ではまったくなく、待機状態にある応待の一形式として理解されるであろう」[34]。同様にテレンバッハも、身体的感覚をより鋭敏にすることは、「一般的な諸原理に基づく知識のように学び取り、所持すること」ではなく、「忍耐強く奉仕しながら感受性の中で自らを訓練するといった態度を通して身につける」[35]ことであると述べている。

ただしフッサールは、身体の活動性についての多くの記述を残しているにもかかわらず、その新たな形成に関する分析をさらに進めることはなかった。とはいえ、そうした可能性を見て取っていたことには疑いがない。「……私は、私のキネステーゼを越えてどんな実験を行うこともできない。キネステーゼに対して私は一切の実験をすでに行っている。ただ次のこと、つまり新たなキネステーゼが私のものになる（zuwachsen）ということは排除されていない。それについてはしかし何も語られていない」（XIV 551）。また別の草稿では、他の感覚野の拡張とともに新たな身体として「第三の手」が出現する可能性について言及されている。「何らかの物体によって触れられることで、私が自分の手で触れる際にもつのと似たような感覚が突然生じるとすれば、その手は手として現実的に証示されうるであろう。しかもそれは、私の体験としてであり、当然のことながら、私の両手とその他の身体の触覚野ではないところのものとしてである。これはすなわち、いまだ知られてはいない私の感覚野の突然の拡張である。私の両眼視野の突然の拡張、もしくは聞いたことのない音質や音の次元の出現は考えられないことではない。同様に新たな嗅覚の次元の出現、そして、それ自身完全に新たな感官（類推により可能になる）の出現も考えられないことではない。さらにまたこの新たな手が、刺激された際に自らに驚き、びくりとし、それにより私にとって完全に新たな運動感覚のグループが活動し始めるということも考えられうることである。つまり、新たな手が私のものになるとすれば、私の身体は拡張されるのである」（XIII 39）。

（3）透過としての身体

前節でわれわれは、自我の能動性とは異なる次元で作動する身体の固有な活動性のあり方を明らかにした。この活動する身体をフッサールは、「透過（Durchgang）」という概念によって特徴づけてもいる。[36] キネステーゼは、自我の行為にとって「透明な通路」として常にすでに作動している。一九二一年から三〇年の間に書かれた草稿では、「キネステーゼ的努力は透過としてのみ存在する。……志向は、呈示や現出を通じて、さらなる呈示や現出に向かうのであるが、その際このことは、根源的、活動的に生成するキネステーゼの『媒介（Vermittlung）』のもとで行われる」[37] と述べられている。また一九三四年に書かれた「空間構成に関する覚書」でも「透過」としてのキネステーゼについて述べられている。「物体の経験で作動する自我能動性として、キネステーゼは『透過』である。とはいえ、それは『自我的側面』である。しかし本来的には、再び能動性として特徴づけられるべきではない」(NR 31)。この草稿を編集したシュッツは、この引用箇所に以下のような補足を入れている。「物体の経験で作動する自我能動性として、キネステーゼは『透過』である。とはいえ、それは『自我的側面』である。しかし本来的には再び、〔自我によって始動させられるキネステーゼを単純に〕能動性として特徴づけることは、〔十分な性格づけ〕ではない」(ebd.)。

同語反復のようにも思われるこの言明によって、フッサールは透過としてのキネステーゼをいかに特徴づけようとしていたのか。キネステーゼは本来、自我の直接的支配のうちにある。その限りでは自我の「能動性(Aktivität)」がすなわち身体の「活動性(Aktivität)」である。自我の意志にとってキネステーゼの作動はあまりに自明であり、ほとんど透明である。本棚の上にある本を取るために、自我はキネステーゼを作動させようと意志する必要はない。そんなことをしていたら、単に立ち上がるために、いったいどれだけのキネステーゼをわれわれは意志しなければならないのであろうか。必要なのはただ、本を取ろうと意志するだけである。その際キネステーゼは、それ自身が意志されることなく意志を実現していく。つまり身体は動き、その本を摑む。ここでは意志と物体のヒューム的二元論が繰り返されている訳ではない。むしろ徹底的にキネステーゼが自我の意志に染み渡り、浸透していることを意味している。その限りでは、身体の活動性が改めて自我の能動性として特徴づけられる必要はない。それこそ自我の能動性そのものである。

しかしそれと同時に他方で、シュッツの補足によって際立たされるのは、自我の能動性とは必ずしも一致することのない身体それ自体が宿す「活動性」である。それゆえその活動性が、自我の能動性としてだけ特徴づけられるのでは十分ではない。自我の能動性が同時に、身体の衝動的活動性でもある場所がある。われわれが志向的に何かを意志するのと並行して、身体はただ衝動的に活動する。その際、自我の意志が実現されつづける限り、不都合なことは何もなく、その衝動が気づかれることもない。つまりその限りでは、自我が自らの意志を実現するために衝動を制御する必要はない。そうではなく、身体の衝動的運動は、自我の意志との必然的関係をもつことなく、その意志を繰り返し実現してしまうのである。実際、フッサールはこの引用のすぐあとに、「盲目的で、本能的な反応の段階においてすでに、そのものとしての活動性に帰属する『あるものへと向けられてあること』が存在する……」(ebd.) と述べている。それゆえフッサールはこの草稿で、自我と身体に関わる二重の「Aktivität」についてどうにかして記述しようと腐心していたのだと思われる。

活動性そのものとしてのキネステーゼは、それが「透過」であるがゆえに、容易に顕在化するノエシスとは異なり反省的に顕在化させることは困難である。このことは、普段、身体をどのように動かしているのかを反省してみればすぐに明らかになる。読みたい本を知覚し、それを手にしたことは容易に反省可能であるのに対して、その際、いかにして身体を作動させていたのかを思い起こすにはよほどの努力を必要とする。人はどのようにして手を動かし、鉛筆をつかんでいるのか。表象的な記憶を辿るようにして身体運動の記憶を思い起こすことはできない。それは一切の思念以前に自我に透過しつつ作動する。それゆえ身体の固有な活動性が、能動的な自我行為の直接性へと組み込まれる恐れは常に付きまとっている。しかし、発生的現象学の分析の深化とともにフッサールは、この活動性が「本能的に経過するキネステーゼ」(XV 660) ないし「野生のキネステーゼ」(XV 660f.) に由来するものであることを見て取った。静態的には、対象的地平を拓く可能性の条件として自我と一つになっているキネステーゼの「直接性」が、その直接性のゆえに発生的に明らかにされねばならない。キネステーゼ的システムは、身体的動作や姿勢、眼球運動を支配し、さらには意識の古層である呼吸運動や内臓感覚にまで染み渡っている。キネステーゼの「透過」には様々なモードが含まれている。自我の意志により限定的な制御が可能であると同時に、本来制御を必要としない「呼吸運動」、さらには意志の制御が不可能に近い「内臓運動」は、常にすでに透過として散漫で漠然とした身体性を形成している。「習得され親しまれたキネステーゼ的システム」(XV 661) のうちで、特殊キネステーゼが作動する限り、それは自我の直接的自由の支配下にあるように見えるが、そのシステムを形成しているのは自我ではなく、衝動的、本能的なキネステーゼそれ自身である。「可能な『主観的運動』のシステム。このシステムは、規則を欠いているように見える、多種多様に〔運動が〕縦横に経巡ることを通じて、親しまれた習慣的な運動のシステムへと変貌する。……このシステムの支配は訓練を通じて生じてくる……」[38]。「われわれは以下のことを肯定的に述べる必要があるであろう。つまり、キネステーゼにおいて働く本能が、最終的に能力可能的な自在さの統一として支配されたシステムを構成する……ということである」[39]。

ヒュレーが「自我に異他的 (ichfremd)」であると形容されるのは、それが自我の能作の及ばぬ生成を行うからであり、にもかかわらず「主観的 (subjektiv)」であるのは、それが自我的なキネステーゼと「実的に一つになって与えられる」からである (vgl. XIV 52)。しかしわれわれは、そのキネステーゼですら、自らの活動性のゆえに、自我に異他的なものとなる可能性を排除することはできない。自我が敢えて身体を動かそうと思念する場合には、まさに身体感覚の異様さ、透過することのない身体が現れ出ている。つまり、身体の作動の中で感じ取られる疲労や無力感、だるさは、身体感覚を形成する透過のモードが変様し、自我に異他的なものが現出していることとして理解される必要がある。

（4）触感覚とキネステーゼ

われわれは、第II章三節で時間意識を分析する際に、意識流が自らを産出する際の「作動」の明証性を、ラントグレーベとともに遂行的、触覚的な明証性として特徴づけた。その際われわれは、この「遂行的」、「触覚的」という形容詞を、「観照的」、「視覚的」という形容詞に対置させて用いたつもりである。このことはつまり、視覚的に観照するものの代表である理性的自我、つまり反省を基本原理とする自我の立場に対するアンチテーゼとして作動の明証性が導入されたということでもある。したがって、この「遂行的」で「触覚的」な明証性を拠り所にする作動の現象学は、「自我」の能作には還元されえない「身体」がもつ固有な活動性から意識流の成立、もしくは自我それ自身の生成を記述する試みでもある。ではその際、なぜこの二つの形容詞が選択されたのか。それら二つの概念がいかなる関係にあるのかが、「身体性」と「意識流」の関わりを論じるためにも明らかにされる必要がある。

前節で述べたように、キネステーゼは絶えず運動とともにある感覚である。そしてこの運動性とともにある感性的ヒュレーの代表が「触感覚」である。自分の身体を床や椅子、衣服、眼鏡といった事物に一切触れることなく動かすことはできない。フッサール自身が、キネステーゼと触感覚を区分することは「難問（Doktorfrage）」（XVI 161）であると吐露しているほど、両者には緊密な連関がある。ただし触感覚は、対象の呈示を可能にする認知に接続可能な感覚であると同時に、典型的な「局在化する（lokalisierend）」感覚でもある。ここで言う「局在化」とは、感覚的な接触面が形成され、それによって一つの感覚が、接触面を境に二つの対象性へと関係づけられうることを意味している。つまり、何らかの事物に触れる際、手は触れられた「事物の触覚」をもつと同時に、その事物に触れている「手それ自身のうちに」触感覚をもつ。[40]それに対して「視覚」は、こうした局在化を経験しない。眼は、自らを直接見ることはできず、「視覚において現出すること」(IV 147f.) もない。したがってフッサールは、事物であると同時に、その事物の内に感覚をもつものとしての身体が構成されるのは、根源的には触覚のおかげであると考えている (vgl. IV 144f., 150f.)。こうした独特な感覚をフッサールは、「感覚態 (Empfindnis)」と概念化し、局在化を通じて二重の対象性が構成されることを「二重統握」(IV 145ff.) と呼んだ。ただし留意されるべきは、この局在化されている感覚、つまり「感覚態」それ自身は、いまだどんな対象性にも関係づけられることのない「感覚」であるということである。つまり、「感覚態の局在化は実際、すべての物質的な事物規定の延長とは、原理的に異なるもの」であり、「感覚態は……実在的な事物特性……ではない」(IV 149)。またそれと同時に、「触感覚は、皮膚の有機組織の部分であるかのように皮膚の中に存在するものではない」(XIII 115)。感覚を「外的」にであれ、「内的」にであれ対象性へと関係づけるのは、あくまでも自我の統握である。それに対して感覚態は自我の統握によって構成されるのではなく、それ自体で接触面としての境界を形成している。「もし知覚される事物が存在しないと私が確信し、錯覚に陥るとすれば、その事物とともに延長するものは、その延長一切において抹消される。しかし感覚態が消失することはない。ただ実在的なものだけが消失する」(IV 150)。

この局在化する触覚に対して、キネステーゼは自ら局在化することはない。つまり触覚の感覚態が、局在面を拠り所に何らかの仕方で対象性へと関わりうるのに対して、運動感覚がそうした対象性の拠り所を呈示することはない。「運動感覚が局在化されるのは、おそらくそれらが第一次的に局在化される諸感覚〔触感覚〕と絶えず組み合わされているからに他ならない」(IV 151)。キネステーゼの局在化は、その一切を「触感覚」ないし「冷暖の感覚」、「痛み」等に負っている (ebd.)。「キネステーゼ感覚は、現出している延長を貫いて格差のないまま広がっており、しかもかなり無規定的な局在化である」(ebd.)。一九三一年の草稿でフッサールは、キネステーゼ感覚の非局在性ないし可塑性について以下のような例を挙げている。「われわれが手の何本かの指で同時に〔何かに〕触る場合、しかも特殊なキネステーゼが互い互いに動くのではなく、むしろ統一的なキネステーゼにおいて同時に触るような場合、まるでわれわれはひとつの指をもっているかのようであり、キネステーゼにおけるひとつの指であちらこちらに触れているかのようである」(XV 296)。手を強く握って見ると分かるように、われわれはそのとき、一本一本の指が組み合わさった感覚というよりは、握り拳という一纏まりの曖昧な凝縮感覚をもつ。このようにキネステーゼそれ自体は局在化される感覚ではない。たとえ局在化されたとしてもそれは間接的にである。それゆえにこそ、われわれの身体感覚は、身体運動の訓練を通じた習慣化とともに、外的身体と一致することのない「伸展(Ausbreitung)」(IV 149)を経験する。杖や、帽子、衣服、車等の使用による身体感覚の膨張や伸縮は周知の事例であり(vgl. XV 274)、幻影肢は、キネステーゼだけではなく局在化する触感覚をも形成する。[41] 岩場を自在に泳ぎ回る魚は、自らの身体の大きさを視覚的に確認することがないにもかかわらず、岩の間を潜り抜けることができる。魚においても固有の身体感覚は絶えず感じ取られているはずである。[42]

こうした非局在的なキネステーゼ的システムの安定化は、触覚的なヒュレーが絶えず局在的に産出されつづけることによって支えられている。「キネステーゼ的システムはあらかじめ構成されているのではなく、その構成はヒュレー的対象の構成と一つになって起こる」[43]というフッサールの発言は、触覚のあり方を的確に言い当てている。つまりここでは、触感覚の生成がキネステーゼの運動性によって媒介されていると同時に、キネステーゼという運動の感覚それ自体が局在化する触感覚の変転ないし差異化に媒介されるという相互循環的プロセスが成立している。ただし両者の間には前節でも述べたように、志向性が関与する動機づけも因果性も存在していない。

にもかかわらず、運動のないところに触感覚は成立せず、触感覚の成立には運動が同時に介在する。腕を枕にして眠ったことがあれば誰でも経験するように、痺れて動かなくなった腕が自分の腕として感じられないのは、キネステーゼの脱落とともに触感覚も脱落しているからである。「運動の経験、正確に言えば運動の知覚には、全く根源的に触れるという経験へとともに至る顕在的なキネステーゼが属しており、このキネステーゼは、それが脱落すれば触覚知覚をも脱落させる」(XIV 550f.)。ダーヴィット・カッツは、粗さや滑らかさ、硬さや柔らかさといった触覚的特性一切が、運動とともにしか生じえないことを実証している。[44]「真に豊かな触の世界は運動をとおしてのみ触官に開かれる」のである。[45]

感覚としての意識流とはそれゆえ、触感覚とキネステーゼという原初的な認知と運動性が、無差別化されることなく融合的に連動するプロセスにおいて身体的自己を絶えず形成しつづけることに他ならない。「触覚的」、「遂行的」な原意識とはそれゆえ、身体が身体として感じられるための意識の作動に伴う根源的な気づきである。深夜、突然目が覚め、痺れて動かない腕の異常を感じ取る際、反省的な確認を行う必要はない。身体四肢の局在的な異常を、全体的な身体感と関係づけることで知覚しているのではない。それは端的な欠落感として習慣化した身体システムをその内側から突き崩すようにして現れる。この欠落感は、運動と触感覚が脱落したことそれ自体に伴っているというよりはむしろ、キネステーゼと触感覚によって形成されていた習慣的な身体システムが、新たな運動感をもつ身体性に変様していることに、つまり身体の作動の変様に由来しているのである。

(5) 身体の自己構成における衝動と努力

衝動と身体の作動　生きた身体は、自我の能動性とは必ずしも一致することのない固有の活動性によって作動する。その際フッサールは、そうした活動性に「衝動」や「本能」という概念を用いて身体の原初的あり方を解明しようとしていた。前節で扱われたキネステーゼと触感覚が互いに連動し作動するあり方は、身体の固有の存在様式を特徴づけている。感覚としての意識流は発生的には身体化された自己として形成されてくる。

差し当たり意識流の生起とは、キネステーゼの作動とともにヒュレーが産出されることに他ならない。とはいえその作動は、目的表象的なものへと向けられた運動ではなく、自我の制御下にある運動でもない。その限りで根源的な身体の活動性は、衝動的であり盲目的であった。たとえその衝動的な身体運動が目的表象へと向けられているように見えようとも、衝動にとってそれは付帯的規定に過ぎない。例えば、空腹が飢えを満たすように作動することは、決して表象としての特定の食物へと向けられていることを意味してはいない。衝動は「あらかじめ規定されたもの、あらかじめ知られたものを思念することはない。その点では完全に無規定的である。むしろ規定性は、〔衝動の〕充実を通じて初めて固有なものとなる」[46]。あえて述べるとすれば、衝動が目指しているのは自らの充実であり、その作動が同時に意識成立のプロセスとなっている。衝動は自らを充実させるためにだけ作動する。その充実は、先行描出された志向の枠を満たすようにして実行されるのではない。なぜなら衝動が向かう先は表象として現れることのない自ら自身であるからである。「本能的行為、本能的諸行動、本能的－習得的衝動。本能的行為は、『目的を欠いた』活動の連なりであり、それは、あらかじめ目的としては表象されてはおらず、直観的でも、非直観的でもなかったことをその統一において成し遂げる」[47]。そもそも衝動が、志向的に対象性を認識することはありそうもない。衝動に気づくのは衝動ではなく、自我である。衝動に認知的働きがないとすれば、衝動は対象だけではなく、自ら自身を知ることのない作動であり、それは端的な「欠如」としての飽くなき飢えである。「最下層では、われわれが衝動感情として特徴づけうる感情が成立している。これらは欠如の感情ではあるが、それは、われわれが『欠如』という通常の言葉の意味から考えがちな、いまだ存在していないもの（Nichtseiendes）への意識的な関係を内含してはいない、まさに根源的感情である。例えば飢えは食物が欠如している感情であるが、われわれは、存在していない食物への関係を孤立させることができ、この感情を食物の表象と絡み合うことなしに与えられうるものとして把握することができる」[48]。

意識流の自己構成における衝動は、フランクが強調するように、志向性の「『……へと向かうこと』」を「強度的な意味」において理解することでより鮮明になる[49]。つまり、「志向（intentio）と強度（intensio）を共通の根へと戻すこと」によって、「志向性」を「衝動性」として捉えなおすのである[50]。「感覚は、それゆえ強度的である。感覚の存在、それは身体化した強度、つまり衝動（pulsion）である。身体は衝動的であり、志向性は衝動性として理解されねばならない[51]」。ただしその際、「付加的に衝動的であるような志向性を考えてはならないのであって、そうではなく逆に、志向性そのものがそこから構成される衝動性を考えなければならない[52]」。われわれが、食欲、性欲、睡眠欲といった本能的衝動に気づくのは、それらが何らかの目的を表象しているからではなく、固有な強度の差異の中で自らの充足を求め作動しているからである。本章一節でわれわれが、感性的感情はヒュレー的体験の背景となり、色づけを与え、密接に連動すると述べたのは、身体性の形成それ自身が衝動的な作動の強度に包まれているからである。われわれは一切の表象と関わりなく欲求の強さ弱さを、自らが身体であることとして感じ取っている。意識の生起は常に強度的であり、衝動的なのである。

感性的ヒュレーがキネステーゼとともに身体性を形成するということは同時に、欠如としての衝動が自らを知ることなく作動することである。ただしその際、産出されるヒュレーを産出する側から対象的に捉えることはできない。なぜなら、ヒュレーの産出が同時に意識の成立であるからであり、意識が成立するということは、ノエシスなきヒュレーが自らを作動の最中で感じ取っていることであるからである。この感じ取りが「原意識」と呼ばれるものであった。では、ここで言われる自己構成の「自己」とは何であるのか。われわれは第I章と第II章で、フッサール現象学における「構成」概念と「反省」概念のズレを指摘した。意識流の自己構成という文脈で理解されるべき構成は、自我によって意識流が反省されることではなく、理念として洞察されることでもない。感覚が感覚として成立するためには自我の能作は必要ではない。自我は、過去把持を制御できないのと同様、ヒュレーの産出に参与することもできない。そもそもわれわれが「作動」や「活動性」という概念を導入したのは、反省による所与性の回収可能性が問題になる領域とは異なる領域へと、つまり、意識の出現および自我の生成に関わる活動性の領域へと現象学の可能性を拓くためであった。意識は作動することで自らの存在を絶えず感触するが、その際、その作動は決して自我の所与性として明らかにされることはない。

意識流がその「自己」を形成するためには、産出されるヒュレーが自らを産出する作動に参与をなし、その産出運動を反復する必要がある。つまり、第II章三節で述べたように、ヒュレーが意識の自己構成としてその生成に「巻き込まれる」ためには、産出された当のものが、それ自身を形成する作動の「制御」を行い、自らを産出しつづけるというオートポイエティックなシステムとして生成しなければならない[53]。このことはしかし、「時間を構成するもの」と「時間において構成されたもの」とが絡み合うこととして単純に理解されてはならない。そもそも「時間」は、それが内在的時間であれ客観的時間であれ、このシステムの作動の継続によって初めて形成されるのであり、その限りでヒュレーはいまだ時間のうちに存在してはいない。もしヒュレーが時間的存在であれば、時間を構成する意識流が同時に時間的存在であることを意味し、さらにはヒュレーを時間的対象として措定する自我機能を前提することになるからである。しかし、ヒュレーと意識成立の間にはこうした対象構成関係の隙間はない。第II章三節で述べていたように、われわれはヒュレーの本来的布置を看過しないように留意すべきである。

抵抗と努力

われわれが本章四節（4）で述べた触覚的ヒュレーとキネステーゼの関係こそが、前節で指摘した意識の自己生成システムのひとつである。つまり触覚的ヒュレーが、対象認知の志向性を欠いた感触の中でそのつど産出されることが、同時にキネステーゼの作動を制御し、それによりヒュレーの産出がさらに促進されるということである。特に、新たな身体行為の形成に際しては、自我による制御が解除され、産出されたヒュレーそれ自身が作動を制御することで、身体の作動が別のモードへと切り替わっていく。こうしたことは、新たな身体行為を形成するスポーツ選手にとっては、自明であるように思われる。そこではヒュレーが自らを感触することが同時に、キネステーゼの作動を制御するようなシステムが形成されている。

では、ここで言われる「制御」とは何を意味しているのか。作動が何らかの制御的な限定を受けるということは、そこに何らかの「抵抗（Widerstand）」が介在することを意味する。この抵抗の段階性とともに、作動に様々なモードが産まれる。ただし、この抵抗は、志向性を欠いているとはいえ後に対象として統握されるヒュレーの認知的特性からも、純粋な運動としての作動からも導出されえない。(54) むしろそれは、「触れる」という経験それ自体において、つまり接触面が感覚態として形成される最中で圧覚や弾性感覚として感じ取られるものである。その際留意されるべきは、この抵抗感覚は、作動ないし行為の実践的な制御に関わるものであって、対象特性の認知に関わるものではないということである。フッサールが、「本来的に抵抗の統覚が前提しているのは、単なる事物的なものではなく、私の『意志』の領域に関わるものである」（IV 259）と述べたのは、抵抗が対象の認知的統握に先立って、意志的な行為遂行に不可欠に関与しているからである。ラントグレーベが述べているように作動の制御を通じて初めて、自己は「自らで動くことができるという能力可能性の気づき」[55]を獲得する。そしてこの気づきの成立には、極端な場合における「運動の不可能性」としての「抵抗」が内的に関与している。「現象学的性格に即して経験を分析する際、『私はできる』ことと『私はできない』ことが区別される。抵抗のない行為、つまり抵抗を欠いた『できる』という能力の意識があり、抵抗を克服することにおける行為がある。〔何かに〕『対する』行為があり、その抵抗を克服する『できる』という能力に帰属する意識がある。〔常に現象学的には〕抵抗とそれを克服する力の段階性がある。すなわち抵抗に『耐える』力としての『活動的』な力。また抵抗は克服できないものにもなりうる。つまり、そのときわれわれは、『うまくいかない』、『私にはできない』、『私には力がない』ということに突き当たるのである」（IV 258, vgl. Mat VIII, S. 220f.）。「抵抗」は、実践的な「意志」の成立に内的に関与している。ただし注意されるべきは、この「私はできる」というキネステーゼの能力体系の地平は、キネステーゼの衝動的運動がヒュレーの生成の中で制御され、反復される中で徐々に形成されてくるということである。したがって、感覚における意識流の「自己」はいまだ「自我」と同一視されてはならない[56]。感覚としての意識の自己構成は差し当たり、盲目的衝動によって突き動かされつつ、実行される。「原キネステーゼとともにある原ヒュレー。それは不可分のヒュレーの総体性と一緒になった目的をもたない統一的な『行為（Tun）』である[57]」。

非局在的な衝動的運動は、局在的な接触面の抵抗を通じて徐々に制御され、不随意的で散漫な「身体四肢」の運動へと変貌する。そしてさらに、触覚的な局在化とそれに相応する運動が反復されることで、身体の稼動空間が徐々に形成されるに至る。乳児が、自らの手がゆっくり動いているのを真剣に見つめているときこそ、「身体」

が自らの制御を獲得しようとしている瞬間である。産出されるヒュレーはこのようにしてのみ、自らを産出する作動に巻き込まれる。そしてそのことによって、身体的な自己は、比較的安定したものとして形成されつづけることにもなる。ただしこの安定性は、自我が行うような想起のシステムを通じて構築されるものではない。「……反復を通じて本能の充実が生じる。それは新たな、しかし同様の努力において、もしくは『満たされないこと』という類似の感情において、努力の目的を類似の充実動向の目的として顕在的にする。この再認としての反復は最も根源的なものであり、再想起はすでに二次的なものであると述べなければならない」[58]。それゆえ、身体的自己の自己は、時系列的な過去表象の沈殿からなるのではなく、衝動的な強度が反復され、凝縮されることによって繰り返し綱渡り的に構成されるような自己である[59]。

ラントグレーベは、「現象学的分析と弁証法」という論文で、こうした身体の自己運動のあり方を「衝動」ではなく、「努力（Streben）」という概念で記述している。「この自己運動は、〈あるもの〉への努力（Hinstreben-zu）と〈あるもの〉から逃れる努力（Wegstreben-von）によって導かれる。それは自分自身のもとにあることとして、その努力の充足を求め、この努力のうちに生きる」[60]。ここではすでに、「衝動」の盲目的作動が、ヒュレー的な制御を介した作動へとそれと知ることなく変様している。それが「努力」である。つまりここでは、自らが運動しえるものであるという「能力性」への気づきによって作動が新たな局面へと進んでいる。「運動は、私から始動させられた運動として気づくことができる身体運動である。これは、努力によって導かれている衝動に気づくことであり、この衝動から起こりかつ同時に知覚可能であるような運動とひとつになっている」[61]。努力はまた、作動の制御の最中で感じ取られる抵抗を通じて、自らが充足された状態にとどまることができないことに気づく段階でもある。「何かへ向けて努力することは、自己運動とその運動の目的の距離を克服することであるが、その距離を直接的に克服することは、それを距離として際立たせることはなく、距離を克服する努力の自己を際立たせることもない。……運動がその目的を充足しえないときこそ、努力する自己と目指されたものとの差異が初めて際立つ[62]」。ここにおいて「一切の生は止むことのない努力（Streben）であり、一切の充足は一過的な充足である」ことが明らかになる[63]。

さらに重要なのは、自己運動のスムーズな進展もしくは停滞は、表象的なものとの関係に先立って「快適な情態」であるか「阻害された情態」であるかという感情の動きとして気づかれるということである[64]。乳児について分析した草稿でフッサールは以下のように述べている。「おそらく今や第一のものとして問題になるであろうことは、『やみくもに身体が動くことの喜び』であり、手足を動かす際の物体の運動における喜びであり、この運動を支配することとの形成、つまり後に自由に支配できるキネステーゼ的システムの形成である[65]」。キネステーゼ的システムの作動には常にすでに感情の発露が伴い、それは新たな運動を予感させ、時に停滞させる。このことから明らかになるのは、「志向（Intention）」と「充実（Erfüllung）」という志向性の本来的な図式は、身体運動の緊張、解放、消耗といった強度的な差異が繰り広げられる、「努力（Streben）」と「充足（Sättigung）」の感情的機構に根を下ろしているということである[66]。「生とは、志向と充実の多様な形式および内実における努力である。つまり、充実においては最も広義の意味で快感が、非充実においては快感へと向かう傾向が、純粋に欲情する努力として、もしくは充実的現実化において解放される努力として〈存在し〉、それらは快感がそれ自身の内で解放される生の形式の現実化プロセスにおいて成し遂げられる[67]」。

最近の脳神経学的成果と照らしてみても、おそらく人間がもつ多様な感情の形態は、この努力の運動以降に出現する。というのも、分散的な脳システムでは、本能や衝動は脳幹および側頭葉内側にある扁桃体を中心とした辺縁系において、大脳皮質からは独立に作動するのに対し、意識的な意志や動機づけに関わる多様な感情の作動には、皮質の前頭前野の活性化が必要であるからである。(68) フッサール自身は、一九二〇／二四年の「倫理学講義」草稿で、動物には欠けている人間特有の「倫理」の領域を切り拓くため、シャフツベリの「感情および衝動の二段階性理説」(XXXVII 160) に賛意を示している。つまり人間においては、体験した感情を反省することで概念が形成され、それに触発されるようにして新たな高次の感情が生じるというものである (XXXVII 156)。こうした感情をフッサールは「反省情動」(ebd.) と名づけているが、これらは衝動運動をすでに超出した自我の努力的作動のモードに関係している。

われわれが先に「努力」の作動においては、「衝動」の作動が変様していると述べた。それと言うのも、確かに衝動は、努力と同様に不断の欠如として作動するが、衝動それ自体は自らが欠如であることを知ることなく衝迫するものであるからである。(69) それに対して努力は、抵抗を通じた作動の制御に関わるだけではなく、自らの充足を阻む抵抗の由来を突き止めるという「知」の発生へと、すなわち抵抗の背後に対象性を確定する認知の原初的作動の形成へと通じている。ラントグレーベは、努力としての自己運動とは、「自らがすでにもっているものを越えて、努力して求められているものへと至ることであるが、この自らを越えていくことにおいてなお自ら自身のもとにとどまりつづける(70)」ことと定義している。つまりここでは、自らを超えたものへと至ることが同時に自らを維持しつづけることでもあるという「意識の機構」が導入されている。それゆえ努力とは、「自己超越」と「自己保存」という二つの作動が同時に展開することで一つの意識システムを形成することである。対象の確定は、対象についての知をもつ自己を知ることでもあり、このことがさらには対象知の地平を習性的に拡張することへと展開する。親しまれた生活世界の中で生きることとは、自己保存の安定化を実現する一形態に他ならい。その際努力は、直接的なキネステーゼの稼動可能性から空間を境界づけると同時に、充足されない作動の停滞を通じて「消費される」時間を発見する。[71] つまり、努力の二つの運動が展開する中で初めて「空間性と時間性」からなる「世界」の地平的構造が形成されるのである。[72] それゆえここでは、志向性の「指示のシステム」[73]が、つまり超越的対象を指示連関の中で措定する「自我」の作動の萌芽が、見出されるということである。自我システムが、身体の制御とひとつになって「衝動」を「努力」という形式において統御し、統治し始めるのである。ただし、あくまでも自我の意志は、この努力の作動が安定することで初めて機能するのであってその逆ではない。[74] フッサールは一九三一年のE草稿で、努力と自我の関係を以下のように想定している。「現実的な能動性が始動するに先立って存在するのが努力である。……この努力の結果、それは対向することとして機能し始める。それにより能動性が始動し、自我は目覚め、自我として顕在化する[75]」。

フッサールは、こうした身体意識の展開プロセスに、超越論的自我の「生成の目的論」を見ている。ラントグレーべも指摘するように、身体システムにおける努力が、「われわれが原初的な仕方で目的論的な営為を熟知するようになる経験次元」なのである。[76] ただし、本節（2）で指摘したように身体の固有な作動は、自我の能動性によっては汲み尽くされえない活動性を備えている。にもかかわらず、衝動から生成する自我がその制御下に衝動を置くということは、自我が自らの自由を確保するために理性的立場から衝動的作動を、受動的、受苦的経験へと再配置することを意味する。つまり、「原受動性」を「二次的受動性」に、「原感性」を「二次的感性」に置換するのである。制約のない自由概念が何を言い当てようとしているのか判然としないように、自由がその意味を獲得するには、何らかの制約からの解放を必要とする。そのために衝動は、自我を制約するものとして自我に対置されるのである。しかし、衝動それ自身は自我に対置されるものとして作動しているのではなく、自我を拘束しているのでもない。にもかかわらず、こうした配置が行われるということは、自我とはそもそも、自らの作動が形成される原受動的な地盤を忘却すると同時に、自らを衝動に拘束されているものとして見出すという仕方でのみ存在しうるものであることが分かる。そしてこれが、理性の目的論的展開における自我の超越論的作動なのである。ただし、フッサール現象学におけるこの目的論を正当に理解するためには、いかにして意識の衝動的運動が目的論的展開のうちに配置されることになるのかをより詳細に究明する必要がある。この課題は第V章で改めて取り上げられる。

第五節　身体と世界経験

(1) 身体と媒質

前節でわれわれは、感覚としての意識流がいかにして身体的な自己として自らを形成するのかについて詳述した。発生的に意識流が生成するということは、衝動的な運動に内的に巻き込まれたヒュレーが、反復的に身体的な自己を産出することを意味する。さらにこの身体の衝動的運動は、自己制御を通じて徐々に「努力」のシステムへと変貌し、それが自我形成を促す。ではその際、身体化された意識の自己は、どのようにして世界と出会っているのか、もしくはどのような世界に出会っているのか。われわれは、第I章四節(3)で「原信憑」ないし「世界信憑」について論じた。この信憑意識は、自我の定立的な作用一切に先立って、常にすでに周囲世界に根づいた自我であることを自らに気づかせるものである。「この世界信憑の普遍的地盤とは、生活上の実践であろうと、認識の理論的な実践であろうとそれら実践一切が前提にしているものである」(EU 24)。では、この一切の実践が前提する世界信憑とはいかなるものなのか。ここでの問いは、身体の原受動的な活動性とともにある世界経験のあり方に関係している。意識が身体化された自己として自らを形成することに、「世界信憑」はいかなる仕方で関与するのであろうか。

前節（2）で述べたようにキネステーゼは、知覚経験であるノエマとの必然的な相関関係を有してはいない。そうではなくそれはヒュレー的体験と連動する。とりわけ「触感覚」は、キネステーゼが統御され、対象の静止状態が確保されることで精度が増す「視感覚」とは対照的に、運動の最中でこそ認知的精度を発揮する。[77]前節（2）でわれわれは、自我の能動性とは必ずしも一致しない身体の活動性について言及したが、フッサールが発生的現象学の類例として少なくとも四回以上は取り上げている乳児の授乳経験では、まさに自我の意志的制御の効かない「不随意的なキネステーゼ（unwillkürliche Kinästhese）」（XV 606）が問題となっている。身体的自己が、不随意的な運動の中で初めて作り出されるのであれば、その際、視感覚よりも触感覚に認知的優位が置かれるのは明らかである。[78]味覚、嗅覚といった諸感覚は、唇や舌、呼吸器等の触覚的器官と覚起し合う身体運動に巻き込まれるようにしてすべて生じている。「味覚は皮膚感覚的領域にともに属している。それは絶えず必然的に皮膚感覚的に、……触覚与件の野へと関係づけられる。……根源的に本能的なキネステーゼ的経過は二重に見られる必要がある。一方で触覚に関して、すべての触覚感覚は普遍的な触覚感覚野の内部における特殊領域で成立する。『そこにおける刺激』、つまり際立ちつつ現れる感覚は、（純粋に自我を欠いた受動性において）原連合的に秩序づけられたキネステーゼを覚起する。……その際、味覚の側面の覚起は触覚とひとつになって初めから複合的なものである[79]」。

乳児の出産の経験とは、現象学的に言えば、強烈な圧感覚の凝縮の中で自らの身体を形作ることである。授乳や食物の摂取は、舌の運動ないし開閉運動を通じて「原初的空間[80]」としての口を作り上げ、それと同時に頭部および顔の局在化を促す。その間止むことのない呼吸運動は胴体の厚みを内側から形成する。「匂いを嗅ぐことは、深呼吸の不随意的な運動、身体が向きをとること[81]」を同時に意味し、「味わうことは常に同時に嚙んだり、啜ったりすることである[82]」。さらに泣き叫ぶと同時に、「不随意的な音」(XV 606)として自らの声を感じ取る聴感覚の生成は、発声により振動するキネステーゼが口腔器官を触覚的に形成することと共に始まる。フッサールが、「原初的に与えられている自分自身の発声筋のキネステーゼと関連して、自分が出す声で声明することの根本的で本質的な役割」(IV 95 Rb.)を認識していたように、「音」と「振動」の親和的な感覚はすでにこうした触覚的運動に根を下ろしている。聴覚、言語障害者が、発声筋の振動感覚を通じて音声を学ぶよう教育されることに根拠がないわけではない。

ただし成人になるにつれ、超越的傾向の強い視感覚が統握的知覚の審級となることから、本来キネステーゼを媒介することで感知される固有な感覚質が、身体運動からは切り離され、孤立した対象性質として構成される。とはいえ、匂いや味の経験を思い起こしてみれば明らかなように、想像においてでさえ擬似的な身体運動が付随していることにわれわれは気づかされる。聴覚、味覚、嗅覚が生じることにはすでに、運動とともにある触覚が関与している。意識は発生的な起源において、触覚的に身体化された意識として形成されるのである。われわれは、自我による定立的措定を待つことなく、すでに自らが運動する身体であることを「実在」的に感触し、体感する。触覚を通して出会われる世界を分析したダーヴィット・カッツは述べている。「触知覚は、実在感に関してもっとも強力な特徴を備えている……。……体が環境と衝突したときほど(しばしば痛みを感じる)、世界の実在と私の体の実在がはっきりと確認できるものはない。触れたものこそ真の実在であり、それが知覚へとつながるのである」[83]。

われわれは前節（2）で、先触発的な領域での寒さと身体運動に関するリーの例を取り上げた。その際の寒さの感覚は、いまだ部屋や外気の温度として超越的に統握されてはいない。それは、自我の対向を促すことはないが、身体性の構成に常にすでに寄与しているものである。したがってここでの感覚は、主観的状態として感じられているのでもない。主観の内的状態として把握することもすでにひとつの統握の結果である。それはむしろキネステーゼとの根源的な融合を形成する触覚的なものの感覚であり、身体化された意識流の生成である。さらにその際、身体表面へと局在化する触感覚には、自我の「二重統握」を動機づける固有の感覚質への気づきが伴っている。例えば、ただ手を空中で動かすといった際の触感覚にも、身体表面への局在感覚がある種の抵抗感、つまり気体や液体といった個的な対象には関係づけられえない感覚質の原初的認知と重なり合いながら生じる。そもそも対象的なものに触れていないにもかかわらず、身体四肢の運動に気づけるのは、何らかの仕方で局在化する触感覚が非局在的なキネステーゼと連動して産出されているからである。一切の局在化を欠いた運動には、運動の予感はあっても、運動であることの気づきは伴わない。運動の気づきにはそれゆえ、冷温、生ぬるさや湿っぽさ、粘性、弾性といった身体の運動性に媒介されて初めて気づかれる質感が常に含まれている。

フッサールは『イデーンII』の「物質的自然の構成」における補足の中で、こうした独特な対象性に関わる認知を「媒質（Medium）」として考察している。ここでの分析では、「根源的に与えられ証示される事物、すなわち固体（fester Körper）から出発することで構成段階を探究する」（IV 53）という領域的構成の客観化的枠組みが遵守されている。それにもかかわらず、身体運動とともにある感覚質への気づきにとっての豊潤な示唆がここには含まれている。「根源的な『世界』に属する事物の一切は、空気という媒質の中で存在しているが、その媒質としての空気は大抵気づかれておらず、故意に激しく手を動かすとか、あるいは他の物体の急な運動が私に微風を感知させうる（spürbar）とかによって初めて媒質として把握される。媒質は『濃密で（dicht）』あったり『希薄で（dünn）』あったりして、運動をより容易にもしくはより困難にすることがある。抵抗があまりに少なく媒質に気づかないこともありうる」（ebd.）。こうした媒質経験は、客観化的な統覚を通じて構成される固体的対象とは異なり、志向性による超越化の手前で、身体運動の実現可能性の幅を決定し、さらには原初的な空間性の意識を芽生えさせる。「固体は、……視覚と触覚によって、差し当たり相対的に完結した二つの層において、しかも性質で充実された形態を『完全に』与える層において構成される。しかし媒質の場合は事情が異なる。媒質もまたわれわれにとって物質的という意味での液体または気体として構成されはする。しかし媒質は、空間充実もしくは充実された空間性として自らを与える……」（ebd.）。ここで問題になっているのは、視覚的にイメージされる空間、すなわち満たされる内容を欠いた空間形式といったものではない。そうではなく、感覚質として生成するヒュレーが、キネステーゼの運動とひとつになって、自らに自らを与える中で固有な空間性を形成していくそのさまである。身体は、自らが運動することによって固有な空間性を形成すると同時にそれを感触している。この意味での空間は、幾何学的な同質的空間ではありえない。「外的空間は同質的である。それは様々な仕方で方位づけられ呈示される。そこには幾何学の意味での自由な運動性が帰属している。しかし、身体および身体空間は、この同質性を打ち破るものである。身体は、本源的な知覚（原初的な意味での知覚）において構成されるような幾何学的に運動するものではない」（XIII 240）。カッツは、こうした触感覚的な空間形成のあり方を示すために「空間充満触（raumfüllendes Tastquale）」という概念を用いる[84]。活動する身体は、運動の容易さや困難さといった作動の変様の度合いの中で媒質を感じ取る。その際媒質は、対象的な認知に関わるのではない。

そうではなく、行為する身体の制御に関与するのであり、その限りでの運動空間を形成する。視覚障害者が、健常者よりも大気の動きに敏感であるように、多くの動物や昆虫は、大気と大地から伝わる振動の変化を即座に感じ取り、自らの行為を制御することができる。[85] われわれは呼吸をし、吐き出すことで空気に満たされ、その振動を通して空気を聞くことさえできる。身体運動が生じる限り感触されているこの媒質経験は、一切の自我行為にそのつど異なる空間的な色調を常にすでに与えているのである。

通常、空気や水といった物質は、統握的に構成された対象であり、志向性の相関項として超越的地位を与えられる。しかし、身体性はそもそも時間意識が成立する場に根を下ろしているのであるから、意識流の自己構成のプロセスには常にすでに媒質としての固有の感覚質が含まれていることになる。ただしフッサール自身『イデーンII』では、客観化のパラダイムの中を動いていることから、媒質は「根源的には知覚されず、間接的な経験と思考のプロセスにおいてのみ獲得される」(IV 53) と述べている。つまり、知覚される延長的対象を基礎に、理論的思考を通じて間接的に媒質は構成されると言うのである。しかしわれわれが、媒質経験は「根源的には知覚されない」というフッサールの言明を強調し、なぜならそれは身体性が根づく「感覚体験」に他ならないからであると理解すれば、これにより媒質は、客観化的統握が構成する固体的対象に付帯する二次的対象という身分から脱するだけではなく、一切の統握的対象を現出せしめる意識の構成能作に常にすでに浸透しているものであることが理解される。超越論的意識の成立現場は、身体運動とともにある感覚の生成、そこにおいて客観化されることのない媒質で溢れている。その限りで媒質はすでに、意識生成の超越論的な制約としての世界経験を、身体行為との関わりにおいて特徴づけるものなのである。

(2) 口腔感覚・気分・雰囲気

前節でわれわれは、身体がその活動性を通じて自らを構成する際に感触される媒質経験について言及した。意識流の成立を身体の自己構成として明らかにすることは、活動する身体が常にすでに出会っている原初的な世界経験としての媒質を解明することを意味してもいる。とはいえ、もともとこの「媒質」は、領域存在論の構想の中で理論的に抽出され、物質的自然の階層に組み込まれるものであった。その限りで媒質は、客観化作用に基づけられて初めて開示される二次的な事象領域である。第I章で志向的感情についての分析を見てきたわれわれは、こうした特徴づけが、媒質経験の他に感情体験にも該当していたことを思い起こすことができる。つまり、客観化のパラダイムでは「感情」も「媒質」も、同一性を維持する確固とした対象定立を基盤として付帯的に構成されるものとして扱われるのである。

しかし他方でフッサールは、われわれが身体運動と関わる媒質経験を明らかにしたように、根源的な意識流の生成プロセスにおいて作動する感情についても記述している。例えば彼は一九三一年のB草稿で、原初的な世界構成に必要な三つの契機について述べている。「第一次領域における初めの世界構成は、ヒュレー的な原−自然からの『自然』の構成である。というよりむしろ、三つの原−素材、すなわち感覚的な核、感性的感情そして感性的キネステーゼからの『自然』の構成である。そしてこれらの素材には『原本能(Urinstinkt)』が対応している」[86]。世界の原信憑が身体的な自己とともに形成されるためには、ヒュレーおよびキネステーゼ、感性的感情が三つ巴に連動しつつ作動する必要がある。それゆえ、例えばアンリのように、感情という契機のみに優位を置く構想は避けられねばならない。

われわれは本章四節(5)で、身体運動のスムーズな進展ないし停滞が、表象的なものとの関係に先立って

「快適な情態」であるか「阻害された情態」であるかという感情の発露として現れることを指摘した。キネステーゼの衝動的作動は、徐々に身体的な努力のモードへと制御される。それにより努力は、身体的自己としての自らが充足されることを求めて作動し、その成否に即して様々な感情が発露するのである。ラントグレーベもまた以下のように述べている。「発展した自我意識に先立つ、この『知』ないし『気づき（Innesein）』とはどのようなものであるのか。それはそこへの反省に先立ち、満足と不満の『身体感情』としてのキネステーゼの遂行とひとつになっている」[87]。ヒュレー的意識はキネステーゼの作動の最中で、常にすでに感情的特性を帯びている。というよりもむしろ、ヒュレー的な触発は、ヒュレー自らが感情のうちで自己に遭遇することに他ならない。「感じること、感じながら規定されていることは、ヒュレーに即して言うと触発以外の何ものでもない。肯定的な感情と否定的な感情は、肯定的な触発であり、否定的な触発のことである。そうしたことには触発の度合いとしての普遍的な感情の度合いが関係している」[88]。身体の制御を身体自らが獲得する際、ヒュレー的意識は喜びの感情の中でその触発を感触するのであり、そのことを通じてさらなる作動が促され、逆に制御を通じた作動の停滞、遅延は、不満や苦痛、痛みといった不快感の起源を形成する。

　ドゥプラズが指摘しているように、特に嗅覚や味覚には、対象の客観化的特定とは独立に、直接的に快、不快の感情が発露する[89]。一九三一年のE草稿でフッサールも「食べること」を例に取り上げ、味覚が快と不快の感情触発なしには成立しない「活動（Tätigkeit）」であることを強調する。「われわれは食べることを考察する。……欲求しつつ充実される活動としての食べることは、二つの側面をもっている。つまり、ヒュレー的なものないし味覚と、感じながら−享受しつつ没頭すること、そして快感に積極的に引きつけられてあることである」[90]。訳の分からない味の食材を口に入れ、なんとも言えない感触と腐臭に口内が包まれる。咄嗟に「不快感が支配的になり、私は食べ物を吐き気とともに吐き出す[91]」。こうした身体的行為とその際の感覚の成立は、客観的な状態記述では表現しきれない全意識の変様として突出する。その食べ物が何であるのかといった認知的志向性が介入する隙間はない。硬直、発汗、嘔吐といった過剰な身体反応が、これら感覚が感性的感情に直結し連動していることを物語っている[92]。身体に対する感情的特性をもたない中性的なヒュレーは存在しない。どぎつい色や、耳をつんざく音、鼻にツンとくる臭いなどすべてが、感性的感情の色調を備えている。こうした感情特性は、対象へと間接的に投射される価値として理解されてはならず、むしろ当の対象性を感情の色づけの中で初めて現出させる[93]。そのことは、対象の客観化的特定が可能になったとしても、不快感情として作動する感性的感情を意識的に制御することが困難なことに示されている。特に身体運動と密接に連動する感情ほど、それは困難となる。梅雨の日の蒸し暑い、粘りつくような大気の感触は、自我の対向ないし客観化作用による対象呈示とは関わりなく、身体の敏捷な動きを奪い、逆にそこから波及的に一切の現出するものに感情的色調を与える。その気だるさに身体は包まれるようにして浸るのである。意識流が身体運動において形成される際、われわれは常にすでに様々な感情に色づけられた、そのつど異なる世界経験をしている。「この流れ全体は統一であり、統一的な感情性格を有している[94]」。

感性的感情において顕著なのは、「快」と「不快」という二元的スカラーである。特に味覚や嗅覚に付随する感情性格を、「美味しい／不味い」、「いい香り／臭い」といった表現を基準とすることなく記述しようとすると、われわれは困惑せざるをえない[95]。そのことからも、感情は「快」と「不快」という二つの極性をもっているように見える。ただし、それは強度の問題であり、二極的なスカラーの間には様々な度合いをもつ感性的感情が配置されるはずである。「快適な暖かさは上昇することで徐々に熱を感受し、不快になる。暖かさは強度の中で〈存在し〕、快感も快感の上昇の中に〔存在する〕」[96]。例えば痒みでは、痒さにおける苦痛を取り除くことを超えて、掻くことそのことに快楽を感じ取ることもできる。ここでは快苦の混合的状態が成立している。極端に言えば、苦痛を感じているその最中に快感を感じ取ることも可能なのである。意識の作動に絶えず感情的特性が伴っているからといって、その一切を単純に「快」と「不快」とに区分することはできそうもない。われわれの日常的な意識のあり方はむしろ、快か不快かを容易に言い当てることのできない情態性に包まれている。「快と不快の中間段階には無関心であることが存在する」[97]。

快と不快には単純に極化されえない感情体験のあり方を、フッサールは「全体感情」として特徴づけている。「もろもろの感情は全体感情へと一体化する……。ヒュレーの総体性はそれゆえ絶えず触発しており、触発のこの統一のうちに種々の特殊な触発が『抗争』してともに内属している……」[98]。つまり、ある感情は、全体感情が特殊化し、際立つという仕方で現出する。フッサールはこの全体感情のあり方を、M草稿（一九〇〇―一九一四）や倫理学講義（一九二〇／二四）、A草稿（一九二三―一九三二）、E草稿（一九三〇―一九三五）といった様々な年代に渡る草稿で、「気分（Stimmung）」として論じている[99]。「普遍的な感情融合が気分である」[100]。「新たな感覚与件に惹起された一切の感情は、自らの共鳴を見出し、感情世界全体に影響を与え、この感情世界が気分の統一として調和する」（XXXVII 327）。気分とは、「意識内容を超え広がる感情であり、その光とともにすべての客観を色づけ、同時に一切の快感刺激を感受しやすくする（他方で、不快刺激を感受しにくくする）」[101]。全体感情としての気分は、感性的ヒュレーが特殊な触発力をもつための感情的な背景として理解されている。

リーは『気分の現象学』という論文で、「気分は感情の背景として、原初的に対象の地平への関係を有している」[102]と述べている。リーはここで、気分は……

分が特定の対象を主題化する志向性ではなく、対象の現れを可能にする地平志向性の開示に関係するものであると解釈している。その際彼は、気分が志向的な方位づけをもっていると繰り返し強調する。フッサール自身がM草稿で、気分は志向性をもつことを肯定しているからである。「私が心地よい気分でいるとき、その気分はそれゆえ反対の傾向や対抗する情動によって打ち崩されない限り、軽々と伝播していく。私が心地よい気分でいるということが意味しうるのは、……私が喜びのリズムの中を生きるということである。喜びは喜びにつながる。しかしその際、気分は絶えず『志向性』を保持する。私は、与えられるもの、つまりその価値的性格と、私の気分としてそれらが動機づけつつ作動しているものとを確かに区別する。この気分はまさにひとつの感情統一であり、それはすべての現出者を色づける。しかも、その気分は統一的なものであり、統一的な喜びの微光であり、統一的な悲しみの暗い色調である。……気分、つまりこの快活な気分それ自身は、志向的に方向づけられているのであろうか。われわれはこのことを確かに肯定すべきである[103]」。

このフッサールの発言を論拠にリーは以下のことを結論づける。「気分の現象学が顕わにするのは、それら〔志向的経験と非志向的経験〕の間にはどんな種的差異も存在していないということである。それらはすべて客観的な何ものかへの関係を有している……。志向的経験と非志向的経験の厳密な区別は最終的に気分の現象学によって放棄される[104]」。リーのこの発言は明らかに、『論研II』でフッサールが、志向的感情と非志向的感情の間には「本質的記述的な差異」(XIX/1 407)が存在すると述べていたことを受けてのものである[105]。リーに拠れば、たとえ気分が「不明瞭な志向性[106]」であるとしても、一切の体験は何らかのものに動機づけられ、方位づけられた志向性であるということになる。

ただし、このことに関するフッサール自身の立場は、『論研II』におけるのと同様、曖昧なものである。気分について論述されたM草稿でも、フッサールの迷いは見受けられる。「気分はしかし、価値客観へと向けられる〔志向的〕感情ではない。……気分の統一は、非常に様々な価値や価値活動によって動機づけられうる。快活な気分の多くの流れが存在し、その気分は快活な気分の統一へとまとまる。……しかし、気分は絶えず動機づけられていなければならないのであろうか。……しばしば困難であるのは、本来的な動機とは何かをここで明確に述べることである」[107]。さらにA草稿でも彼は、「不明瞭なひとつのもの、それは混乱した緊張のうちに存在するが、ある方向性のうちに存在するのではない。むしろそれは、『気分』のもとで思念されるものである」[108]と述べている。それゆえわれわれは、「気分」がいかなる現象であるのかを事象に即して見定めねばならない。

気分が志向的であるとみなされるのは、それが志向性による世界開示のあり方に関与しているからである。フッサールは述べる。「もし私が明るい気分であれば、私はそこで世界全体が明るいのを見出すのではないか」[109]。ここで「気分」として訳出された「Stimmung」および「mood」といった概念には、「雰囲気（Atmosphäre）」という「気分」とは異なる経験が同時に含まれている。日本語の語感では「気分」がどちらかといえば主観色が強いのに対して、「雰囲気」は客観色が強いものとして理解される。ただし両経験に共通していることとは、個々的な感情が身体の触覚的な局在体験に強く引きつけられる傾向にあるのに対して、気分や雰囲気はむしろそうした局在的体験を超え出ていく経験であるということである。このことは、いらいらした感情が作動しているにもかかわらず、パーティー会場の快活な雰囲気を同時に感じ取ることができることによっても理解される。ある事物や人物、場所がもつ雰囲気とは、それらの外的形態を絶えず充溢し、取り囲む気配であり、その収まらなさであり、相貌である。テレンバッハは、こうした「雰囲気的なもの」を以下のように定義した。「われわれの感官のほとんど一切の経験において、表現されることなくとどまる、より多くのもの（*ein Mehr*）が見出される。現実の事実的なものを超えて存在しているにもかかわらず、われわれがそれとひとつになって感知している、このより多くのものが、雰囲気的なものと名づけられうる」[110]。

この「より多くのもの」という体験性格が、「より多くの思念」という認知的志向性の本質規定に重ね合わせられることで、気分や雰囲気が志向的性格を有しているものとして理解されるのである。しかし、この重ね合わせには不明瞭な点が多々含まれている。まず、雰囲気や気分が「志向性」であるということは、それらが作用と内容に区別される認知経験であることを意味する。「気分作用」と「気分づけられたもの」とはどのようにして区別されうるのか。明るい気分は作用なのか、その内容なのか。気分は何らかの目的へと向かっているのか。リーに拠れば気分は、対象現出の地平へと方位づけられているということであるが、それ自体対象的ではない地平に気分が方位づけられるとはいかなることであるのか。ここでは、「不明瞭な志向性」として特徴づけられた気分のその「不明瞭さ」こそが問われねばならない。

われわれは本章四節（5）で、「努力」の作動は「自己保存」であると同時に抵抗の背後に対象を確定するように「自らを超えていく」作動であると述べた。努力は認知的作動の起源であり、それはまた極化構造を必須とする自我の志向性の起源でもあった。しかし、雰囲気や気分の超え広がりは、そうした認知的志向性とは異なっている。そもそもそれらが対象認知に類似した志向性の働きをもつようには思えない。問題になっているのは、対象の認知ではなく、「雰囲気的なものの感知（Gespür）」[111]であり、厳密な意味での客観の認識は、気分や雰囲気を度外視し、捨象することで行われるのが普通である。それに対して、気分や雰囲気は、認識に限定されない様々な「行為の遂行」に直接的に関与する。陽気な気分は、身体の透過の度合いを高め、行為の遂行を軽快にするのに対し、暗い気分は身体を重力に浸し、行為遂行の興味を主体から奪いとる。身体的な自己を絶えず超え出るものとして感じ取られる雰囲気や気分は、その自己を包み込むことで行為の形成を育み、ときには行為の遂行を阻害する。こうした経験は、表象的なもの一切を含んでおらず、感覚的確信として感知されている領域である[112]。その限りで気分や雰囲気は、認知的志向性に必然的な「超越」契機を欠いた「感覚体験」であるにもかかわらず、「自らを超え出ていく」体験である。雰囲気的なものは現象学的には「実的」体験である[113]。

雰囲気的なものという概念を導入したテレンバッハは、それを嗅覚や味覚という口腔感覚に直結させることで議論を行っている。こうしたことが可能であるのは、それらの感覚が局在化的な経験ではなく、ドゥプラズも述べているように時空に限定されない「伝播的（diffusif）」経験であるからである[114]。雰囲気は発散する香りのように空間を満たし、味覚や嗅覚は表象的には思い起こすことのできない雰囲気の記憶を惹起する。それは限りなく主観的な感じ取りであるにもかかわらず、現出する客観世界を確実に色づける。病院や学校、教会といった特殊な場所はそれぞれ独特な雰囲気に包まれた場所であるが、それはそれぞれの場所が典型的な匂いに包まれていることと無関係ではない。フッサール自身も、匂いが空間を充溢する雰囲気といかに密接に関連しているのかを、その場所にはそぐわない匂いを例として挙げ、分析している。「ある匂いが私の気を引きつける。それは特に心地よいものでも不快なものでもない。それはただ『風変わりな』ものであり、異質なものである。この不慣れなものが際立ち、私の気を引く。おそらくこの匂いは、ただこの周囲には馴染まないということであり、ここではそれは異常であるということに過ぎない。それは例えば、科学の実験室では正常な匂いであるものが、森の中で嗅がれるような場合のことである。〔したがって〕すべての匂いは何らかの仕方で感情に触れているのではないか[115]」。しかも感情とは、混合することでニュアンスが変化する性質なのではないか。風景という表象的現れに匂いの主観的体験を投射することで雰囲気が感じ取られているのではない。テレンバッハが述べるように、「雰囲気的なものは匂いから類推されるようなものではない」。そうではなく、「匂いは同時に雰囲気的なものでもある。この同時的であることこそが重要なのである」(116)。匂いと雰囲気のこうした接続が可能なのは、彼に拠れば口腔感覚が視覚や聴覚といった「遠感覚」ではなく、さらには触覚よりも一層根源的な「近感覚」であるからである。「嗅ぐことにおいては嗅がれるものへの距離が存在しない」(117)。私は花の香りを花が咲いている場所に嗅ぐのではなく、鼻の中で嗅ぐ。とはいえ、嗅がれるのはその花の香りであって、鼻に局在化された香りではない。つまり、香りを吸い込み、距離が消失するその瞬間に身体と世界は香りに包まれ、融合する。「ここもなければ、そこもない。境界なしに香りはわれわれに働きかける。換言するとわれわれは香りの中に浸る。嗅覚および味覚の活動では、主観は香りと味の中に現前する世界と溶け合う」(118)。

フッサールが扱った乳児の授乳経験でも、こうした口腔感覚が世界信憑の形成にいかに重要な役割を演じているのかが示唆されている。というのもそこでは、認知的な志向性の発動以前に口腔感覚に由来する雰囲気の中で意識が邂逅する世界経験が形成されると述べても過言ではないからである。「母の胸の匂いと唇の触感覚が現れるとすぐに、飲むことの本能的な方位が呼び起こされ、根源的に適応したキネステーゼが始動する。キネステーゼには初めからキネステーゼ的な感覚とともに連動する感覚与件が付随している。……匂いだけがさらなるものを、いわば空虚な統覚を呼び起こす。ただしそれは決して『意識的な目標』をもってはいない」(119)。匂いは大気を吸い込むことで嗅がれ、味は湿り気の中で味わわれうる。嗅覚と味覚の成立には媒質経験も密接に関係している。原初的な世界信憑の形成は、媒質と口腔感覚の生成が一体となって感知される雰囲気的なものの中で行われる。

こうした雰囲気的なものは、自我意識の深部である身体性にあまりにも深く浸透している。それゆえにこそ、不快な自己臭や腐敗臭を感じ取ってしまうような口腔感覚の変様は、雰囲気に包まれた世界経験をその信憑のあり方から一変させる。[120]それは、たとえ世界の表象的現れに何の変化がないとしても、主体を生存の危険に陥れるのである。したがって、フッサールが「原信憑」として概念化した世界への根源的な「馴染み深さ（Vertrautheit）」は、その反面である「よそよそしさ（Fremdheit）」とともに意識流が身体化されつつ形成される場面に常にすでに根づいている。日常的場面でわれわれは、事物や他者が存在することを、見ることや触れることを通じて確認しているのであって、それらの匂いを嗅いだり、味わったりして存在を確認することはない。[121]事物が見えるから、それが存在するとわれわれは信じるのであって、それが匂うから存在すると信じる人間は、動物や昆虫とは異なり、そう多くはないであろう。しかしこれまでの議論から明らかになるのは、信憑意識の本来的あり方は、視覚的な認知に先立ってすでに触覚的運動とともにある口腔感覚、さらにそれと一つになった雰囲気的なものの中にこそ根づいているということである。こうした世界信憑のあり方は、身体形成のあり方を自我的な志向性の相関項ないし、表象的基づけを通じて事象を解明する「客観化のパラダイム」から解放することで初めて明らかにされるのである。

Ⅴ　衝動と普遍的目的論

前章でわれわれは、意識流が生成する場を感覚が生成する身体性に見出し、いかにして意識が意識として自ら生成するのかを発生的に明らかにした。その際、感性的感情は、特に口腔感覚の形成と一つになって意識の根源的な世界経験ないし世界信憑のあり方と密接に関連していることが示された。この分析をもってわれわれは、三つの意識概念、すなわち（1）意識流としての意識、（2）内的に気づかれることとしての意識、（3）志向的体験としての意識という、それぞれの意識概念における感情体験の問いの位相を浮き彫りにしたことになる。ただしフッサールは意図的に、それぞれ異なる問いの位相に注意を向けて感情や衝動を主題化することはなかった。われわれに残された課題はしたがって、これら三つの意識概念が錯綜する中で展開された分析を通じて、フッサールは衝動や感情といった事象をいかにして彼の現象学的体系に位置づけようとしていたのかを解明することにある。

第Ⅲ章でわれわれは受動的綜合について言及し、第Ⅳ章ではこの綜合の分析を通じて自我的な志向性から独立に作動する意識流の存在様式を明らかにした。その際、第二の意識概念である「内的意識」ないし「原意識」を自我の志向的、反省的認識に代えて、志向性の発動ないし行為遂行の際に不可避的に付随する「気づき」として導入したことが重要な役割を演じていた。ただし実のところ、フッサール自身が、この原受動的で自我を欠いた気づきの意識を、完全に確証されたものとして晩年に至るまで支持しつづけたのかについては議論の余地がある。というのも、認識論を標榜するフッサール現象学にとって、方法論的に重要なものはあくまでも「現象学的反省」であり、それは第Ⅳ章でわれわれが避けるように努めてきた客観化的思惟の方法であるからである。そしてこのことを裏づけるように、フッサールは一九三〇年代に「受動的発生」の理論を放棄しようと試みている。この背景には、一切の意識経験を、「第三の意識概念」、すなわち自我の志向的意識によって包括しようとする彼の意図が隠されている。第Ⅳ章の分析が示しているように、フッサールは確かに自我的な志向性とは異なる意識作動に関する分析を行った。その分析を手がかりにわれわれはこれまで、「第三の意識概念」には包括されえない「第一の意識概念」のあり方を明らかにしてきたのである。にもかかわらず、そうした方向性はフッサール現象学の解釈のひとつであるということを彼自身が証示している。したがってわれわれは、フッサール現象学、特にフッサールの晩年、三〇年代以降の思惟における意識の受動的綜合の布置を浮き彫りにする。このことは同時に、フッサールが意識の衝動的、本能的運動を彼の現象学的体系にいかに位置づけようとしていたのかを明確にし、さらにはこれまで何度となく言及されてきたフッサール現象学における「目的論」をより詳細に理解するための足がかりともなる。

第一節　先時間化の分析とその否定

本章の探求は、一九三〇年代のフッサールの思索に限定して行われる。この期間に限定するのは、この時期フッサールが受動的綜合の問いを放棄しようと試みているからであり、さらには意識流の生成をめぐる問いを、自我の反省的志向性によって解明しようと試みているからである。したがって、ここでの探求目的は、三〇年代における「時間化（Zeitigung）」と「受動的綜合」の問題が、いかなる事象的関係を有していたのかを明確にすることである。このことは同時に、「超越論的自我」と「受動的綜合」の関係を「時間化」概念を軸に問い直すことでもある。ホーレンシュタインは、フッサールの「受動性の問題性は一九二〇年代に最高点」[1]に達したと述べ、ディーマーが、「フッサールのより後期の立場では」自我による能動的構成だけが強調されるに至ったと述べているように[2]、受動的綜合の問いは、晩年のフッサールにとってその事象的価値を失いつつあるものだったのだろうか。ヘルトの「生き生きとした現在」に関する探求は、自我の自己時間化という論点から晩年のフッサールの自我論的立場を強固なものとした[3]。しかし、このことをもって受動的綜合の問いを解決済みとみなすのはあまりに早急である。われわれが問いたいのはまさに、晩年の受動的綜合の探求が呈示すると思われる現象学の新たな可能性に関してである。

われわれは第Ⅲ章六節で二つの異なる「受動的綜合」について言及した。「二次的受動性」が、自我の能動的行為の習慣化を促す意識の受動的作動であるのに対して、「原受動性」は、一切の自我行為が前提する、それ自体は自我機能から独立した意識流それ自身の作動であった。この意識流の固有な作動は、自我の反省によっては主題化されえないことから、われわれは「原意識」概念を、ラントグレーベとともに「遂行的気づき」として導入したのである。この気づきによって初めて、身体運動からの意識形成プロセスについて記述することが可能になる。自我は、自らを反省的に知るに先立って活動する身体として生きており、原受動的な流れから生成する。とはいえ、フッサール自身はここで改めて以下の問いを立てる。つまり、自我を欠いた流れにおいて超越論的自我が生成するということは、どの程度まで現象学的に記述可能であるのかと。ここに、受動的綜合における「自我関与」をいかに理解するのかという焦眉の課題が呈示されることになる。

自我と意識流の問いを「絶対的時間化」として究明するという課題は、一九三〇年以降、特にC草稿で集中的に取り組まれた。晩年においてもフッサールが、意識の構成能作一切は最終的に時間意識へと遡及すると考えていたことに変わりはない。一九三〇年八月から九月の間に書かれた草稿でフッサールは、「意識の驚異は時間化の驚異へと、つまり……意識生とは意識流であり、意識の流れることとして意識されるという原事実へと遡及的に導かれる」(XXXIV 213)と述べている。第Ⅲ章六節でわれわれは、根源的に構成する時間化を「能動性に先立つ受動性」、つまり「原受動性」として理解した。しかしこの三〇年代、とりわけ三〇年から三二年の間で、この受動的発生の理論がフッサール本人によって疑問視されるということが、以前から報告されていた。(4)『フッサリアーナXXXIV』巻が出版され、この事情を直接知ることが可能となった現在、今一度フッサールの思索の流れを辿る試みは無駄ではないであろう。(5)

先の引用とほぼ同じ一九三〇年夏に書かれたC17草稿でフッサールは、体験流の受動的時間化の問題を取り上げている。そこでは、「あるものへと『向けられている』自我の活動」(XXXIV 179)としての「『本来的な意味での志向性』」(ebd.)からは区別される「流れの志向性(Stromintentionalität)」(ebd.)もしくは「先–志向性(Vor-intentionalität)」(XXXIV 180)について語られている。「流れの志向性〔とは〕、この過去把持や未来予持の意味での『あるものについての意識』であるが、それは事物現出としての意識、つまり流れの意識において構成された統一である作用意識としての意識とは対置される志向性である」(XXXIV 179)。通常の志向性が、「作用中心」(ebd.)の自我から発する対象構成能作であるのに対して、先–志向性はそうした自我機能に先立ち(vor)、それら一切を包括する「受動的基底」(ebd.)としての「流れゆく生」(ebd.)の構成能作である。(6)

そしてこの受動性の意味が、以下の有名な文章によって特徴づけられる。「流れとその『受動的志向性』ということで何が問題になっているのか。先－時間と先存在の受動的な『時間化』ということで何が問題になっているのか……。ここで『受動的』ということが意味しているのは、たとえ自我が目覚めており行為する自我であろうとも、自我の活動なしに流れることが生起するということであり、まるで自我が流れることを実現することに向けられているかのように……、流れは自我の活動から（aus）存在するのではないということである。したがってそれは、どんな為されたことでも（最も広い意味での）所行（Tat）でもない。行為の一切はそれ自身、普遍的な流れの内に『含まれている』……」（XXXIV 179f.）。流れることは自我の活動「から／に由来して（aus）」は生じない。たとえ自我が目覚めていようともこのことに変わりはない。自我および一切の自我能作が、生起した流れをその舞台とすることで初めて可能になる。「先－」という接頭語をもつ根源的な流れは、それ以上遡りえない自我の母胎を指し示している。今や「現象学は、内在的存在の真なる意味へと、つまり『原現象』としての『意識流』へと迫り、その存在のあり方を先－時間化として理解にもたらしうるために、こんなにも遥か遠くに辿り着いた」（XXXIV 180）のである。

しかし他方で、もし自我が、自らが実現しえない流れの生起においてその固有な存在を絶えず獲得し、それにより一切の志向的能作が流れのうちで構成された事柄にしか向かいえないとすれば、われわれはこの流れの原現象を語る権利をどこから得るのか。一九三〇年の同時期の草稿でフッサールは、この流れの原現在に関する「知（Wissen）」の可能性についても同時に熟慮する。「エゴの最も根源的な存在が、その流れる原現前において語られるとすれば、いかにしてこのことについての根源的な知が可能になるのか」（XXXIV 173）。フッサールに課せられた問いとは、自我の眼差しによる自らの母胎の現象化の可能性である。「いかにして体験の原－流れが、もしくは流れる具体的な超越論的現在が、存在するものとして、知覚および同一化へと至るのか」(ebd.)。そもそもこの流れの原現象は、「出発点が、すなわち瞬間的な点としての今が過去把持的に派生すること」として気づかれている(ebd.)。しかし「諸作用の変転、すなわち経験し、解明する作用の変転が、この流れそれ自身に帰属している」(XXXIV 174)のであるから、流れの個々的な体験契機である自我作用は、いかにして生の全体を包含する流れに迫りうるのか。確かに反省は、内在的時間のうちで同一的なものを反復的に見出すことができる。しかしここでの問題は、内在的時間およびそこにおける同一化を可能にする「絶対的時間化」と、それを開示する「自我の知」との関係である。「先時間化」と「自我」の連関で言えば、ここではフッサールは、「内在的時間の延長的形式における同一的な存在としての私の超越論的存在」と、それに先立つ「延長することのない、生ける原時間化における私の存在」を区別している(XXXIV 174f.)。しかし今や問われるべきは、原時間化という表現にすら冠せられた「私」の意味である。

フッサールは、ある決定的な一歩をここで踏み出す。すなわち、「……この流れは、私の能作から(aus)、つまり特殊性において流れ全体を能動的に構成する私の能力から(aus)初めて存在するのではないか……」(XXXIV 175)という問いを提起する。ここでは、先時間化に関する先のC草稿では否定されていた自我に由来することを示す「aus」という前置詞が積極的に使われている。この思索の歩みには、流れる生を知へともたらすための「徹底的な自己洞察の方法」(ebd.)が重要な役割を演じている。それに拠れば、「生は解釈する方法に絶えず先立っており、この方法はそれ自身生である。しかし思惟する解釈が、生がこのようなものであることを初めて(erst)確固たるものにする。生とは解釈の成果である。したがって解釈は真理という意味での存在に先立っている。私に対して(für)存在するもの一切は、私の思惟の能作である」(ebd.)。先の引用との関連で注目されるべきは、事象開示の方法的端緒としての現象学的自我を特徴づける「für」が、存在の由来を示す「aus」という前置詞に重ね合わされているということである。『イデーンII』でフッサールは、「生とは何か。それは自我に対してあるものではなく、それ自身自我である」(IV 252) と述べることで、反省の対象になることのない自我それ自身が生きているという意味での「生」を示唆していた。にもかかわらず、ここでは「自我に対する生」として生を距離化し、対象化しようと試みている。ホーレンシュタインは、「受動的体験は、自我に異他的なものとして確かに『自我に由来する (aus)』……のではないが、一切の非顕在的な体験と同様に『自我に対して (für)』現に存在する」[7] として、「aus」と「für」は厳密に区別されるという解釈を呈示した。しかし三〇年代のフッサールにおいて、この区別は必ずしも明確ではなかったように思われる。フィンクを援用しつつラントグレーベは、フッサールの構成概念が、「意味形成」と「創造」の間を揺れ動いていたと指摘したが、このことは、一切の事象を意味形成体として主題化する現象学的自我を特徴づける「für」と存在の生成・由来に関わる「aus」との区別の曖昧さからも読み取られうる。[8]

　ともかくフッサールは、流れに関する知の可能性という上述の方法的熟慮を経ることで、一九三二年、先時間化について述べられた先の草稿に直接言及するかたちでそれを否定することになる。「後の解明によって私は、二種類の志向性が本来的な意味では存在せず、したがって本来的な意味では先－時間化は存在しないという確信に至った。体験の流れの明証的な時間的所与性において前提され、活動している現実の時間化は、超越論的－現象学を行う自我の時間化である。……時間性はまさに一切の仕方で、つまり根源的であろうと習得されたものであろうと自我能作である」(XXXIV 181)。つまり、一切の自我的活動から独立した受動的な先時間化という記述は、それが記述として成立している限りで、必然的に現象学を行う自我の能作を前提しており、そのことが、自我を欠いた先時間化という原現象が現象学的には維持しがたい事象であることを帰結させるのである。

第二節　現象学する自我と絶対的時間化

フッサール現象学は、認識能作を体系的に解明する「真なる認識論」であることを標榜している（vgl. I 117f.）。認識能作を主題化するための方法として、現象学的反省が一貫して重要な役割を演じているのもそのためである。このことはまた、能動的な対象認識の構造を解明するために導入された志向性概念が、それら志向性が出来する受動的な場においても「先（Vor）」や「原（Ur）」という接頭語を冠しつつ「志向性」として配置されていることからも裏づけられる。つまり、志向性はどのようにして生じるのかが問題であるにもかかわらず、再び志向性について語られているのである。キューンに倣えば、「志向性が存在しうるためにすでに志向性それ自身が前提されている」[9]ことになるが、こうした帰結は、反省を原理的方法とするフッサール現象学にとっては避けえないものである。

一九三二年に書かれた受動的時間化を否定する引用の続きでは、先時間化はそれが時間化である限り、「初めに超越論的、現象学的な自我を、つまりエポケーのうちで活動している自我を必要とする」（XXXIV 181）と述べられている。その理由としてフッサールは、「もし恒常的な流れることがそれ自身において、流れることとしての現実的な志向性を有するとすれば、われわれは無限後退へと陥ってしまう」（ebd.）ことを挙げている。そもそも志向性は、反省によって開示される事象に与えられる名称である。したがって、それが先志向性であろうと志向性の名を有している限り、反省による回収可能性がどこかで保証されている必要がある。しかし自我の反省的志向性そのものが出来する場として先志向性による時間化が捉えられているために、このことは無限後退を避けえない。それゆえ、この困難の解決は、同じく一九三二年の別の草稿で以下のように示される。「つまり体験流は、それ自身においてどんな本来的な時間化も遂行せず、それに相応する意識能作でもない。こうした体験流の本質には、そこに志向性をいわば流し込む（einflößen）という私の絶えざる能力性が属している。とはいえ、現実的な時間化は今や流れとしての流れの時間化ではなく、私の超越論的－現象学的な自我の時間化である」（XXXIV 184）。例えばホーレンシュタインのように、受動性と能動性の区別を自我関与の「有無」ではなく「度合い」の問題として主張する解釈には、一切の事象はそれを開示する「自我に対して」のみ存在するという意味での方法的熟慮を見て取ることができる。つまり、「この意味では受動的構成もまた自我中心化されているる」のである。[10] 同様にヘルトも「フッサール現象学の意味での『流れることとの原受動性』は、それでもやはり自我的に『遂行される』のであり、「このことは現象学のそもそもの始まりとともに確定されている」[11] と述べている。

こうした議論の展開は、われわれが第II章で明らかにした「原意識」に関する問いの可能性をフッサール自らが忘却している、ないしは無視していることに由来する。これと同様の思惟は、同じく一九三二年に書かれた他のC草稿にも見出される。その中でフッサールは、時間意識の原源泉である原印象が、すでに自我的な統握の産物なのではないかという問いを立てている。「原初的な流れることの能作としての『自己時間化』は、危険な言葉である。流れることはそのものとしては時間化しない。……私は絶えず二つの事柄を必要としている。一つは、『体験』の流れゆく領野である。そこには原印象の領野があり、それは常に過去把持の中へ消え失せ、未来予持へと先立っていく。他方は、その領野に触発され行動へと動機づけられる自我である。しかし、原印象的なものはすでに、統覚的な統一であり、自我に由来するノエマ的なものではないのか。遡行的問いは常に繰り返し統覚的な統一へと通じているのではないか」[12]。われわれはこれまで、時間意識を、志向性の統握図式の枠組みにおいて解明する試みが徒労に終わることを強調してきた。にもかかわらずフッサールは、一九三二年においても再び同様の問いを立てているのである。

しかしでは、先志向性による無限後退を避けるためにフッサールが選択した、超越論的自我による時間化理解は、首尾一貫した帰結をもたらしうるか。「対象的所与」から「作用」、そして「作用」から「流れる時間化」へという段階的な事象開示が現象学的反省の骨格をなし、これら開示された事象一切が相関的に超越論的自我の構成能作を指し示す（vgl. XXXIV 183）。その際、自我を現象化の根拠とする試みは、方法的自覚とひとつになって、主題化される超越論的自我と、それとは別に反省を遂行する方法的な自我の二重化を余儀なくする。一九三〇年フッサールは以下のように述べていた。「もし私が現象学を行う傍観者として、具体的な超越論的自我を主題化し、……必当然的に経験しつつ認識しようとすれば、私は再び現象学する存在と行為を私の超越論性の成素として主題化しなければならないであろう」（XXXIV 177）。明らかにここでも探求は「無限後退」へと陥る(ebd.)。さらには、現象学を行う自我が繰り返し反省の背後へと送り返されるのと同様に、「主題は常に構成されたものであり、自我に対する存在者である」（XXXIV 183）限り、主題化される超越論的自我それ自身も繰り返しその生動性を奪われてしまう。それゆえ、「作動するもの」（XXXIV 298）としての自我は、現象の内部にも外部にも配置されえないことが分かる。つまりそれは、流れの内部に見出される所与には還元されえず、そうかと言って「物自体」のような不可知物を容認しないフッサール現象学の一貫性からは、一切の知を逃れる現象の外部へと押し出されることもできないのである。しかし、第II章三節および第III章四節（1）で述べたように、そもそも作動の明証性は反省によって開示される所与的な明証性ではない。したがって、原意識の可能性を忘却しているフッサールに残された方途は、以下のような希望にすがることである。つまり、「現象学が『良き意味』をもっているとすれば、この背進が悪しきものではないことが証示されねばならない」（XXXIV 177）と。フッサールは無限背進を避けるのではなく、むしろその背進に巻き込まれつつ、そこに積極的な意味を見出そうとする。作動する自我の匿名性を廃棄するために行ったフッサールの飽くなき反省の反復は、この「『良き意味』」を確証するためであったのだろう。また敢えてこの自我を、「澄んだ自己意識の直接的な近さ」[13]において取り出そうとすれば、それは「原－自我（Ur-ich）」（XXXIV 300）と呼ばれることになる。[14] とはいえこの原自我は、後年の草稿や『危機』でも述べられるように、「本質的な曖昧さであるような、そのような曖昧さによってのみ本来的に『自我』と呼ばれているに過ぎない」（VI 188, vgl. XV 586）ものなのである。[15]

これまでの論述から示されるのは、時間化の根拠を巡り自我の存在様式を問う方向性が、先志向性による受動的時間化と同様に明確な解答を与えないということである。これは、現象学的反省が「原受動的流れ」、もしくは超越論的に構成しつつ反省を行う「自我の作動」を、時間化されたものとして捉えようとすることで至る限界である。そして、この限界にぶつかることに呼応してか、否定されたはずの「先志向性」による流れを問う方向性が、その後も繰り返しフッサールの記述に現れることになる。先時間化を否定した先の草稿においてでさえ、今まさに否定した問題が改めて取り上げられている。「流れることの記述に関してわれわれは、流れることの自己時間化としての先志向性と先時間化の問題を有している」（XXXIV 182）。さらにフッサールは、たとえ自我の時間化として流れが生起するとしても、流れることのプロセス自体は流れの内には現れえないことを洞察してもいる。「……そのものとしての原－流れ、つまり流れることは、体験に即した『存在』というその仕方では、常に主題の外にあり、この先存在から存在を創り出す……現象学者にとっての外部に（außer）ある……」（XXXIV 183）。

こうして一九三二年には否定されたかに見えた先志向性の問題は、その後も改めて探求されるべき積極的課題として語られるに至る。一九三三年初頭に書かれたA草稿では、「自我の時間化は第二の時間化である」[16]として、それとは異なる「第一の時間化」が示唆され、一九三三年九月の草稿では以下のように述べられる。「原初的現在……の構造分析は、自我構造とそれを基づける自我を欠いた流れることの恒常的基底へと、つまり……ラディカルに自我的なものに先立つもの（Vorichliches）へ」とわれわれを導く（XV 598）。この草稿では、受動的発生の理論を一度否定した者の言明であるとは思えないほど明確に先志向的なものについて語られている。

第三節　自我の目覚めと眠り

（1）自我生成と目覚め

前節で明らかにされたのは、時間化の根拠を巡る問いが、自我による時間化であろうと先志向性によるものであろうと、時間化の「作動」に関わる限り認識論的な臨界点を指し示すということである。このことは、「原意識」によってではなく、志向的「反省」を反復することで事象に迫ろうとすることから導かれる帰結でもある。したがって、この帰結からは、たとえフッサールが、ヘルトが述べるように「先構成という概念を克服すること」[17]を目指していたとしても、彼の最終的見解が自我による時間化理解であると確定することはできないし、それは少し強引な解釈のひとつであることになる。むしろフッサールの三〇年代の思索には、「自我による時間化」と「受動的な先志向性による時間化」のどちらの解釈も緊密なバランスを取りつつ成立していたというのが、正当な見方であろう。[18] そしてこのことは、彼を単純な思惟の循環へと陥らせたのではなく、逆に思索の駆動力として様々な問いへと駆り立てたのである。

第III章五節で指摘したように一九二〇年以降の発生的現象学の課題は、自我およびその意識の全連関を「生成における（im Werden）」統一として分析することであり、その課題は三〇年以降も「普遍的発生」（XV 618）という標題において問われつづけた。その際、超越論的自我それ自身の生成という問いが焦眉のものとなる。意識の受動的綜合は、ノエマ的な意味の歴史を遡及すると同時に、それと相関する自我の統覚を「解体（Abbauen）」する発生的分析を通じて、自我の起源を解明することへと展開する。ただしその際、この生成する自我を、時間化された対象と同様に記述するのではその真意は明らかにならない。そもそも原自我は容易に現象化されえない。それゆえにこそフッサールは繰り返しそれを「曖昧さ」（vgl. VI 188, XV 586）や「名もなきもの（Namenlose）」（XXXIII 278）という表現によって特徴づけたのである。したがってここでは、「現象化しえないものの生成」という途方もない問いが立ち現れる。この問いに迫るためには、一切の現象に居合わせる「für Ich」としての自我それ自身が、傍観者として普遍的生成から疎隔されているのではなく、決して疎隔化されえないものとして絶えずこの生成に織り込まれていることが、当の生成の内側から看破されねばならない。われわれが、第II章および第IV章で詳述した遂行的な気づきとしての原意識は、こうした生成する意識の創造的位相を記述する可能性のひとつである。それに対して反省を遂行する超越論的自我が、自らの生成をその生成の彼方から観望しようとする限り、当の自我の生成が明らかになることはない。というのも、問われるべきものは、反省を遂行する際に絶えず現象の背後にとどまる自我それ自身の生成であるからである。それは、世界を志向的な相関のうちで構成する具体的な自我の作動そのものの生成である。そしてこの自覚は、本章一節でフッサールが同一視していた前置詞の「für」と「aus」の意味が単純に重なり合わない地点へとわれわれを導く。というのも、生成する自我は「自らに対して（für sich）」自らを距離化する認識論的な反省によっては決して明らかにならず、その限りで「für」には還元しえない「aus」の意味、つまり自我の創造的生成が問われねばならないからである。一九三四年におけるフッサールの言葉では、「絶対的なものにおける即自的に（an sich）より先なるもの」（XV 670, vgl. XV 380, XXXIV 470）の解明である。

ただしフッサールが、明確な意図をもってこうした問いを追求したようには見えない。むしろフッサールは迷いを常にもちつづけていた。そのことは、先志向性の拒否という事態にも現れている。それにもかかわらず晩年の彼の思索には興味深い分析が数多く含まれている。われわれは、この自我生成という問いをさらに徹底化するために、「目覚め（Wachheit）」と「眠り（Schlaf）」という対概念に着目する。これら対概念の萌芽はすでに『イデーンII』で、ライプニッツのモナドに言及しつつ用いられていた（vgl. IV 107ff., 253）[19]。フッサールによる相互主観性の解明は、三〇年以降も現象学的モナドロギーとして展開されつづけていることから、これら概念の意味規定がより豊かになっていることは容易に推測される。

一九二〇年から二三年の間に書かれた草稿では、「目覚め」は以下のように定義されていた。「目覚めた自我とは、今現実的な作用を遂行し、その作用のうちで知覚に即した現在に関する絶えざる原源泉的な作用生を働かせる自我である」（XI 308）。「目覚めた自我」は、知覚に即した作用を遂行する自我として定義されている。さらに後年の『危機』では、「目覚めた生」が以下のように定義される。「生とは、絶えず世界確実性の中で生きることである。目覚めた生とは、世界に対して目覚めていることであり、絶えず現実的に世界とその世界の中に生きている自分自身とを『意識している』ことであり、世界の存在確実性を現に体験し、遂行していることである」(VI 145)。世界信憑の中で生きることが目覚めていることに他ならず、その際われわれは、そのことを何らかの仕方ですでに「意識している」。ただしこの意識のされ方は、自我が自らの超越論的能作に眼差しを向けているということを必ずしも意味しない。というのも『イデーンI』ですでに、「自然的に目覚めた没入する生」(III/1 62) が語られており、『第一哲学』に関する草稿でも「目覚めつつ、絶えず素朴に先所与されている世界へと没入して生きること」(VIII 458) というように目覚めの概念が用いられているからである (vgl. auch XI 306f.)。自我は自然的態度においてすでに目覚めている。このことは、一九三〇年代においても変わらない。自然的態度を生きる自我とは、「目覚めつつ没入している生」であり、「自然的に目覚めた自我」である (vgl. XXXIV 204f.)。ただし同時にフッサールは、「私の目覚めた理論的関心」(XXXIV 478) というように、現象学的な営為を特徴づける際にも「目覚め」の概念を用いている。それは「全く別様な目覚めた生」(VI 147) であり、「自然性における目覚めた生と呼ばれるものは、いわば超越論的エポケーを通じて超越論的覚醒へと変化する」(XXXIV 296)。世界没入的に目覚めている自我は、エポケーを通して自らの超越論的能作に気づき、それにより再度新たに目覚める。自我の目覚めは異なるモードとして出現するのである。

超越論的態度における目覚めが、自我が自然的態度において暗黙のうちに遂行していた超越論的能作に気づくことを意味しているとすれば、自然的態度における目覚めは何を意味するのか。自我は、超越論的に目覚めて初めて自らの能作に「気づく」のであって、目覚めて初めてその能作を「遂行し始める」のではない。では、自然的に自我が目覚めていることとは何を意味するのか。そしてその自我の眠りとはいかなることか。「目覚め」という概念は、眠りから覚醒へ、あるいは覚醒から眠りへというプロセスを指し示す概念である。そうであるとすれば、どのようなプロセスをフッサールは捉えようとしていたのか。

先の二〇年代の草稿でフッサールは、目覚めた自我に対して、「想起において失われた自我」を、「夢想的喪失性（Traumverlorenheit）」として特徴づけ、さらにそれから「自我を欠いた背景（ichloser Hintergrund）」と「夢見ることのない眠り（traumloser Schlaf）」とをそれぞれ区別している（vgl. XI 308）。われわれは想起を通じて過去の生へと没入する。その際われわれは、「過去」の現在的生を生きているのであって、「現実的な作用」として「今」遂行している想起作用を生きているのではない。例えば、確実に知っているにもかかわらず、思い起こすことができない想起のもどかしさは、苛つきとともにわれわれに想起作用を今遂行していることに気づかせる。それに対して、鮮明な記憶がまざまざと溢れる想起経験では、われわれは想起を遂行していることすら忘却し、その過去世界を生きる。フッサールは、この後者の自己忘却的想起を「夢想的喪失性」と呼んでいる。とはいえ、この自己忘却的想起は、準現在化「作用」を基調にする限り、本来的には「自我を欠いてはいない」（XI 308）。むしろ自我は過去の中で「作用生（Aktleben）」を生きている。それゆえ、われわれが追究している「自我を欠いた」先時間化の問いにとって重要なのは、「夢想的喪失性」ではなく、「自我を欠いた背景」および「夢見ることのない眠り」という残りの概念にフッサールが何を託したのかである。[20]

（2）夢見ることのない眠り

われわれはここで目覚めと眠りの問いに関係する一九三四年六月に書かれた草稿に眼を向ける。この草稿では一九三二年に否定されたかに見えた「志向性の二つの層」（XXXIV 470）について再度言及されている。フッサールはここで、自我の能作に依存しない意識の受動的、衝動的運動についての問いを深めようとしている。とはいえ、ここでもフッサールは、「ある仕方で一切のものは自我的であり、自我によって中心づけられているのではないか」という問いを立ててもいる。確かに自我を欠いた「傾向」や「衝動」は、自我を欠いている限り、自我的な制御を外れた運動であるが、自我が「〔あるもの〕に対して目覚めている（Wachsein-für）」という様態として、すでにそこには志向性の方位づけが芽生えているとフッサールは考えている（ebd.）。この意味での衝動や傾向は、二次的受動性と共働するものと予想される。しかしフッサールはここで注意を促す。つまり、この方位づけは「必ずしも常にではない」（ebd.）。というのも、「夢見ることのない眠りにおいては、再認されたものや統覚されたあるものとしての表象への方位づけは存在していない」（XXXIV 470）からである。「夢見ることのない眠り」にはどんな志向的方位づけも、自我の作動も存在してはいない。それにもかかわらず、この意識の暗闇にフッサールは、自我を生み出す創造的で、受動的な衝動運動があることを示唆している。フッサールはこの衝動を「即自的（an sich）な受動性」として特徴づける。「『最も根源的な』即自的に第一の……形成は、努力の『受動的な』働きかけである。つまりそれは、決して行為としての活動ではないし、作用としてすでに対象的に方位づけられ、対象を産出する自我の作用としての活動でもない」（ebd.）。志向性を発動する自我は、この受動的形成を通じて初めて産出されるのであって、その逆ではない。先志向性による意識流の生起と同様に、自我が眠りから目覚めることとそれ自身は、自我の能力を絶対的に越えている。

フッサールはここで、「目覚め」と「眠り」のメタファーを用いつつ「自我の端緒」ないし「誕生」（ebd.）に現象学的な分析のメスを入れようとしている。つまり、自我の作動が作動として生成する現場を、したがって歴史的な意味形成態として現出する「世界それ自身を構成する自我の誕生」を記述しようとしている。それは、「世代的な端緒としての自我の端緒（生まれ出ること）」（ebd.）であり、「自我極の『生成』という原－世代的な出来事」（ebd.）でもある。しかしフッサールは、こうした自我生成に関わる記述をさらに展開するためには、同時にそれを知として獲得する「目覚めた自我」の検閲が必要であることに「反省的に」気づいてしまう。つまり、「われわれが、自我が新たに現れることを誕生として理解し、それから必然的に眠っている自我もしくは目覚めている自我が、いずれにせよ目覚め始める生が新たに現れることを誕生として理解するとすれば、始まりとしての眠り（もし眠りが始まりつつある自我の端緒であるとすれば）には、それにもかかわらず目覚めが先行していなければならないのではないか……」（XXXIV 470f.）という問いが立てられるのである。そしてここにも「無限後退」は現れる（ebd.）。眠りについて知ることができるのは自我が覚醒しているからである。しかしその自我とはまさに「眠り」から目覚めた自我である。「目覚め」と「反省的意識」はほぼ同義であり、フッサールは自我の認識論的視点を強調することで、「覚醒した自我」の根源性を確保しようとする。しかしこのことは、自我は眠ることも目覚めることもできないことを意味するはずである。何かを知ることが目覚めた後にのみ可能であれば、そもそも自我は「眠りから覚める」プロセスをいかにして知りうるのか。まんじりともせず覚醒した、不眠症の自我意識だけが残ることになる。しかしそれでは、われわれはなぜ眠りについて語ることができるのか。それは、眠りから目覚めるプロセスをわれわれがすでに体験しつつ、それに気づいているからである。[21] 通常目覚めは、朦朧とした時間意識が出現する身体的プロセスとして気づかれており、この目覚めのアナロジーが自我生成の問いに重ね合わされている。だからこそ、「自我が目覚める」という端的な事実を、眠りについての知が覚醒した視点からのみ獲得されるということによって完全に解消することはできない。フッサールの以下の確信が揺るぐことがないのもそのためである。「自我中心の発生はただ以下のことだけを意味している。すなわち、自我中心はモナド的な空間時間性における能動的な自我中心の形式へと『目覚める』ということである」（ebd.）。

フッサールのこの確信とは、「目覚め」は絶えず「眠り」から立ち現れる「プロセス」であるということである。一九三四年の草稿で彼は、この自我の目覚めに関して二通りの解釈をしている。この両解釈に、先に言及した「自我を欠いた背景」と「夢見ることのない眠り」という二つの概念が対応する。「自我極と共にあるモナドは、目覚めた形態のうちで存在する」が、それに対し「目覚めていない形態における、つまりモナドが目覚めることに『先立つ』、無意識におけるモナド」が区別される（XXXIV 471f.）。ただし、ここで指摘された「無意識」は、「『目覚めた』モナドにおける（in）意識と無意識〔の対立〕とは全く別の対立」（XXXIV 472）であることが留意される。つまりフッサールは、二種類の無意識を、すなわち「目覚めることに先立つ（vor）無意識」と「目覚めにおける（in）無意識」とを概念的に区別しようとしている。[22]「目覚めにおける無意識」とは、作用生の「沈澱した能動性」（ebd.）を意味し、それは二次的受動性という意味で「自我を欠いた背景」と呼ばれる。それに対して、目覚めの内部に配置されることのない「夢見ることのない眠り」という別種の無意識がさらに指摘されているのである。自我を欠いた背景に「沈澱したもの一切は、なおも『生き生き』している」（ebd.）[23]のに対して、夢見ることのない眠りは、二次的受動的な背景意識をも包括する自我意識それ自身が消滅する場所、すなわち端的な無である。

この「夢見ることのない眠り」を記述するにあたりフッサールは、「普遍的な断念（universales Fahrenlassen）」という概念を用いている（vgl. XXXIV 473, XXIX 335, 337）。「必然的に普遍的な断念することが存在するのではないか。それは『世界』の断念であり、人格としての自ら自身の断念である。したがって『自己意識』の終わりであり、一切の意識一般の終わりである。無意識としてなお措定様相、つまりひとつの意識である一切の沈澱した意識の終わりでもある。断念すること〔は〕、世界的–人格的な『無』へと沈み込む」（XXXIV

473)。[24] リーの報告によれば、フッサールはこの無のあり方を、質料的自然の即自存在と呼び、シェリングを仄めかしつつ「過去の自然」[25]と名づけている。「一切の有機体に先立つ自然、『意識の出現に先立つ自然』が意味しているのは、一切の『目覚めた』意識に先立つ現実性であり、現実的なモナドの内部における自然－現出一切に先立つ現実性である。このことはまた、一切のモナドが内展（Involution）を含んだ眠りについた状態にあることを意味している」[26]。

自我意識の誕生の問いはそれゆえ、世界を意味形成体として構成する自我が夢見ることのない眠りへと「無化すること」、すなわち「自我の死」と表裏の関係をなしている。ただしその際、フッサールはこの「死せる自我を……人間的な自我とすり替えてはならない」(ebd.) と注記し、さらにまたこのことは、還元操作としての世界無化を意味してもいないと述べている。「『断念すること』は、『妥当性を無効にすること』ではない」(XXXIV 474)。「眠りでは、世界妥当性は確かに働きの外に置かれるが、しかしそれはエポケーの意志に基づくものではない」[27]からである。したがって、「措定の総体性を」断念することとは、「普遍的」で「総体的」な超越論的自我それ自身の無への沈潜なのである (vgl. XXXIV 473f.)。このことに自我のどんな意志的な関与も存在しない。そして、この無への眠り込みというプロセスが全く逆のアスペクトから捉え返されることで、「目覚めた自我の『根源』、つまり自我の誕生」という生成プロセスが語られるに至るのである (vgl. XXXIV 196, 474)。

第四節　衝動の目的論と相互主観性

(1)　相互主観性の原事実と意識の原構造

前節でわれわれは、「目覚め」と「眠り」という対概念を導きの糸に、一九三〇年以降にフッサールが「自我生成」という問いをいかにして深化させたのかを詳述した。自我は、端的で即自的な「夢見ることのない眠り」から生成する。これが受動的発生の分析から明らかになったフッサールの確信である。この確信は、自らが生成する場を反省的に捉えようとする努力と繰り返しすれ違いながら彼の記述に何度も現れている。われわれは第Ⅳ章で、意識流は身体的活動性として生成することを指摘したが、それによれば自我の作動は意識流に常に発生的に遅れ、衝動的運動が努力という作動のモードに変様することが、自我の作動の起源であった。三〇年代のフッサールは、この意識流の作動の変様に原初的な「目的論」を見ている。三〇年代初頭に書かれた「モナドロギー」という標題の草稿でフッサールは、「斉一的経験の可能性」を「覚醒的構成（Wachkonstitution）」と呼び、それに対して、「無意識的なもの、沈澱した意識の根底、夢見ることのない眠り、主観性の誕生形態、あるいは誕生以前の問題を含んだ存在、そして『死後の』存在」といった問題を示唆している（vgl. XV 608）(28)。「目覚め」と「眠り」という対概念は、自我の「誕生」および「死」という問題を、目的論的な意識の生成プロセス内に位置づけることを含意するものとして理解される必要がある。

一九三一年、「目的論」という標題をもつ草稿 Nr. 22 でフッサールは、「超越論的主観性の自己構成」を目的論的な目覚めの「展開プロセス」として解明しようと試みている（XV 379）。「超越論的な全主観性が目覚めること、つまりその個体的存在の普遍的形式として、その主観性に内在的な目的論が目覚め始めること……。超越論的な個々の主観すべてがひとつになって目覚めうるとすれば、どのような形式において目覚めることは必然的に遂行されるのか」(XV 380)。フッサールは、超越論的自我が目的論の展開プロセスにおいて目覚めることが、すなわち、全主観性が「一切の形式の形式」である「目的論」として目覚めることであると考えている。しかし「このことはいかに理解されうるのであろうか」(ebd.)。ここで注目されるべきは、「目覚め」の概念が、個々の主観に限定されない「全モナド(Monadenall)」の目的論を射程に収めているということである。この洞察は、現象学を営む自我が自らを見出すのは、全主観性の目覚めという目的論的な「普遍的展開において」のみであって他ではないことに裏打ちされている(XV 381)。つまり、自我が自らを目覚めた眼差しで洞察することのうちに、常にすでに全主観性が目覚めていることへの気づきが含まれているということである。ここでは、自我がそもそもの初めから相互主観性における自我であることが、「原事実」として見抜かれていることになる。

しかしでは、なぜこうした洞察が可能になるのか。現象学を行う超越論的な「唯一の(einzig)」自我に対してのみ世界が開示されるのであれば、他者存在一切は、開示される世界内における構成された現象に過ぎない。これが、『デカルト的省察』の第五省察に繰り返し向けられた批判でもあった。フッサールは自問する。「私が現象学者としてこのことを認識するのであれば、私は自らが普遍的な展開のうちにあり、この展開が事実であることを知る。しかしここで同時に、どの程度まで本質洞察は獲得されているのか、もしくは獲得されうるのであろうか」(XV 381)。こうした疑念にもかかわらず、相互主観性が絶対的事実であるというフッサールの確信が揺らぐことはない。同じく一九三一年一一月に書かれた「目的論」という表題をもつ別の草稿でも、以下のように述べられている。「われわれが先所与されている世界の超越論的構成を体系的な歩みにおいて下から上へと組み立てる際には、以下のことが留意されねばならない。すなわち、当然のことながら、流れゆく成素における現実的内実の事実が、本質形式にとっての前提であるということである。このことが、『絶対的なもの』、つまり超越論的相互主観性一般にとって妥当することに疑いの余地はない。われわれが露呈する絶対的なものとは絶対的な『事実』なのである」（XV 403)。

　超越論的相互主観性の絶対的事実について述べた先の草稿 Nr. 22 でフッサールは、遡及的問いが露呈する目的論的プロセスの「端緒」に、以下のような意識の原構造が成立していることを指摘する。「遡及的に問う際に最終的に、原ヒュレーの変転などの中で原キネステーゼ、原感情、原本能とともに原構造が生じているということである。したがって事実には、原素材がまさにそのように統一形式において経過し、その本質形式は世界性に先立ってあるということが存している。そうであれば、私に対する世界全体の構成がすでに『本能的に』予描されているように思われる。……したがって、事実には、あらかじめ目的論が生じていることが含まれている。完全な存在論は目的論であり、その存在論はしかし事実を前提している。私は必当然的であり、必当然的に世界信憑のうちにある。私に対する世界性または目的論が、その事実において解明可能であり、超越論的に解明可能なのである」（XV 385)。この意識の原構造が、第IV章でわれわれが詳述した身体化された意識流であることは容易に見て取れる。この洞察を通じてフッサールは、「超越論的本能」と「目的論」の内的なつながりを観取するのである。一九三一―三二年の間に書かれた草稿では、「超越論的本能。もちろん本能の心理学的概念は、……構成された形成体であり、構成された世界に属している。それに対して超越論的探究は、超越論的目的論の根本概念としての超越論的本能が帰属する超越論的発生の問題へと通じている」[29]と述べられている。超越論的本能は超越論的目的論の根本概念である。さらに一九三四年の草稿でも、「超越論的本能は、エゴの志向性の総体性を

貫いて進む普遍的傾向という意味で、絶えざる普遍的目的論である」と繰り返されている。(30)

自我は絶えず全主観とひとつになって目覚め、その自我意識の原構造が身体化された意識流に見出されるとすれば、超越論的相互主観性の原事実は、衝動的運動に巻き込まれたヒュレーと感情が意識流として生起する場に根づいていることになる。フッサールは先の原構造に関する引用の続きで、「ヒュレーの原事実」に言及し、「それなしではどんな世界も可能ではなく、どんな超越論的全主観性も存在しない」と述べる（XV 385）。ヒュレー的流れとしての意識流が、自我の能力によって生み出されるのではないのと同様、相互主観性の原事実も自我的な志向性を通じて構成されるものではない。むしろヒュレーの生成が限りなく「主観的な（subjektiv）」自我の母体であると同時に、自我の能力を凌駕する「異他的なもの（ichfremd）」であったように、原事実としての他者も、自我に異他的な意識の原構造に由来する。「意識」は、自我にとってすでに「異他なるもの」でもある。それゆえ、自我の目覚めが同時に、全主観性が目覚めることを必然的に含意するという先の目的論的プロセスは、超越論的自我が「自我に異他的なもの」に一切を負いつつ、生成することを意味している。このことをフッサールは同草稿の続きで以下のように述べる。「私は自らのうちに『原偶然的なもの（Urzufällige）』の核を担っている。〔つまり、この原偶然的なものを〕本質形式ないし、世界的な本質必然性を基づける能力可能的な機能することの形式のうちに担っている」（XV 386）。自我が自らでありうるのは、自らのうちに異他なるものを絶えず感触しているからである。ここで洞察されている目的論はそれゆえ、「眠れるモナドから顕在的モナドへの必然的な絶えざる展開プロセスである」（XV 610）と同時に、そうした展開の必然性を、その内部から震撼させる原偶然性を秘めたものでもあることになる。したがって、目的論の必然的展開とその破綻の可能性を同時に秘めつつなおも生成しつづける意識のプロセスがここでは捉えられようとしている。

（2）　衝動と相互主観性論

前節で示された「相互主観性」、「衝動」、「目的論」という三つのタームの内的つながりを背景にしつつ、フッサールは一九三三年九月、相互主観性の原事実を意識の衝動システムの中で解明しようと試みている。「原初性は衝動システムである。われわれが、この原初性を根源的に立ちとどまる流れることとして理解するとすれば、そこには異他なる流れへと入り込むすべての衝動が存している」（XV 594）。こうした議論の萌芽はすでに、一九二七年の草稿で以下のように述べられていた。「個々の主観がその能動性を、暗く、盲目的な受動性という根拠のもとで展開するのと同じことが、社会的な能動性にも妥当する。しかしすでに受動性が、つまり本能的で衝動的な生が相互主観的連関を産出することができる」（XIV 405）。相互主観的連関は、自我の能動的生に先立つ衝動的生から産出される。一九三三年の先の草稿でフッサールは、この衝動的生の問題を「親の問題、もしくはとりわけ性交の問題系との連関で生じる母と子の問題」として考察している（XV 594）。

われわれは第IV章五節で、フッサールが身体性の起源を乳児の授乳経験における衝動的運動に見ていたことに触れた。衝動はキネステーゼ的運動に巻き込まれたヒュレーと一体になりつつ作動する。その際、他者を認知的に構成する自我機能としての志向性が発動することはなく、志向的に他者が付帯現前化され、構成されることもない。また、この段階で問題になる自我は、「目覚めることに先立つ自我、すなわちいまだ生き生きとしていない先自我」であり、それは「その様式ですでに世界をもっている。〔しかしそれは〕先－様式におけるその非顕在的な世界をもっているのであり、その世界で自我はまだ生き生きとしてはおらず、その世界に対して目覚めてもいない」（XV 604）。では、衝動が端的に作動することと相互主観性はどのような関係にあるのか。[31] フッサールは一九三三年の先の草稿で、衝動が作動することによる充実を以下のように記述する。「原モードの端的な充実では、われわれは一方の原初性と他方の原初性において、そのつど二つに分けられるべき充実をもつのではない。そうではなく充実の相互内在（Ineinander der Erfüllungen）を通じて産出される二つの原初性の統一をもつ」（ebd.）。この記述は、衝動充実のひとつのモデルである。第Ⅳ章五節で、母乳経験における乳児は、触覚と連動する口腔感覚の生成を通じて自らの充実を享受する衝動存在であることが示された。その際、母の身体が視覚的に認識されることはない。実際、新生児では眼の錐体細胞が未発達なため対象的「注視」は上手く機能せず、生後半年を過ぎても〇・一程度の視力しかない。それゆえ、「母」と「子」という二つの意識の原初性が視空間的に措定され、その間に志向性の橋を架けることが問題になっているのではない。そもそも志向性が照射される極構造が形成されていないのであるから、志向的作用の一類型である感入作用が機能することもない。

一切の志向性に先立ち活動する身体は、衝動充実の最中で自らが固有な身体であることに「雰囲気的なもの」の感知とともに気づき始める。第Ⅳ章五節（2）における「雰囲気的なもの」の分析は、超越化的傾向の強い視覚や聴覚ではなく、さらには局在化する触感覚でもない「味覚」や「嗅覚」といった口腔感覚に世界信憑の起源があることを証示していた。その際われわれは、この雰囲気的なものの経験を、認知的な志向性に必然的な「超越」契機を欠いた感覚体験であるにもかかわらず、自らではないものを感触する体験であると定義した。しかしそもそも、この「自らを超えたもの」を感触することが可能であるためには、超え出ていく当のものとしての自らを感じ取りつつ同時に自己ではないものに触れるという二つの意識の作動が必要となる。しかもこの異他なるものは、抵抗の背後に対象を確定する「努力」の作動を通じて捉えられるものではない。そうではなく、それに包まれてあることの中で初めて自らが形成されてくる、その当のものである。それに対して「努力」を起源とする認知的作動は、身体性が雰囲気的なものの感触とともに自己を形成する中で徐々に出現してくると予想される。(32)

それゆえ、自己と雰囲気的なものを感触する二重の作動には、表象的なものの関与は極めて低いはずである。乳児は、自らを知ることがないのと同様に、母を知ることもなく母とともにあることを体験する。つまり乳児は、母親の身体物体の認知に先立ち、母乳の匂いや味の中に包まれることで自らではないものを、自らを形成する最中で感触する。テレンバッハが述べるように、「匂いの中で乳児は同時に母親の本質を、つまりその雰囲気をも汲みとる」のである。[33] 乳児は、この雰囲気的なものに包まれ、そして時には母親の不在における雰囲気の差異化を通じて、安心感や心地よさ、不安や居心地の悪さといった様々なモードに感情が変転し特殊化することを体験する。乳児はこの段階では感情を通じて自らを養うのである。繰り返すように、ここでの感触は、身体活動の最中で行われる遂行的な気づきの一種であり、認識論的に語られる自我と他我の「等根源性」が問題になっているのではない。それらが認識可能なものとして並列的に初めから存在しているのでも、漠とした癒合状態があらかじめ存在しているのでもない。端的な衝動的運動の中で意識流としての自己は、自己ではないものに包まれてあることを、感情の差異化として感触すると同時に、そしてそれを通じてのみ身体的自己の作動を開始するのである。

衝動と相互主観性論の分析と並行して行われていた、C草稿における一九三〇年代のフッサール時間論の分析では、原印象と過去把持の関係について、以下のような類似的表現が繰り返し用いられている。それらは例えば、「印象的同時性の融合統一（Verschmelzungseinheit der impressionalen Simultaneität）」[34]、「瞬間的同時融合（momentane Simultanverschmelzung）」[35]、「印象と直接的な原過去把持の間での両者の同時性における……内容的原融合（inhaltliche Urverschmelzung）」[36]、「同時的対化（simultane Paarung）」[37]、「同時的流れ（simultanes Strömen）」[38]、「流れる把持的融合性（strömende retentionale Verschmolzenheit）」[39]といった表現に代表される。

フッサールはこうした表現によって、意識が意識として成立する衝動的プロセスを、原印象と過去把持という二つの意識機能が厳密な「差異」を維持しつつも「同時的に」生起することとして記述しようとしている。過去把持化のプロセスとは、原印象が自らではないものへと沈み込むことの中で原印象そのものを感触することに他ならない。これらの表現は、意識流のプロセスを、記述概念の限界において表現しようとするフッサールの苦心の記述である。そしてこのことはまた、上述の衝動的な自己形成の相互主観的プロセスと類比的である[40]。つまり自我の作動の起源が、自らではないものに触れると同時に自らを形成する身体的な自己の作動のうちにあるということと非常に類比的なのである。原初的な自我は、意識流において自らの作動を感触する。そのことは同時に、雰囲気的なものの中で雰囲気的なものとしての異他なる作動を感触することを意味する。その限りですでに雰囲気的なものは徹底的に相互主観的なのである[41]。ただし、繰り返し留意されるべきことは、こうした場面では志向性による対象認識と類比的に他者を構成することや他者の志向的変様が問題なのではない[42]。また、雰囲気や気分は、対象構成が行われた後に、その余剰として対象やその背景に投射されるものでもない。むしろ雰囲気がもつ強度的な差異を感触する中で、対象化可能な他者身体の現出の多様が、志向的能作に相関するようにして形成されてくるというのが発生的な事実であろう。

　このことに関して、フッサールは以下のような発言をしている。「作動する自我としての自我は、他の作動する自我との結合（Konnex）のうちに存在する」（XIV 409）。ここでは、「作動における結合」（ebd.）が問題となっている。異他なる作動は、志向性を通じて捉えられるようなものではない[43]。またC草稿では以下のように述べられてもいる。「相互に交流する共同体における私の自我と他なる自我はどんな延長的隔たりももってはいない。しかも私の生、私の時間化も他なる生ないし他なる時間化との間にどんな距離ももってはいない」（XV

577)。さらに一九三三―三四年の間に書かれたE草稿では、「第一の綜合的合致、それは直接的であり、そこでは私は他者との直接的な結合のうちに存在する」[44]と述べられている（vgl. auch XI 343)。自我と他我のこの結合をフッサールは、「根源的に本能的なコミュニケーションにおけるモナドの全性」（XV 609）などとも記述しているが、こうした言明の内実は、超越論的自我の志向的相関項として他者を構成しようとする自我の反省的能作からは理解されることはない。この「直接性」という認知的表現は、自我の実践的活動における他者との「隙間のなさ」として読み直されなければならない。つまり自我は、他者を対象として認識するに先立ち、他者とともに活動するのである。この意味でのみ自我の作動の形成プロセスはそもそもの始まりから相互主観的でありうる。

自我極が形成され、その作動が安定することで認知を可能にする志向性が発動する。それにより雰囲気的なものの中で感触されている異他なる作動は、志向性が向かう表象的現れの彼方へと押しやられる。つまりそれは、志向性が主題化する圏域に現れることができないものとして規定される。とはいえ、通常はこれで問題がない。しかし、この雰囲気的なものの感じ取りと認知的表象レベルでの他者との関係の「度合い」もしくは「距離感」に変様が生じると、容易に精神病理的症例として現れる[45]。典型的なのは人物誤認の一種であるカプグラ症候群である。この症例で患者は、特に親しいもの（両親や兄弟、配偶者、子供、ペット）が別人であると確信して疑わない。父親が偽者に入れ替わった、母親は実はスパイであるといった言明を患者は繰り返すのである。知覚的現れには全く変化がないことから、患者も確かに両親に似ていることは認める。しかしそれでも別人であると固辞するのである。極端な場合では継父をロボットだと思い込み、マイクロチップを捜すために首を切り落としたという報告もある[46]。患者の確信は、もはや人間であることが認識できなくなるほど強くなる。この症例で興味深い点は、患者は認識能力や知能に何の問題もなく、他人との交流も上手く行うにもかかわらず、特定の人物に対してのみ誤認が生じることにある。固有な他我の作動は、認知的志向性とは異なる仕方で気づかれているはずである。

これまでの論述から、一九三〇年代のフッサールにとって「本能的衝動」が、意識流の生起という「時間論」の展開と「相互主観性論」の展開のどちらにおいても枢要な役割を演じていることが示された。そしてこれら分析の成果は、前節で述べたフッサールの「普遍的目的論」のうちに配置される。そもそも意識の原構造の分析は、目的論的文脈の中で捉えられていた。意識流が時間化の作動を行うことがすなわち、その衝動的運動が発生的な原構造において超越論的相互主観性を可能にし、そのことが遂には全主観性の目覚めという「普遍的目的論」の展開プロセスとして成就される。こうした見取図をフッサールは描いていた。世界が私にとってだけではなく、すべてのモナド的成員にとってたった一つの世界として存在するには、自我は全主観性とともに目覚める必要がある。われわれは「唯一の世界」についての多様な現れをもつ。もしそうでなければ、われわれは雑多な世界現出の戯れの中を何の拠り所もないまま彷徨いつづけることになる。世界存在の確信、つまり自我の原信憑がそもそも徹底的に相互主観性に貫かれているからこそ、われわれにとってそのつど唯一の客観的世界が存在しつづけるのである。フッサールが一九三〇年代に提起した「普遍的目的論」は、意識の原構造における衝動的運動からのみ、世界構成が目的論的に展開されることを示している。「本来的なものとして、また周囲世界への関係における諸作用の中心として諸々の自我が新たに目覚めること……は、普遍的目的論において共決定された目的論として目覚めることであり、意識に即した統一的なモナド共同体における絶えず『上昇する』総体的志向性として目覚めることである。これは普遍的に構成された衝動共同体であり、流れることにおいてこの共同体に相応するのが、そのつどすでに地平的に存在する世界である。……この形式においてモナドの総体性は、一挙にではないとしても自己意識へと至る……」(XV 596)。

（3）　目的論における理性と衝動

前節でわれわれは、どのようにして超越論的相互主観性が「衝動」および「本能」といった超越論的意識の原初的運動を通じて説明されるのかを見てきた。その際フッサールは、自我が全主観性とひとつになって目覚めることは目的論的プロセスにおいてのみ成就されると考えていた。これまでわれわれは、幾つかの観点からフッサール現象学における目的論について言及した。それは、ヒュレーを生化するノエシスの「機能的目的論」であり、二次的感性ないし二次的受動性から自我の能動的行為を産出する「内在的目的論」であり、さらには前節で述べられた、意識の原構造における「衝動の目的論」であった。最後の目的論は、発生的現象学が明らかにする「意識の歴史の目的論」であると同時に、全モナドの目覚めという「相互主観性の目的論」をもその射程に含む。こうして見てみると、フッサール現象学が顕わにする様々な事象には、常にすでに目的論的刻印が刻み込まれていることが分かる。

ただしわれわれは、これら目的論を詳述すると同時に、それらに対する疑問点も指摘してきた。それは例えば、機能的目的論では、ヒュレー的成素の内実ないし時間意識との関わりが空虚化されるということであり、二次的感性における内在的目的論では、理性的な動機づけ連関から解放された意識の創造的力動性が、つまり原受動性のレベルが看過されてしまうということであった。そしてこのことにフッサールが気づいていたこともわれわれは指摘した。とはいえ、そもそもフッサールにとって志向性、つまり「客観化作用は、たとえ本来的な意味においてではないにしても、それでもやはり目的論的（規範的）意味において諸客観へと『向けられている』」(XXVIII 340)。したがって、「諸々の触発と作用がすでに存在論的構成へと調整されているのである。目的論的なもの。連合的な時間化の能作の進行がすでに目的論的意味をもっており、それは〈何ものかへと〉『狙いをつけている』」[47]。このことはつまり、フッサールが「志向性」を意識の本質規定として用いつつ事象を分析する限り、それが能動的であれ、受動的であれ、志向性が関与する問いの全位相で、そのつど形を変えた目的論が現れるということである。

それに対して第Ⅳ章におけるわれわれの課題は、意識流が成立する場における感性的感情ないし感性的ヒュレーの問いを、志向性が主題化される客観化のパラダイムから解放して分析することにあった。このことは、フッサール現象学における「理性」の問いをエポケーする試みでもある。その際のわれわれの論点は、一切の理性的問いとは独立に感性的感情および感性的ヒュレーは運動し、そのつど身体の固有な作動空間を形成しているということにあった。それはまた、「目的論的思惟」のエポケーをも意味していたはずである。二〇年代以降に行われた受動的発生の分析は、そうした意識の衝動的運動を記述することを可能にしていたし、それが第Ⅳ章における身体化された意識流の分析でもあった。しかし他方でフッサールは、この衝動的運動の中にさえ理性的な自我の形成を促すと同時に、相互主観的な原事実の基礎づけを可能にする意識の目的論が隠されていると考えていた。このことは、フッサールが本能や衝動に、客観化的傾向をもつ「志向性」の語を与えていることからも理解される[48]。ただし、衝動や本能が何らかの表象に方位づけられ、目的論的、理性的に作動するのかという、『論研』の時期にすでに立てられていた問いに関して（vgl. XIX/1 410）、フッサールが晩年に至るまで多くの相反する言説を残していることも確かである[49]。

差し当たり、フッサールの目的論的思惟の前提にあるのは、超越論的構成の手引きである現実的な「世界」が「斉一性（Einstimmigkeit）」を備えてすでに成立しているという端的な事実である。つまり、たとえ世界に様々な混乱や紛糾があろうとも、それにもかかわらず、「世界の全体知覚では斉一性が絶えず維持されている」

（VI 166）という確信をフッサールはもっている。それゆえ、発生的な原根拠としての意識の衝動的運動は、この「必当然的な世界所持」の形式へとまるで階段を登るように展開する。一九三〇年から一九三五年の間に書かれたE草稿の多くの箇所で、本能や衝動のこうした目的論が分析されている。「本能、根源的衝動、欲求の諸段階（それらはまだ、それらが目指そうとしているものを差し当たり知ることはない）。これはひとつの目的論であり、そこからだけ必当然的な世界所持が端を発しうる。これら本能や衝動もこの目的論それ自身の形式における必当然的な成素に属している」[50]。つまり、目的論的観点から見られた衝動運動とは、意識の「理性の歴史」を、その低次段階から徐々に披瀝していくことに他ならない。衝動および本能が作動する「低次段階は、その志向性に基づいて志向的に生成する未来について、いまだ何も知ってはいない。しかしその生成は、それにもかかわらず理性へと生成する。それはもちろん真なる存在の知を決してもってはいない。しかしその存在は、生成した理性の能作なのであり、しかもまさに理性へと必然的に進行する展開連関は、これを能作するものである自我が存在し、必当然的に存在し、私の人間共同体において存在するということに証示されている」[51]。

われわれは第IV章三節で、二次的受動的に習性化された自我の動機づけ連関を発生的に辿ることによっては、意識の根源的な運動に到達することはできないと述べた。意識流の衝動的運動は、二次的受動性における動機づけの網目の形成を結果として促すことはあっても、それによって動機づけられて生成するのではない。むしろ衝動的運動は、爆発音の例が示していたように動機づけの網目を切り裂くようにして意識の突発的変容を生じさせる可能性を秘めている。その限りでそれは、「隠された理性の層」（IV 276）としての二次的受動性からは区別される原受動的なものであったのである。それに対し、フッサールの目的論的思惟の根幹には、超越論的主観性の自己展開およびそれと相関する世界構成が、理性的な動機づけ連関の中でのみ生起し、調和的な統一へと至るという確信がある。「超越論的主観性の本質に属しているのは、その生の全体性ないし、世代的に統一化された生の全体性が、終始一貫して動機づけられているということであり、その際、時間化の統一、つまり諸主観がそこにおいてともに客観化される世界の客観化的時間化の統一が、展開動機づけ（Entwicklungsmotivation）の統一であるということである[52]」。こうした目的論的展開が完遂されるためには、衝動として生起する意識の原構造に常にすでに、展開プロセスを予描しつつ実現するためのプログラムが設定されている必要がある。そうであって初めて、動機づけられた意識の「理性的展開」が開始されうる。それゆえ、そのプログラムは、「合理性」を可能にする「非合理的なもの」であると同時に「目的論的根拠」となる。フッサールは、自我の生得的な「遺伝形質」をそのようなものとして記述している。「自我の生得的遺伝形質として……現実に働いている本能の『システム』。その恒常性は、自我とその世界が進展する『発展』における本能のシステムである。……主観性の生得的遺伝形質は、合理性を可能にする非合理的なものであるか、もしくはそれは一切の合理的なものにとっての『目的論的根拠』である合理性を自らのうちに宿していなければならない[53]」。

これらE草稿の引用から明らかになるのは、衝動それ自身は「盲目的に運動する」にもかかわらず、その進展が「意識の理性的展開」と重なるように現実化されるとフッサールが述べていることである。以前引用したB草稿でも、「本能的行為は、『目的を欠いた』活動の連なり〔であるが〕、それはあらかじめ目的として表象されてはおらず、直観的でも、非直観的でもなかったことをその統一において成し遂げる[54]」と言われていた。衝動が衝動である限りは、その作動が快の感情として充足されようと、不快の感情として欠乏しつづけようと、衝動自らにとって本来的なことではない。衝動それ自身は何らかの表象を目指す志向性ではない。絶えず欠乏しつつ充足する運動の継続が衝動の本性である。それは理性的でも非理性的でもない。したがってわれわれは、この意識の衝動的運動が理性の自己実現を成就し、その目的論的展開と合致することを見抜いている「視点」を明らかにしなければならない[55]。なぜ意識の衝動は理性的に展開し、それが「隠された『理性』[56]」であることが洞察されるのか。フッサール自身がE草稿の中で自問している。「現象学はここで初めて必須の構成的探求を完遂しなければならない。本能的衝動、つまり受動性のうちに絶対性をそのものとして宿している本能に由来する生は、確かに進展する。〔しかしその際〕いかにして絶対的自律としての絶対的な理性的生が〔その本能によって〕動機づけられるというのか[57]」。

フッサールによれば、衝動の展開は、超越論的相互主観性と世界現出の斉一性を「理性の自己実現」というかたちで成就する。しかしそもそも、この衝動の展開と理性の展開が一致する必然的保証は衝動運動それ自身の内には見出されえない。むしろフッサールが述べていたように、自我のシステムには原偶然的なものが絶えず侵食している。そしてこのことを慧眼にも見抜いていたのがラントグレーベである。「各人にとって重要なのは、自らの生の歴史においてその現－存を成功しつつある現－存もしくは『首尾よくいった』現－存として、あるいは失敗した現－存として経験するかどうかである。失敗することは、その目的論的連続性の破綻であり、人格的同一性の損失であり、成功することはその目的論的統一の保持である[58]」。それゆえ「……目的論は常に繰り返し新たに完遂されなければならない[59]」。目的論が繰り返し新たに完遂されなければならないということは、それは完遂しえない可能性に絶えず晒されていることを意味している。にもかかわらず、洞察された目的論が必然的であるのは、生成した当のものである「理性」が、自らの生成プロセスを物語的に洞察してしまうからである。「存在は『人間』そして理性に先立って在ることはない。そうではなくそれはただそこにおいて、そしてそれを通じてのみ存在する。〔しかし〕他方でそれは先行段階において、先－理性的なものが理性的なものへと生成することとして存在している。しかしその際、理性は存在するものとして前提されているのである。それは、すでに存在する理性を通じて先理性的なものとその展開を『後から構成する』ものとしての真なる存在なのである[60]。理性が存在するのは、それが生成プロセスを経ているからである。しかし、その生成プロセスは当の理性によって「後から構成される」。理性にとって、自らの生成プロセスは絶えず後なるものとして構成される。それゆえ理性の自己展開としての目的論とは、まさに今展開している理性が自らの前史を理性的に洞察した結果である。一九三一年の草稿でフッサールは以下のように述べていた。一切の形式の形式である目的論は、「確かに一切の経験に基づく存在者において証示される。しかしそれは、最も普遍的なものとして最初に証示されうるものなのであろうか。当然そうではない。それは即自的に（an sich）第一のものであるが、われわれにとって（für uns）最も後なるものである」（XV 380）。

本章一節、二節でわれわれは、フッサールが、現象学する自我の認識論的、反省的視点を重視し、その結果、意識流それ自身による時間化の可能性を否定したことに言及した。その際と同様の思惟が、この目的論的思惟にも現れている。つまり理性は、自らを形成する生成プロセスに志向性を後から流し込むのである。それゆえにこそフッサール現象学的における目的論は、「われわれに対して最も後に」、「即自的に第一のもの」として証示される。この洞察は、一切の現象を自らに対するものとして現出させ、それらの斉一的展開を見て取る現象学的自我によって行われている。「いまやここで熟慮されるべきは、世界は時間世界であり、それは世界としてすでに超越論的相互主観性を必当然的に存在するものとして前提するということである。とはいえ、このことは私から、つまり原－原初的な我ありの必当然性から存在する」（XXIX 332）。自我は、自らの生成を規定する目的論の解明に、自らの存在の必当然的明証性に訴えることで着手する。究極的な妥当根拠としての「原自我」について語られるのはこの場面である。しかしこうした思惟の展開は、衝動的運動の生成プロセスを当のプロセスの最中から捉えるのではなく、展開した理性の立場から、すでに構成された意識の歴史を遡及し、そのプロセスを改めて逆ベクトルへと再構成する試みである。そして、このようにして洞察された目的論は、あまりに早く旋回する風車が逆方向に運動して見えるように、本来の問いの位相を看過させる可能性を多分に含んでいる。つまり、自我の現象学的洞察は、目的論に不可避的な理性的意味を、衝動的意識の展開運動に過剰に付与している可能性があるのである。その意味を付与するのは、斉一的な世界現出に対峙しつつ、すでに生成展開を完遂した理性的自我に他ならないからである。

第五節　超越論的自我の死と意識生の不死性

(1)　目的論と神概念

前節でわれわれは、超越論的相互主観性を貫く衝動の目的論的展開が、一切の妥当性の源泉である自我の理性的立場から洞察されていることを明らかにした。とはいえ、この目的論的展開は、われわれが第IV章で明らかにした意識生の衝動的運動と一致することはない。というのもその運動は、たとえそれが理性の目的論に沿って一切を実現するかのように見えるとしても、理性的動機一切から独立に運動可能であり、それ自体は理性的でも非理性的でもないからである。にもかかわらず、彼は晩年に至るまでこの目的論的思惟を放棄することはなかったと思われる。ではたして、どのような真意を彼はこの目的論に見て取っていたのか。

われわれは第IV章四節（5）で、「自我とはそもそも、自らの作動が形成される原受動的な地盤を忘却すると同時に、自らを衝動に拘束されているものとして見出すという仕方でのみ存在しうる」と述べた。これは、意識の根源的衝動を自らに対するものとして自我が記述する際の規定のズレであり、むしろ自我はおのれの実践的自由を確保するためにもこうした置換を必要とする。またこのことは、発生的原初段階における意識の「努力」が、「自己超越」と「自己保存」という二つの運動に展開することとも関係している。つまり、自我の努力的展開は、志向性の発動による対象知の地平的拡大に伴い、「自己保存」を様々な形で成し遂げるのである。「とどまりゆく存在確実性を構成するものとしての自我の構成。その構成はその際、決定性の全体性において自ら自身を保存し、自己保存と自己修正の経過形式において自ら自身としての自らを保存するのであり、その相対的な自己保存を貫いてとどまりゆく自我を時間化する……」(XV 353)。対象の歴史の構成は、対象を認識する自我それ自身の歴史を形成し、そのことが遂には沈殿する様々な歴史を貫いて存在する同一的な自我システムの安定化を実現する。

またわれわれは、第III章四節で、フッサールが「意識流」および「自我」の両者を「理念」として特徴づけていたことも指摘した。それらは作動するものであるために反省の対象としては現出しえない。にもかかわらず、それらなしには世界の斉一的現出が可能ではないものとして観取されている。そしてこの目的論的思惟においても理念の問いは同様に浮上する。ただしここで問題になるのは、「絶対的な理性の段階、もしくは絶対的な理念の下での生、現象学的に基づけられた生」であり、それはつまり「普遍的な理性的生の理念」に他ならない。[61] この理念は、幾何学や質料的アプリオリという意味での単なる「本質」ではなく、世界構成がその十全的実現を目指して展開するための「テロス」である(vgl. XV 610)。それは、世界の斉一的、目的論的構成を統制するものとして要請されている。フッサール現象学における目的論はこの段階で、「理性の理念」へと向かう意識の展開プロセスのうちに一切の現象性を組み込むことを目論んでいる。このプロセスは、「真なる理念の自己実現」へと向かう無限の漸近的運動である限り、十全的に実現されることはない。にもかかわらず、過去－現在－未来からなる時間系列の中に一切の現象性が目的論的に配置されることで、現象の閉鎖系を作ることが可能になる。それゆえ例えば、このプロセスにおいては非合理的な自我の誕生でさえ、最高の合理性への展開途上として位置づけられるのである。(62)

さらにここで看過されてはならないのは、この無限の理性的運動の洞察を通じて、理性を体現するものとしての「超越論的自我」が、その理性の「永遠性」ないし「不死性」に与るということである。(63)それはすなわち、「超越論的な歴史の統一における超越論的主観性は、……永遠の超越論的発生における無限なもの（Das Unendliche）へと生成する」（XV 392）ことでもある。自我は、無限の現象性を自らに対するものとして現出させ、それを洞察する妥当性の原源泉点である。つまり、「超越論的モナドロギー全体は、恒常的な世界性の中で生き、世界を『客観的な』空間時間性において所持するエゴとしての私に対する妥当形成態として発現する」（XXXIV 474）のである。この段階で、根源的な衝動の派生態である自我の努力は、「永遠性＝不死」という究極的な「自己保存」を実現する。それがつまり、「人格の真なる自己保存への発展」(64)なのである。フッサールは一九三三年の書簡で、目的論と自己保存の関係について以下のように述べている。「重要なのは、普遍的目的論という表題のもとで取り扱われる、一切のものを包括する問題系です。それは言い換えると総体性の問題です。存在する開かれた無限の超越論的相互主観性の超越論的可能性という問題。この中には無限な連関における主観性一切の、つまり個別的であれ、社会的であれ、そうした主観性一切の『真なる自己保存』の可能性が含まれているのです(65)」。

受動的綜合の深化とともに自我の生成消滅についての多くの分析を残したフッサールが、その他方で、「超越論的自我の不死性および超越論的自我が誕生することの不可能性」(XI 377, vgl. IV 103, IX 487, XXXIII 471)についても繰り返し記述している。このことは、フッサールが、一切の現象性に居合わせる超越論的自我の誕生や死についての現象学的洞察が不可能であるという認識論的立場を固守していただけではなく、超越論的自我とは理性の永遠の展開運動それ自身であるということを確信していたことも暗示している。その意味では、フッサールにとって超越論的自我は、「死なない」というよりはむしろ「死ねない」というのに近かったのではないかと思われる。[66]というのもフッサールは、一切の現象性が理性的運動のプロセスにおいて展開するという目的論を、超越論的自我の明証原理に基づくだけでは確証しえないことに気づいてもいたからである。晩年のフッサールの思惟における目的論の問いが、「神」および「信仰」の問題に密接に関わっていることは、すでに多くの論者によって指摘されている。[67]目的論について論じたE草稿でフッサールは、「神の理念」と「目的論」の関係を以下のように述べる。「真なる存在とは、現実的な存在構成における超時間的な理念なのであろうか。そしてそれは、実在化において常に把握されており、存在する世界として不断に構成されている世界と理性的生物としての人間とともにあるものなのか。したがって理性は永遠のものなのであろうか。……ここで、神の理念と可能な存在総体性の原理としての世界目的論の理念が問題にならなければならない。それは、どの程度までこの目的論が達成し、どの程度までこの目的論が存在の愛と自由な意志に由来するものであるのかを解明することとひとつになっている。この目的論は、偶然や非合理性、死や一切の形式の運命を『支配する』ことにおける自由それ自身から動機づけられた『神の恩寵』それ自身である。そしてここに信仰の問題がある。それは低次段階の信仰の問題であり、理性的段階における信仰の問題でもある……」。[68]

フッサールが、理性の目的論の現象学的な確証を最終的に「神」のうちに求めようとしたのは、もはやそれ以上の理性的解明を許さない超越論的意識の生成という原事実に突き当たったからであろう[69]。世界を構成する超越論的自我が、原偶然的な衝動的運動の産物である[70]。この事実をどう理解するのか。現行の脳神経学的成果から言えば、人間のような理性をもつ自我システムは、進化的には比較的新しい皮質前頭葉が肥大化した結果、突如出現したものである。にもかかわらず、その自我によって洞察される世界には常にすでに斉一的な理性の働きが行き渡っているように見える。「理性」と「衝動」という、同一視も、一方を他方へと回収することもできない両運動の間に成立しているこの「事実」に、フッサールは「神」という言葉によって示される「驚異」を見ていた。すでに『イデーンI』で彼は、神の特殊な超越のあり方に言及しつつ、「事実が現実化する合理性は、決して本質が要請するものではないのであるから、一切の事実には不可思議な目的論が伏在している」（III/1 125）と述べていた。一九三一年のE草稿でフッサールは、この神が決して直観化されえない意識の最奥にある「本能的な予感」の内で感じ取られることを告白している。「根源的な『本能的』予感、根源的で、非直観的な神を予感する気づき。それはすべての現実的な関係の根底に存している。その際、特に考慮されるべきことは、現実的な内的な祈りである。真なる祈りにおいて祈りを捧げる自我は、外へではなく、内へと向けられる[71]」。この記述からわれわれは、個人としてのフッサールがこの予感に裏打ちされた人生を送っていたことを推測することができる[72]。確かにフッサールは、神に関わる現象学的洞察を「神への非信条的道[73]」と特徴づけてもいる。とはいえ、フッサールのこうした探求動向に、理性的現象学が至らざるをえないその「形而上学」としてのあり方を見出すことは十分可能であろう[74]。本能的衝動の理性的展開は、目的論的運動とともに「神」の問いへとフッサールを導くのである。

（2） 自我生から意識生へ

神という概念は、相互主観的な世界が斉一性を備えて成立しているという事実が、超越論的自我の能作だけによっては説明されえないことにフッサールが気づいていたことを暗示している。そもそも超越論的自我が全能であれば神の出番はない。それは理性の無限の展開運動に巻き込まれることで「不死性」に与るように見えるが、そうした自我の展開はそもそも「自己保存」を成し遂げようとする努力の帰結であり、この努力の作動は意識流の衝動的運動の派生態である。派生的運動が、「神」と同等の「絶対性」、「永遠性」、「不死性」を手にすることはありそうもない。われわれは本章三節（2）で、フッサールが「夢見ることのない眠り」という概念とともに、超越論的自我の死についての分析を試みていたことを確認した。本章を閉じるにあたってわれわれは、超越論的自我の不死性という先の主張の背景でフッサールが、もう一つのそれとは異なる不死性に関する議論を行っていることを指摘する。これまでわれわれは、「自我」と「意識流」は概念的にも、事象的にも厳密に区別されるべきものであることを強調してきた。意識は自我の意識に他ならないが、その自我ですら意識の根源的運動から生成するのである。

一九三六年の八月の終わりに書かれた草稿でフッサールは、「超越論的な意味での死」を以下のように定義している。[75]「超越論的還元に基づけられた真なる現象学、つまり絶対的な明証源泉に基づく現象学（この源泉において、すべての客観的明証性は絶対的主観の明証の対象になる）における死とは、超越論的エゴが人間としての自己客観化から切り離されることである」（XXIX 332）。超越論的自我は、自らを世界における人間として自己客観化することで、その世界へと入り込み、人格として生きる。このことは、超越論的自我が世界を構成すると同時に、自らをその世界における自我として統覚することを意味する。その限りで「世界構成」を「自我の自己構成」から切り離すことはできない。これは、努力の作動が、「自己超越」と「自己保存」という二つの機能によって特徴づけられていたこととも符合する。それゆえ、自我がこの自己客観化から切り離されるということは、同時に世界構成が終わることも意味する。フッサールが、「世界は、生まれ、死にゆく植物や動物、人間の形式における生の自己客観化である」（XXIX 334）と述べているのは、この二つの構成が切り離されえないからである。われわれは第Ⅲ章四節（2）で自我の作動を「第二の超越」として解釈した。この超越は、フッサール自身によって「世界の超越」として導入されていたことから、超越論的自我の死は、この世界への超越がもはや遂行されないことを意味すると思われる。ではその際、「第一の超越」としての意識流の作動はどうなるのであろうか。もしフッサールが、「自我」と「意識流」を単純に同一視することなく、それらを異なる作動として理解していたとすれば、自我の死がそのまま意識流の死を意味することはないはずである。

世界を生の自己客観化として特徴づけた先の引用の全文は以下のようになっている。「一における全は生であり、世界は、生まれ、死にゆく植物や動物、人間の形式における生の自己客観化である。生は死なない。というのも生はただ生の普遍性と内的統一においてのみ存在するからである」（XXIX 334）。植物や動物、人間がこの世界に生まれ、死にゆくものであるのに対して、生それ自身は死ぬことはない。(76) それゆえ、ここでの問題は、この引用文における「生」がいったい何を意味しているのかである。おそらくフッサールは、この「生」を「超越論的自我」ではなく、「流れること」すなわち「意識流」として考察している。というのも、この引用の後でフッサールは、「私の必当然的洞察は、私に妥当する世界において消えゆくものである。身体とともにある人間としての私に関しても同様である。しかし時間化と世界化が起こる流れゆく原初的生についてはどうなのであろうか」（ebd.）という問いを立て、その脚注でこの「原初的生は始まることも終わることもできない」（ebd. Rb.）

と記しているからである。フッサールは、流れることとしての意識の根源的運動は、たとえ自我による世界構成が止んでも、終わることがないと考えていたように思われる。

この草稿でも超越論的な死の問題は、自我が「夢見ることのない眠り」へと沈み込むこととして考察されている。つまり、自我が自己客観化の能作から切り離されるということは、当の自我が「眠り」の状態へと沈み込むことに他ならない。「それゆえ夢見ることのない眠りは究極的な極限である」(XXIX 337)。しかも、「夢見ることのない眠りでは、沈み込むことではなく、沈み込んでしまっていること〔が問題になる〕。断念し、一切の把握から退去することではなく、もはや把握することも統覚することも現在することもない、退去していることを—もつこと〔が問題なのである〕」(ebd.)[77]。この眠りをわれわれはアギーレに倣って「絶対的な無差異」、もしくは「完全に差異を欠いた流れること」(IX 487) と特徴づけることができる[78]。

先の草稿の続きでフッサールは、この「夢見ることのない眠り」という極限においてもなお「意識流」としての生が作動しつづけるのではないかという問いを立てている。「退去していること—をもつこと、何も—把握しないこと—をもつこと、何ものも—制御しないこと—をもつことでさえ、生のひとつのモードなのではないか。生は、このモードにおける生としての流れる生なのではないか。つまり、刺激や統覚に対して閉じてはいるが、それでもなお流れゆくものなのではないか。他方で、目覚めることは、この流れることにおけるモードの変転なのではないか。つまり、〔この変転を通じて〕感官が開かれ、感覚野の刺激が始まり、統覚が起こり、その統覚されたものが関心の対象として知覚野全体を覚起し、地平が顕在的になるということなのではないか」(XXIX 337)。超越論的自我の死である「夢見ることのない眠り」は、意識流が止むことを意味してはいない。むしろ自我の死でさえ端的な意識生のひとつのモードである。つまり眠りとは、「流れることが目覚めていないモードへと移行した」（XXIX 338）にすぎない。「夢を見ることが目覚めの異常なモード」（XXIX 336）であるのと同様に、フッサールは、意識の本能的、衝動的運動から自我の努力ないし異他なるものの作動が派生し、それらが理性の自己実現としての目的論的プロセスにおいて展開することを、意識生の作動のモードの変転として捉えようとしている。つまりフッサールは、無差異が差異化し、差異化されたものが再び無差異へと変転するプロセスを、生のモードの変転として理解しようとしている。衝動的作動である生は、様々な現実化のモードの変転としてのみ現象世界と繋がっている。このことをフッサールはあるC草稿で、「すべての本能は不死であり、それは様々な現実化のモードのうちにだけ存在する」と表現している。(79)

こうした思惟からわれわれは、フッサールが自己保存の究極的実現である「不死性」を「超越論的自我」ではなく、「意識生」に求めようとしていたことを推測することができる。たとえ「不死性に関する問いがそもそも理性的問いである」（VI 7）としても、ここでなされた選択は、先に詳述したフッサールの目的論的思惟に、ある種の変更を迫ることになるはずである。というのも、流れることとしての意識の衝動的運動は、何らかの目的表象に志向づけられて作動することはなく、真なる理性の自己実現を目指す目的論的運動でもないからである。われわれは意識生の運動の現実化を「後から」事実として確認するにすぎない。たとえ現実化された世界が理性的な斉一性を十分に備えているように見えてもこのことに変わりはない。超越論的自我は自らの最内奥に「原偶然的な核」を宿している。生の端的な運動は、理性の代弁者である超越論的自我ですら、生それ自身のひとつのモードにすぎないことを暴露する。その限りで、世界を構成し、その現出に立会う自我は、自らの超越論的能作の「有限性」にどこかで気づいているはずである。(80) そのことへの不安が、目的論への飽くなき憧憬として、フッサール現象学に刻印されつづけたようにも見える。

こうした帰結を受けてわれわれは、一九三〇年代におけるフッサールの思惟の展開をどのように理解すべきであろうか。最晩年の『危機』書でフッサールは、なぜ人間は普遍的哲学を必要とするのかという問いに、「理性、非理性に関する問いを慎重に排除する」客観的実証科学は、われわれの世界に「意味」を与えることができないからであると答えている（vgl. VI 4）。彼によれば「絶対的理性への信仰」（VI 11）からのみ「世界はその意味を受け取る」（ebd.）のであり、その意味こそが「目的論的存在」（VI 275）としての人類によって勝ち取られねばならない当のものなのである。このことを示すのが哲学者としてのフッサールの使命であった。[81] それに対してわれわれは、意識が意識として成立するための生の衝動的運動を理性的でも非理性でもないと特徴づけてきた。このことはしかし、フッサールが批判した客観的で、実証的な科学をわれわれが信奉すべきであることを意味してはいない。むしろこの生の端的な運動は、哲学的、理性的思惟が、物理学に代表される実証科学が人間の精神的生を無意味なものに変えたのとは逆に、自らの生に過剰な意味を与えることを告発する。[82] 理性による事象の制圧は、哲学的思考の停滞ないしイデオロギー化に容易に結びつく。にもかかわらず、フッサールの思惟がそうした単純な定式化を拒んでいるのは、彼がおそらく自らの思惟を理性的に徹底化し、それが理性の究極的理念である普遍的目的論として実現される瞬間に、その足場を崩壊させる生の自体的運動を目の当たりにしていたからである。様々な草稿におけるフッサールの思惟の矛盾的展開がそのことを証示している。衝動的運動として生起する意識流は、われわれ自身の生であり、われわれを育むものである。それにもかかわらず、いやむしろそれゆえにこそ、われわれはこの生によって脅かされることもある。[83] 端的な生の運動は、自らに与えられる意味づけを、たとえそれが無意味という意味づけであったとしても容易に受け入れることはない。生それ自身の充実は、哲学的理性や客観的学問による後からの意味づけを必要としてはいないのである。とはいえこのことは、フッサールが危惧したように人間と世界の生が無意味になることを意味してもいない。むしろわれわれは、われわれの生であるにもかかわらず、われわれが決して手中に収めることのできないその自体的運動から、自らの生のかけがえのなさをそのつど洞察するのである。それはつまり、常にすでに新たな意味が生成する現場にわれわれが立ち会っているということに他ならない。衝動や感情として生成する意識流としての生は、一切の現出を伴わず、つまりその意味ではヒュレーの産出さえ伴わない運動の予感の中にとどまることも可能であった。にもかかわらず、生はその作動を止めることはない。生の意味は他のものによって与えられるのではなく、生それ自身から生成するのである。

おわりに

われわれはこれまで、感情や衝動という意識現象がフッサール現象学においてどのような事象的布置を有しているのかを明らかにしてきた。その際われわれの探求の導きの糸となったのは、フッサールが『論研』で導入した三つの意識概念であった。それらは、第一の概念「意識流としての意識」、第二の概念「内的に気づいていることとしての意識」、第三の概念「志向的体験としての意識」という三つの意識概念である。われわれはⅠ、Ⅱ、Ⅳの各章で、それぞれの意識概念における衝動や感情の位置づけを明らかにしてきた。つまり、第Ⅰ章では志向性という観点から捉えられた感情のあり方を、第Ⅱ章では明証体験としての感覚ないし感情のあり方を、第Ⅳ章では意識流として生成する身体的自己とともにある感情のあり方を詳述したことになる。そして第Ⅴ章では、第Ⅰ章からⅣ章までの成果を考慮しつつ、フッサールがその晩年の現象学的探求において衝動や感情の問題を最終的にどのように位置づけようとしていたのかを、理性の目的論的展開という問いの中で解明したつもりである。

特に第Ⅴ章では、フッサールが衝動や感情現象を、第一の意識概念のもとで分析するのか、もしくは第三の意識概念に包括して分析するのかに常に迷いをもちつづけていたことが示されている。この迷いは、第二の意識概念である明証性意識をフッサールがどのように理解していたのかによって際立たせることができる。つまり、「内的に気づいていること」としての明証性意識が、理性的自我の「反省」的思惟にその源泉をもつものとして理解されるのか、もしくは遂行的な身体の気づきである「原意識」として理解されるのかによって、感情、衝動体験の解明の仕方が全く別様なものとなるということである。前者は、一切の現象性に居合わせる妥当性の源泉としての「自我」の明証性を起点に、事象を志向的体験として分析する立場を貫くことであり、後者は、自我の明証性ないし志向性それ自身が形成される場における気づきとしての原意識を手がかりに、意識の生成的位相を明らかにする立場であった。特にフッサールの晩年における思惟には、意識の発生論的生成の問いを追究しつつも、第三の意識としての志向性概念を拡張し、そのもとに第一と第二の意識概念を包括しようとする傾向が見出された。こうした思惟の傾向は、感情や衝動が受動的発生における意識の原初段階で重要な役割を演じているという発生的分析の成果を否定するところにまで推し進められたのである。

われわれはまた、志向性ないしフッサール現象学それ自体を規定している「客観化のパラダイム」が、こうした思惟の背景に深く根づいていることも指摘した。このパラダイムの中でフッサールは、絶対的合理性ないしは真なる存在を求める理性的生という理念のもとに一切の現象性を洞察し、そのことによって感情や衝動をも含めたすべての意識体験を「普遍的目的論」に巻き込まれているものとして証示しようと試みたのである。このことはつまり、発生的な原初段階における意識の衝動的運動が、唯一の世界が現出するのに不可欠な相互主観的連関を可能にし、それが遂には客観的世界の斉一性をも実現する、合理的なもの一切の原根拠であることをフッサールが確証しようとしていたことを意味する。彼が、意識の原構造に、世界現出の目的論的プログラムが常にすでに本能的に予描されていると述べたのは、理性が意識の歴史に徹底的に染み込んでいることを示したかったからに他ならない。

しかし他方でわれわれは、「理性」的意味を強調しすぎる思惟の立場が、感情や衝動の本来的な問いの位相を見失う可能性を孕まざるをえないことも繰り返し指摘してきた。というのも、意識の衝動的運動が見出されうるのは、意識流の問いを理性的な「客観化のパラダイム」から解放することによってであったにもかかわらず、その意識生の衝動力は、自我の理性的展開を必然的に動機づけるもの、もしくは自我の人格性および自由を獲得するために克服されるべきものとしてのみ理性的目的論のうちに掬い取られることになるからである。本来的には、理性的動機づけからは独立に作動する意識の運動こそが衝動だったのである。その限りで、この運動の原事実が理性的思惟によって根拠づけられることはなく、その運動が目的論的な世界現出を実現する保証もない。したがって、たとえ超越論的自我にとって相互主観的な世界が紛れもない斉一性を備えているものとして現出していようとも、この事実そのものには常にすでに原偶然的な核が含まれている。

つまり、フッサールは一方で、超越論的自我をそれ以上の遡及的問いを阻む「原事実」と特徴づけようとしたのに対し、他方で受動的綜合の分析を通じて、その原事実そのものに創造的で、生成的な問いの可能性が含まれていることに気づいてしまったのである。晩年のフッサールが、「生」としての「自我」ではなく、「生」としての「意識流」のうちに見ていたものは、超越論的自我そのものの生成消滅ですら端的な生の運動のひとつのモードであるということである。身体的存在として生成する意識流は、理性的な世界へと介入しえないような存在へといつ変様してもおかしくはない。そして現実に、そうした存在を引き受けつつ生き抜かねばならない多くのものたちが存在している。超越論的自我が変様してしまう可能性が、生それ自身に含まれていることを現象学的に証示できないとすれば、そうした現象学の試みは、あまりにも現実世界の多様性を矮小化して捉えていると言わねばならない。とはいえ逆に、そうした展開の可能性だけをフッサールが追及していたと述べることができないのも明らかである。それゆえ、フッサール現象学において感情および衝動といった事象がどのように位置づけられるのかという問いの解答としては、相反する二つの可能性が残り続けるのである。このことはまた、フッサールがすでに『論研』において立てた問い、すなわち「感情体験は、志向的体験であるのか、非志向的体験であるのか」というこの単純な問いに、彼の生涯にわたる感情概念の分析が規定されつづけたということを示してもいるのである。

あとがき

本著は、二〇〇五年一〇月に東洋大学大学院文学研究科に提出され、翌年三月に学位を与えられた博士課程論文『衝動の現象学－フッサール現象学における感情と衝動の位置づけ－』から内容の一貫性が損なわれない範囲で助長な論述を削り、そこに必要な補足を付け加えたものである。

これまでの研究の中で、徐々にではあるが紛れもないものとなったことが幾つかある。そのひとつは、自分の傾向として、話や物語としてたとえ理解できたとしても、現象学的な意味でうまく経験できないもの、実感のもてないものについてはなかなか書き進めることができないということである。それゆえ特に、フッサールが晩年に集中して行った、キリスト教的な背景をもつ「目的論」や「神」に関わる問題は、正直荷が重く、いまだに納得がいっていない。それでも、概念把握およびその配置を行うことだけで理解した気になってしまう自分を、繰り返し括弧に入れるようにして論を進めたつもりである。また、フッサールという人は、本来的な像を捉えることが本当に難しい哲学者であることも繰り返し実感した。フッサール像を打ち立てるということは、テキストに基づき、ひとつの物語を綴ることである。ただし、物語を組み立てるには、ある観点ないし立場に立脚し、フッサールのテキストを丹念に解読していく必要がある。ということはつまり、解釈者がその立脚点から、フッサールが立てたさまざまな問いを根本問題と派生問題に振り分け、本来的と称される物語の糸を紡ぎだすということである。そして、実はここに無理がかかる。フッサール本人は、そうした振り分けを行うことなく、というよりは首尾よく振り分けることができずに、したがって多くの矛盾を抱え込んだまま、さまざまな問題に同時に取り組めるだけの精神の強靭さを備えていた。ここにこそ、フッサールの職人的な天才性、ふところの深さが発揮されている。にもかかわらず、それぞれの解釈者がある一つの根本的立脚点から記述を組み立ててしまうと、そうしたふところの深さが削ぎ落とされ、理路整然とした、ときには哲学的に素朴な、幾つものフッサール像が統合されないまま乱立することになる。その典型的な例を、本書で扱われた「自我」と「受動的綜合」の関係にも見て取ることができる。フッサール現象学において「自我」をめぐる問いを根本的なものとして解釈する場合、「受動的綜合」や「身体性」といった問題は単なる派生問題として振り分けられ、全く扱われないことすらある。また逆に、「受動的綜合」や「身体性」を前面に出す解釈では、「自我」の問題が軽視されがちになる。しかし、私がテキストを読んできた限りでは、フッサールは、どちらかを根本的なものとして最終的に受け入れることができず、常に迷いをもちながら両問題系を展開させていったというのが、本当のところだと今でも確信している。たとえ明確な結論に至らなかったとしても、そうした迷いの中を進んでいくことでフッサールは、「現象学を行う」ということがどういうことなのかを示しつづけているように見える。本書の試みが、そうした迷えるフッサール像を少しでも描けていることを、著者としては望むばかりである。

改めて本書を振り返ってみると、特に第Ⅳ章は、みずからの経験の裏打ちが強く、フッサールが行った分析以上に踏み込んだ議論を行っている感が強い。それに対して第Ⅴ章（特に後半部）には、経験の裏打ちが弱いまま「目的論」という難題に取り組まねばならない困難さ、そして力不足が端的に現れている。したがってⅣ章、Ⅴ章には今後の課題が山積している。諸批判をいただけたら幸甚である。

本書の土台となった博士論文は、東洋大学の山口一郎教授（主査）、および村上勝三教授（副査）、河本英夫教授（副査）による審査を経て受理された。

もともと私がフッサール研究に従事することになったのは、山口一郎教授との出会いがあったからである。先生には、私が修士の学生のころから現在に至るまで、あたたかい眼差しのもとで一貫して研究の展開を見守っていただいている。先生の先行研究およびフッサール現象学にかける情熱がなければ、今の私はなかったといっても過言ではない。特にドイツ留学の際に書き上げた本論は、遊び呆けて弱音を吐いていた私に対する先生からの叱咤激励がなければ、とても完成することはできなかった。先生とこれまで交わした議論の文書は、今や一冊の本になるほどに積もり積もっているはずである。そうした議論の場をいつも与えてくれ、先生の立場に何度も噛みつく私をそのつど受け入れてくれる山口先生に、この場をかりて改めて深く御礼申し上げたい。本書の出版が先生のこれまでのご助力に少しでも報いることができれば本望である。

また論文の副査である村上勝三教授からは、近世哲学と現代哲学という畑の違いを超えて、厳しくそして正当なご批判をいただいた。先生のご意見は、西洋哲学の伝統の深さと重さに対して私の目を絶えず開かせてくれ、現代哲学を研究している者が、いかにその伝統を軽視しがちであるのかを痛感させられる。本書は先生のご批判に答えるほどのものには到底なっておらず、先生からのご批判が私にとってどれだけの影響力をもっているかは、今後の研究の中で示していくより他にない。

同じく副査である河本英夫教授からは、現象学の可能性を拡張するための創造的示唆をいつもいただいている。自分が経験できないことは一切認めないことをモットーとする先生の洞察力は、現象学者以上に現象学的なところがあり、先生と議論するときにはいつでも、知らずに用いている自分の思考の枠組みがどんどんエポケーされ、その当惑の中で次の一歩を踏み出すよう背中を押されている気になる。実際に多くのフィールドで、新たな現象学を立ち上げつづけている先生がいなければ、テキストを読むだけでは現象学を実行することができないということを、一生理解できずにいたかもしれない。

村上先生からは百年後の「自分の研究」を、河本先生からは三か月後と十年後の「自分」を同時に考えながら研究に従事しなさいという言葉をいただいた。これら言葉の重みは決して忘れることはできない。お二人に心より感謝を申し上げる。また博士論文が受理された後に行われた論評会では、日本大学の村上靖彦先生、高知女子大学の吉川孝先生から貴重なご批判・ご意見をいただいた。さらにその際、とび入りで提題者になっていただいた東洋大学の武内大先生には、公私にわたり本当にお世話になっている。この場をかりて三人の先生方にも御礼申し上げたい。

本書のもとになったのは以下の諸論文であるが、著作として構成する際に大幅な加筆・修正を行ったため、もとの論文構成の原型をとどめていないだけではなく、新たな書き下ろし部分が各章にかなり含まれていることもお断りしておく。特にⅣ章全体およびⅤ章の後半部は、ほぼ完全な書き下ろしである。

初出一覧

第Ⅰ章　意識の志向的分析における感情の位置づけ
（「フッサール衝動の現象学－意識の志向的分析における感情の問題－」『東洋大学大学院紀要』第三九集、二〇〇三年）

第Ⅱ章　感情体験と明証性
（「フッサール現象学における感覚論の一考察－身体とヒュレーの現象学にむけて－」『フッサール研究』第二号、二〇〇四年）
（「フッサール衝動の現象学⑵　内的時間意識における感覚の明証性と作動の現象学」『東洋大学大学院紀要』第四一集、二〇〇五年）
第Ⅲ章　自我の存在と受動的綜合
(„Ich, Leben und Trieb Das Problem des Ich und des Bewusstseinsstroms bei Husserl", *the Asia volume of PHENOMENOLOGY 2005*［二〇〇七年、ウェブ上のリソースとして掲載］)
（「自我・生・衝動－フッサール現象学における自我と意識流の問題－」『現象学年報』一九、二〇〇三年）
（「自我と先志向性の問題－一九三〇年代のフッサールにおける受動的綜合の展開をめぐって－」『哲学』五七号、法政大学出版局、二〇〇六年）
第Ⅳ章　感性的感情と意識流
前掲論文（二〇〇四年・二〇〇五年）、および書き下ろし
第Ⅴ章　衝動と普遍的目的論
前傾論文（二〇〇六年）、および書き下ろし

末尾になるが、知泉書館の小山光夫さんには、厳しい出版状況の中、哲学の専門書の出版を快く引き受けていただいた。出版計画の段階から多くの貴重なアドバイスを与えてくださった小山さんに、本書の核心部を理解い

ただけているという安心感が、私にとってこの上ない自信と力になった。その際、髙野文子さんにも、きめ細やかなご配慮をいただいた。お二人に衷心から感謝を申し上げたい。

また、カバーの図版は、ドイツ留学中に知り合った、絵画や写真を通してアーティスト活動を行っているアニー・コレンバッハに贈っていただいた。人間性の出現という本書のテーマにぴったりの素敵な絵である。日本から彼女の今後の活躍を応援したい。

最後に、哲学などという得体の知れないものを始めるという私のわがままを、喧嘩もしながら最終的に許しつづけてくれている両親に、言葉にならないほどの感謝を捧げる。

なお本書は、東洋大学、平成一九年度「井上円了記念研究助成金」を受けて出版される。

稲垣諭

二〇〇七年初秋

稲垣　諭（いながき・さとし）

1974年，北海道生まれ。青山学院大学法学部卒業，東洋大学大学院文学研究科哲学専攻博士後期課程修了。文学博士。現在，東洋大学「エコ・フィロソフィ」学際研究イニシアティブ，ポストドクター，同大学非常勤講師。専門は，哲学，現象学。

〔主要業績〕「フッサールが感情現象に見ていたもの――M草稿を手がかりにして」（『現象学年報』23，2007年），「持続可能性の実現とその課題――オルタナティヴ・デザインとしての哲学」（『「エコ・フィロソフィ」研究』Vol. 1，2007年，URL.http://tieph.toyo.ac.jp/index.html），「自我と先志向性の問題」（『哲学』No. 57，2006年）。『哲学の現場，そして教育』（東洋大学哲学講座別巻，共訳，知泉書館，2007年），荒川修作＋マドリン・ギンズ『死ぬのは法律違反です』（共訳，春秋社，2007年），ベルンハルト・ヴァルデンフェルス『講義・身体の現象学　身体という自己』（共訳，知泉書館，2004年），ヴァルデンフェルス「パトスと応答の間における現象学」（訳，『思想』No. 968，2004年）他。

〔衝動の現象学〕　ISBN978-4-86285-019-5

2007年10月25日　第1刷印刷
2007年10月30日　第1刷発行

著者　稲垣　諭
発行者　小山光夫
印刷者　藤原愛子

発行所　〒113-0033 東京都文京区本郷1-13-2
電話03(3814)6161 振替00120-6-117170
http://www.chisen.co.jp
株式会社 知泉書館

Printed in Japan　印刷・製本／藤原印刷

Phänomenologie des Triebs

Erklärung der Triebe und der Gefühle in der Phänomenologie Husserls

von

Satoshi INAGAKI

Cisenshokan Tokyo

2007

Inhaltsverzeichnis

索　引

（n は注番号，II-4n は第II章の注 4 を指す）

ア　行

カ　行

サ 行

タ　行

ナ　行

ハ　行

マ　行

ヤ　行

ラ・ワ　行

文 献 表

1．フッサール全集（本文で引用されたもののみを挙げる）

I: *Cartesianische Meditationen und Pariser Vorträge*. Edited by S. Strasser. The Hague, Netherlands: Martinus Nijhoff, 1973.

II: *Die Idee der Phänomenologie*. Fünf Vorlesungen. Edited by Walter Biemel. The Hague, Netherlands: Martinus Nijhoff, 1973.

III: *Ideen zu einer reinen Phänomenologie und phänomenlogischen Philosophie*. Erstes Buch: Allgemeine Einführung in die reine Phänomenologie. Edited by Walter Biemel. The Hague, Netherlands: Martinus Nijhoff Publishers, 1950.

III/1: *Ideen zu einer reinen Phänomenologie und phänomenologischen Philosophie*. Erstes Buch: Allgemeine Einführungin die reine Phänomenologie 1. Halbband: Text der 1.-3. Auflage - Nachdruck. Edited by Karl Schuhmann. The Hague, Netherlands: Martinus Nijhoff, 1977.

III/2: *Ideen zu einer reinen Phänomenologie und phänomenologischen Philosophie*. Erstes Buch: Allgemeine Einfuhrung in die reine Phänomenologie, 2. Halbband: Ergänzende Texte, (1912-1929). Edited by Karl Schuhmann. The Hague, Netherlands: Martinus Nijhoff, 1988.

IV: *Ideen zur einer reinen Phänomenologie und phänomenologischen Philosophie*. Zweites Buch: Phänomenologische Untersuchungen zur Konstitution. Edited by Marly Biemel. The Hague, Netherlands: Martinus Nijhoff, 1952.

V: *Ideen zur einer reinen Phänomenologie und phänomenologischen Philosophie*. Drittes Buch: Die Phänomenologie und die Fundamente der Wissenschaften. Edited by Marly Biemel. The Hague, Netherlands: Martinus Nijhoff, 1971.

VI: *Die Krisis der europäischen Wissenschaften und die transzendentale Phänomenologie*. Eine Einleitung in die phänomenologische Philosophie. Edited by Walter Biemel. The Hague, Netherlands: Martinus Nijhoff, 1976.

VII: *Erste Philosophie (1923/4)*. Erste Teil: Kritische Ideengeschichte. Edited by Rudolf Boehm. The Hague, Netherlands: Martinus Nijhoff, 1956.

VIII: *Erste Philosophie (1923/4)*. Zweiter Teil: Theorie der phänomenologischen Reduktion. Edited by Rudolf Boehm. The Hague, Netherlands: Martinus Nijhoff, 1959.

IX: *Phänomenologische Psychologie*. Vorlesungen Sommersemester. 1925. Edited by Walter Biemel. The Hague, Netherlands: Martinus Nijhoff, 1968.

X: *Zur Phänomenologie des inneren Zeitbewusstesens (1893-1917)*. Edited by Rudolf Boehm. The Hague, Netherlands: Martinus Nijhoff, 1969.

XI: *Analysen zur passiven Synthesis. Aus Vorlesungs-und Forschungsmanuskripten, 1918-1926*. Edited by Margot Fleischer. The Hague, Netherlands: Martinus Nijhoff, 1966.
XIII: *Zur Phänomenologie der Intersubjektivität*. Texte aus dem Nachlass. Erster Teil. 1905-1920. Edited by Iso Kern. The Hague, Netherlands: Martinus Nijhoff, 1973.
XIV: *Zur Phänomenologie der Intersubjektivität*. Texte aus dem Nachlass. Zweiter Teil. 1921-28. Edited by Iso Kern. The Hague, Netherlands: Martinus Nijhoff, 1973.
XV: *Zur Phänomenologie der Intersubjektivität*. Texte aus dem Nachlass. Dritter Teil. 1929-35. Edited by Iso Kern. The Hague, Netherlands: Martinus Nijhoff, 1973.
XVI: *Ding und Raum*. Vorlesungen 1907. Edited by Ulrich Claesges. The Hague, Netherlands: Martinus Nijhoff, 1973.
XVII: *Formale and transzendentale Logik*. Versuch einer Kritik der logischen Vernunft. Edited by Paul Janssen. The Hague, Netherlands: Martinus Nijhoff, 1974.
XVIII: *Logische Untersuchungen*. Erster Teil. Prolegomena zur reinen Logik. Text der 1. und der 2. Auflage. Halle: 1900, rev. ed. 1913. Edited by Elmar Holenstein. The Hague, Netherlands: Martinus Nijhoff, 1975.
XIX/1: *Logische Untersuchungen*. Zweiter Teil. Untersuchungen zur Phänomenologie und Theorie der Erkenntnis. In zwei Bänden. Edited by Ursula Panzer. Halle: 1901; rev. ed. 1922. The Hague, Netherlands: Martinus Nijhoff, 1984.
XIX/2: *Logische Untersuchungen*. Zweiter Teil. Untersuchungen zur Phänomenologie und Theorie der Erkenntnis. In zwei Bänden. Edited by Ursula Panzer. Halle: 1901; rev. ed. 1922. The Hague, Netherlands: Martinus Nijhoff, 1984.
XXIII: *Phäntasie, Bildbewusstsein, Erinnerung*. Zur Phänomenologie der anschaulichen Vergegenwartigungen. Texte aus dem Nachlass (1898-1925). Edited by Eduard Marbach. The Hague, Netherlands: Martinus Nijhoff, 1980.
XXIV: *Einleitung in die Logik und Erkenntnistheorie*. Vorlesungen 1906/07. Edited by Ullrich Melle. The Hague, Netherlands: Martinus Nijhoff, 1985.
XXV: *Aufsätze und Vorträge*. 1911-1921. Mit ergänzenden Texten. Edited by Thomas Nenon and Hans Rainer Sepp. The Hague, Netherlands: Martinus Nijhoff, 1986.
XXVII: *Aufsätze und Vorträge*. 1922-1937. Edited by T. Nenon H. R. Sepp. The Hague, Netherlands: Kluwer Academic Publishers, 1988.
XXVIII: *Vorlesungen über Ethik und Wertlehre*. 1908-1914. Edited by Ullrich Melle. The Hague, Netherlands: Kluwer Academic Publishers, 1988.
XXIX: *Die Krisis der europaischen Wissenschaften und die transzendentale Phänomenologie*. Ergänzungsband. Texte aus dem Nachlass 1934-1937. Edited by Reinhold N. Smid. The Hague, Netherlands: Kluwer Academic Publishers, 1992.
XXXI: *Aktive Synthesen: Aus der Vorlesung 'Transzendentale Logik' 1920/21 Ergänzungsband zu 'Analysen zur passiven Synthesis'*. Edited by Roland Breeur. The

Hague, Netherlands: Kluwer Academic Publishers, 2000.
XXXII: *Natur und Geist: Vorlesungen Sommersemester 1927*. Edited by Michael Weiler. Dordrecht, Netherlands: Kluwer Academic Publishers, 2001.
XXXIII: *Die 'Bernauer Manuskripte' über das Zeitbewußtsein (1917/18)* . Edited by Rudolf Bernet & Dieter Lohmar. Dordrecht, Netherlands: Kluwer Academic Publishers, 2001.
XXXIV: *Zur phänomenologischen Reduktion. Texte aus dem Nachlass (1926-1935)* . Edited by Sebastian Luft. Dordrecht, Netherlands: Kluwer Academic Publishers, 2002.
XXXV: *Einleitung in die Philosophie. Vorlesungen 1922/23*. Editedby Berndt Goossens. Dordrecht, Netherlands: Kluwer Academic Publishers, 2002.
XXXVI: *Transzendentaler Idealismus. Texte aus dem Nachlass (1908-1921)*. Edited by Robin D. Rollinger in cooperation with Rochus Sowa. Dordrecht, Netherlands: Kluwer Academic Publishers, 2003.
XXXVII: *Einleitung in die Ethik. Vorlesungen Sommersemester 1920 und 1924*. Edited by Henning Peucker. Dordrecht, Netherlands: Kluwer Academic Publishers, 2004.
〈Husserliana Materialien〉
VIII: *Späte Texte über Zeitkonstitugion (1929-1934) Die C-Manuskripte*. Edited by Dieter Lohmar. Springer, 2006.

2. 公刊されたフッサールの他の著作・論文

−*Erfahrung und Urteil. Untersuchung zur Genealogie der Logik*. Hrsg. von L. Landgrebe (zitiert als EU).
−„Notizen zur Raumkonstitution", *Philosophy and Phenomenological Reserarch*, Hrsg. Alfred Schuetz, 1934, P20-36, p. 217-226 (zitiert als NR).
−„Die Welt der lebendigen Gegenwart und die Konstitution der außerleiblichen Umwelt", *Philosophy and Phenomenological Reserarch*, Hrsg. Alfred Schuetz, p. 323-343 (zitiert als WG).
−„Welt des Lebens. Wert der Welt. Sittlichkeit (Tugend) und Glücklichkeit 〈Februar 1923〉, *Husserl Studies 13*, Hrsg. Urlich Melle, Kluwer Academic Publischers, 1997, S. 201-235 (zitiert als WL).

3. 書簡集

−*Briefe an Roman Ingarden*, Den Haag, Martinus Nijhoff 1968 (zitiert als BR).
−*Husserliana Dokumente: Briefwecksel* [1987-1938], Dordrecht/Boston/London, Kluwer Academic Publichsers, 1994 (zitiert als BW).

4．未公開草稿

〈A 草稿〉

A V 5 (1927, 1930-1933)

A V 7 (1920, Anfang März 1932)

A V 20 (1934, 1935)

A V 24 (1932-1935)

A VI 26 (1923-1931)

〈B 草稿〉

B I 21, I (ca. 1918-1932)

B III 9, I (Okt. bis Dez. 1931), IV (Anfang Nov. 1931), V (Mitte Nov. 1931)

〈D 草稿〉

D 10, I (Mai 1932), II (Ende Mai 1932), III (Juni 1932)

D 12, I (05, Nov., 1931)

〈E 草稿〉

E III 3 (1932-34)

E III 4 (1930)

E III 6 (Mai-Juni 1933)

E III 9 (1931-32)

E III 10 (1930)

〈K 草稿〉

K III 11 (Juli, 1935)

〈L 草稿〉

L I 9 (1908-?)

〈M 草稿〉

M III 3 II 1 (1900-1914)

これら草稿の引用に際して，ケルンのフッサールアフヒーフの所長であるディーター・ローマー氏に特別の許可を頂いた。この場をかりて感謝の意を記しておく。

5．二次文献

Aguirre, A.: *Genetische Phänomenologie und Reduktion zur Letztbegründung der Wissenschaft aus der radikalen Skepsis im Denken E. Husserls*, Den Haag, 1970.

———: *Die Phänomenologie Husserls im Licht ihrer gegenwärtigen Interpretation und Kritik*, Wissenschaftliche Buchgesellschaft, Darmstadt, 1982.

———: "Das intentionale Geflecht des Bewusstseinslebens. Genesis, Vermöglichkeit, Grenzenlosigkeit", *Die erscheinende Welt, Festschrift für Klaus Held*, Hg. Heinrich Hüni und Peter Trawny, Duncker und Humblot Berlin, 2002, S. 651-674.

Almeida, G. A.: *Sinn und Inhalt in der genetischen Phänomenologie E. Husserls*, Den Haag, 1972.

Asemissen, H. U.: *Strukturanalytische Problem der Wahrnehmung in der Phänomenologie Husserls*, Den Haag, 1957.

Bernet, R.: „Endlichkeit und Unendlichkeit in Husserls Phänomenologie der Wahrnehmung", *Tijdschrift voor Filosofie* 40, 1978, S. 251-269.

———: „Die ungegenwärtige Gegenwart. Anwesenheit und Abwesenheit in Husserl Analyse des Zeitbewußteins", *Phänomenologische Forschung*, Nr. 14, Karl Alber, 1983, S. 16-57.

———: „Einleitung in Edmund Husserl: *Texte zur Phänomenologie des inneren Zeitbewußtsein*", Hamburg: Felix Meiner, 1985.

———: „Trieb und Transzendenz. Zur Theorie der Sublimierung", *Der Anspruch des Anderen. Perspektiven Phänomenologischer Ethik*, Wilhelm Fink Verlag, 1998, S. 197-217.

———: „Zur Phänomenologie von Trieb und Lust bei Husserl", *Interdisziplinäre Perspektiven der Phänomenologie*, Springer, 2006, S. 38-53.

Bernet, R./Kern, I./Marbach, E.: *Edmund Husserl. Darstellung seines Denkens*, Felix Meiner, Hamburg, 1989（邦訳『フッサールの思想』千田・鈴木・徳永共訳，理想社，1994年）.

Blankenburg, W.: *Der Verlust der natürlichen Selbstverständlichkeit*, Enke, Stutgart, 1971（邦訳『自明性の喪失－分裂病の現象学』木村敏・岡本進・島弘嗣訳，みすず書房，1978年）

Böhme, G.: „Atmosphären in zwischenmenschlicher Kommunikation", Studies on New Phenomenology and Theories of Collective Conschiousness, 小川 侃編, 2003, p. 53-62.

Boehm, R.: „Zum Begrriff des "Absoluten" bei Husserl", *Zeitschrift für philosophische Forschung*, Bd. XIII, 1959, S. 214-242.

Brand, G.: *Welt, Ich und Zeit*, Den Haag, 1955.

Brentano, F.: *Psychologie vom empirischen Standpunkt I*, Meiner, 1973.

Broekman, J. M.: *Phänomenologie und Egologie, Faktisches und transzendentales Ego bei Edmund Husserl*, Den Haag, 1963.

Bruzina, R.: „Die Notizen Eugen Finks zur Umarbeitung von Edmund Husserls, Cartesianischen Meditationen", *Husserl Studies* 6, 1989, S. 97-128.

Chida, Y.（千田義光）：「フッサールの『運動感覚』論」，『現象学年報２』1985年，p. 87-99.

Claesges, U.: *Edmund Husserls Theorie der Raumkonstitution*, Den Haag, 1964.

———: „Zweideutigkeiten in Husserls Lebenswelt-Begriff", Perspektiven transzendental phänomenologischer Forschung, 1972.

———: „Zeit und kinästhetisches Bewußtsein. Bemerkungen zu einer These Ludwig Landgrebes", *Phänomenologische Forschung*, Nr. 14, Karl Alber, 1983, S. 138-151.

Cobet, T.: *Husserl, Kant und die Praktische Philosophie. Analysen zu Moralität und Freiheit*, Königshausen & Neumann, 2003.

Coriando, P. L.: *Affektenlehre und Phänomenologie der Stimmungen*, Vittorio Klostermann, Frankfurt am Main, 2002.

Depraz, N.: „Imagination and Passivity. Husserl and Kant: A Cross-Relationship", *Alterity and Factisity*, Kluwer Academic Publishers, 1998, S. 29-56.

——: „Das Ethos der Reduktion als leibliche Einstellung", *Der Anspruch des Anderen. Perspektiven Phänomenologischer Ethik*, Wilhelm Fink Verlag, 1998, S. 259-270.

——：「肉的感覚の超越論性－伝播性の仮説」伊藤泰雄訳，『思想』No. 916，岩波書店，2000年，p. 132-158.

——：「認知科学とグノーシス的形而上学の試練を受けて－超越論的経験論としての現象学の実践的展開－」永井晋訳，『思想』No. 962，2004年，p. 92-108.

Damasio, A.: *Descarte's error: Emotion, reason and the human brain*, New York: Grosset/Putnam, 1994（邦訳『生存する脳－心と脳と身体の神秘』田中三彦訳，講談社，2000年）.

——: *The Feeling of What Happens: Body and Emotion in the Making of Consciousness*, Harcourt Brace & Company, 1999（邦訳『無意識の脳　自己意識の脳』田中三彦，講談社，2003）.

Derrida, J.: *La voix et le phênomê*, Presses Universitaires de France, 1967（邦訳『声と現象』高橋訳，理想社，1970年）.

Diemer, A.: *EDMUND HUSSERL Versuch einer systematischen Darstellung seiner Phänomenologie*, Meisenheim am Glan, 1965.

Fink, E.: *Spiel als Weltsymbol*, Stuttgart, 1960.

Frank, D.: *Dramatique des phênomènes*, Presses Universitaires de France, 2001（邦訳『現象学を超えて』本郷・米虫・河合・久保田訳，萌書房，2003年）.

Gallagher, S.: „Hyletic experience and the lived body", *Husserl Studies 3*, Martinus Nijhoff, 1986, S. 131-166.

Gardner, H.: *The mind's new science, A history of the cognitive revolution*, New York, Basic Books（邦訳『認知革命－知の科学の誕生と展開』佐伯・海保監訳，産業図書，1987年）.

Hamilton, W.: *Lectures on Metaphysics and Logics*, I, Boston, Gould, 1969.

Hegel, G. W. F.: *Phänomenologie des Geistes*, Werk 3, Suhrkamp, 1986.

Heidegger, M.: *Vom Wesen des Grundes*. 4. Aufl. Klostermann, Frankfurt, 1955.

——: *Sein und Zeit*, Gesamtaufgabe, Bd. 2, Frankfurt am Main, Vittorio Klostermann, 1977.

Held, K.: *Lebendige Gegenwart. Die Frage nach der Seinsweise des transzendentalen Ich bei Edmund Husserl, Entwickelt am Leitfaden der Zeitproblematik*, Den Haag, 1966.

———: Heraklit, Parmenides und der Anfang von Philosophie und Wissenschaft. Eine phänomenologische Besinnung, Walter de Gruyter, 1980.

———: Edmund Husserl, in *Klassiker der Philosophen*, hrsg. V. O. Höffe, 1981.

Henry, M.: *Philosophie et phênomênologie du corpus. Essai sur l'ontologie biranienne*, Paris, P. U. F., 1965（邦訳『身体』の哲学と現象学　ビラン存在論についての試論』中敬夫，法政大学出版局，2000年）.

———: *Phênomênologie matêrielle*, Presse Universitaires de France, 1990（邦訳『実質的現象学』中・野村・吉永訳，法政大学出版局，2000年）.

Hoffmann, G.: „Die Zweideutigkeit der Reflexion als Wahrnehmung von Anonymität", *Husserl Studies 14*, Kluwer Academc, 1997, p. 95-121.

Hohl, H.: *Lebenswelt und Geschichte, Grundzüge der Spätphilosophie Edmund Husserls*, Alber, 1962（邦訳『生活世界と歴史フッセル後期哲学の根本特徴』深谷，阿部訳，行路社，1983年）.

Holenstein, E.: „Passive Genesis. Eine Begriffsanalytische Studie", *Tijdschrift voor Filosofie* 33, 1971, S. 112-153.

———: *Phänomenologie der Assoziation*, den Haag, 1972.

Hori, E.（堀栄造）：『フッサールの現象学的還元－1890年代から「イデーン」まで－』晃洋書房，2003年.

Ichikawa, H.（市川浩）：『精神としての身体』講談社学術文庫，1992年.

Inagaki, S.（稲垣諭）：「フッサール想像の現象学と衝動の問題」，『東洋大学大学院紀要38』2001年.

———：「フッサールが感情現象に見ていたもの－M 草稿を手がかりにして－」，『現象学年報23』2007年.

João Inocêncio dos Reis Piedade: *Der bewegte Leib. Kinästhesen bei Husserl im Spannungsfeld von Intention und Erfüllung*, Passagen, 2002.

Kadowaki, S.（門脇　俊介）：「認知と感情－ハイデッガー的アプローチ」，『ハイデッガーと認知科学』信原幸弘・門脇俊介編，産業図書，2002年，p. 103-119.

Katz, D.: „Der Aufbau der Tastwelt", Ergänzungsband 11, *Zeitschrift für Psychologie und Physiologie der Sinnesorgane*, Abt. I, Zeitschrift für Psychologie, 1925（邦訳『触覚の世界』東山篤規・岩切絹代訳，新曜社，2003年）.

Kant, I.: *Kritik der reinen Vernunft*, Felix Meiner, 1956.

Kawamoto, H.（河本　英夫）：『オートポイエーシス2001　日々新たに目覚めるために』新曜社，2000年［1］.

———：『オートポイエーシスの拡張』青土社，2000年［2］.

———：「オートポイエーシスの論理－生の形而上学から生の経験科学へ－」，『理想』Nr. 664，2000年［3］，p. 111-120.

———：「遂行的記憶」，『哲学雑誌』，第118巻，790号「記憶」2003年，p. 120-136.

———：『システム現象学』新曜社，2006年.

Kern, I.: *Husserl und Kant*, den Haag, 1964.

———: „Selbstbewusstsein und Ich bei Husserl", *Akademie der Wissenschaften und der Literatur. Husserl-Symposion. Mainz,* Stuttgart 1989, S. 51-63.

Kimura, B.（木村敏）:『自覚の精神病理　自分ということ』紀伊国屋書店，1978年.

———:「未来と自己－統合失調症の臨床哲学試論」,『現象学年報　20』2004年，p. 1-14.

Kreidl, S. R.: *Edmund Husserl. Zeitlichkeit und Intentionalität*, Alber, 2000.

Kudou, K.（工藤和男）:『フッサール現象学の理路－『デカルト的省察』研究』晃洋書房，2001年.

Kühn, R.: *Husserls Begriff der Passivität Zur Kritik der passiven Synthesis in der Genetischen Phänomenologie*, Alber, 1998.

———: „Ethos gemäß der Selbstgebung des Lebens", *Der Anspruch des Anderen. Perspektiven Phänomenologischer Ethik*, Wilhelm Fink Verlag, 1998, S. 221-238.

Landgrebe, L.: „Prinzipien der Lehre vom Empfinden", *Zeitschrift für Philosophische Forschung*, Bd. 8, 1954.

———: „Das Problem der Teleologie und der Leiblichkeit in der Phänomenologie und im Marxismus", *Phänomenologie und Marxismus, Bd. 1,* Suhrkamp, 1977, S. 71-104.

———: „Phänomenologiesche Analyse und Dialektik", *Fhänomenologische Forschungen*, Bd. 10, Alber, 1981, S. 21-88.

———: „Das Problem der passiven Konstitution", *Faktizität und Individuation*, Felix Meiner, 1982, S. 71-87.

LeDeux, J.: *The Emotional Brain: The Mysterious Underpinnings of Emotional Life*, New York, Simon and Schuster, 1996（邦訳『エモーショナル・ブレイン　情動の脳科学』松本・川村他訳，東京大学出版会，2003年）.

———: *Synaptic Self*, New York, Viking Penguin, 2002（邦訳『シナプスが人格をつくる』森監修，谷垣訳，みすず書房，2005年）.

Lee, N. I.: *Edmmund Husserl Phänomenologie der Instinkte*, Kluwer Academic Publishers, 1993.

———: „EDMUND HUSSERL'S PHENOMENOLOGY OF MOOD", *Alterity and Factisity*, Kluwer Academic Publishers, 1998, p. 103-120.

Lévinas, E.: *En déouvrant l'existence avec Husserl et Heidegger*, la deuxiéme éition, 1967（邦訳『実存の発見　フッサールとハイデッガーと共に』佐藤・小川・三谷・河合訳，法政大学出版局，1996年）.

Libet, B.: Mind Time The Temporal Factor in Consciousness, Harvard University Press, Cambridge, Massachusetts, 2004（邦訳『マインド・タイム』下条伸輔訳，岩波書店，2005年）.

Lohmar, D.: „Grundzüge eines Synthesis-Modells der Auffassung: Kant und Husserl über den Ordnungsgrad sinnlicher Vorgegebenheiten und die Elemente einer Phänomenologie der Auffassung", *Husserl Studies 10*, Kluwer Academc, 1993, S. 111

-141.
——: *ERFAHRUNG UND KATEGORIALES DENKEN Hume, Kant und Husserl über vorprädikative Erfahrung und prädikative Erkenntnis*, Kluwer Academic Publishers, 1998.
——: *EDMUND HUSSERLS ›FORMALE UND TRANSZENDENTALE LOGIK‹*, Wissenschaftliche Buchgesellschaft, Darmstadt, 2000.
Luis Român, R.: „Hyle, Genesis and Noema", *Husserl Studies* 19, 2003.
Marbach, E.: *das Problem des Ich in der Phänomenologie Husserls*, den Haag, 1974.
Melle, U.: „Objektivierende und nicht-objektivierende Akte", *Husserl-Ausgabe und Husserl Forschung*, Kluwer Academic Publishers, 1990, S. 35-49.
Mensch, J. R.: „Instincts -A Husserlian Account", *Husserl Studies 14*, Kluwer Academc, 1998, p. 219-237.
Mertens, K.: „Husserl's Phenomenology of Will in his Reflections on Ethics", *Alterity and Factisity*, Kluwer Academic Publishers, 1998 年, p. 121-138.
Mimura, N.（三村　尚彦）：「フッサールの超越論的現象学における身体の循環問題について」,『人間存在論』第 4 号，1998年，p. 47-58.
Miyamoto, S.（宮本省三）：『リハビリテーションルネサンス　心と脳と身体の回復　認知運動療法の挑戦』，春秋社，2006年.
Mizuno, K.（水野和久）：『他性の境界』勁草書房，2003年.
Müller, G..: *Wahrnehmung, Urteil und Erkenntniswille Untersuchungen zu Husserls Phänomenologie der vorprädikativen Erfahrung*, Bouvier, 1999.
Murata, J.（村田純一）：『色彩の哲学』岩波書店，2002年.
Nagai, S.（永井晋）：「『見えないもの』を感じる」,『感覚［世界の境界線］』白菁社，1999年，p. 221-239.
Nakahata, M.（中畑正志）：「〈感情〉の理論，理論としての〈感情〉」,『思想』No. 948，2003年，p. 5-36.
Ni, L.: „Urbewusstsein und Reflexion bei Husserl", *Husserl Studies* 15, 1998, S. 77-99.
——: *Seinsglaube in der Phänomenologie Edmund Husserls*, Kluwer Academic Publishers, 1999.
——: „Urbewußtsein und Unbewußtsein in Husserls Zeitverständnis", *Proceedings of the first international meeting for Husserl studies in Japan*, 2002, p. 76-87.
Nitta, Y.（新田義弘）：『世界と生命　媒体性の現象学へ』青土社，2001年.
Ogura, S.（小倉貞秀）：『ブレンターノの哲学』以文社，1986年.
Prechtl, P.: „Husserls Gedanken zur praktischen Vernunft in Ausandersetzung mit Kant", *Perspektiven der Philosophie 17*, 1991, S. 291-314.
Ramachandran, V. S. and Blakeslee, S.: *Phantoms in the Brain. Probing the Mysteries of the human mind*, Fourth Estate Ltd, 1998（邦訳『脳の中の幽霊』山下篤子訳，角川書店，1998年）.

Rang, B.: *Kausalität und Motivation. Untersuchungen zum Verhältnis von Perspektivität und Objektivität in der Phänomenologie Edmund Husserls*, Den Haag, 1973.
———: *Husserls Phänomenologie der materiellen Natur*, Vittorio Klostermann, Frankfurt am Main, 1990.
Roth, A.: *Edmund Husserls Ethische Untersuchungen. Dargestellt anhand seiner Vorlesungsmanuskripte*, Den Haag, 1960.
Sacks, O.: *The man who mistook his wife for a hat*, Picador, 1986（邦訳『妻を帽子とまちがえた男』高見幸郎・金沢泰子訳，晶文社，1992年）.
Sakakibara, T.（榊原哲也）：「反省の限界と限界への反省－現象学的反省の新たな可能性に向けて－」，『理想』No. 648，理想社，1992年，p. 114-127.
———：「生き生きとした現在への反省－認識論と存在論との狭間で－」『哲学雑誌』No. 114，有斐閣，1999年，p. 91-111.
Schuhmann K.: *Die Dialektik der Phänomenologie I, Husserl über Pfänder*, Den Haag, 1973.
———: *Die Dialektik der Phänomenologie II, Reine Phänomenologie und Phänomenologische Philosophie*, Den Haag, 1973.
———: „Problem der Husserlschen Wertlehre", *Philosophisches Jahrbuch*, Karl Arber, 1991, S. 106-113.
Seebohm, T.: *Die Bedingungen der Möglichkeit der transzendental Philosophie. Edmund Husserls transzendental phänomenologischer Ansatz, Dargestellt im Anschluss an seine Kant-Kritik*, H. Bouvier u. Co., 1962.
Sepp, H. R.: *Praxis und Theoria Husserls transzendental phänomenologische Rekonstruktion des Lebens*, Karl Alber Freiburg/München, 1997.
Sinagawa, T.（品川哲彦）：「人格的自我－フッサール自我論における－」，『哲学』第37号，1987.
Soentgen, J.: Das Unscheinbare. Phänomenologische Beschreibungen von Stoffen, Dingen und faktalen Gebilden, Akademie Verlag, 1997.
Sommer, M.: „Einleitung: Husserls Göttinger Lebenswelt", *Die Konstitution der geistigen Welt Text nach Husserliana, Band IV*, Felix Meiner 1984, S. IX-XLII.
———：「失われた現前と明証的な把持」『フッサール研究』第2号，2004，p. 57-66.
Staudigl, M.: *Die Grenzen der Intentionalität. Zur Kritik der Phänomenalität nach Husserl*, Königshausen & Neumann, 2003.
Stern, W.: „Die Entwicklung der Raumwahrnehmung in der ersten Kindheit", *Zeitschr. f. Angew. Psychol.*, 2, 1909.
Strasser S.: „Das Gottesproblem in der Spätphilosophie bei Edmund Husserl", *Philosohisches Jahrbuch der Goerres Gesellschaft* 67, 1959, S. 130-142.
———: „Der Gott des Monadenalls. Gedanken zum Gottesproblem in der Spätphilosophie bei Husserls", *Perspektiven der Philosophie 4*, 1978, S. 362-377.

Suzuki, K.（鈴木康文）：「フッサールにおける人格の問題－自然と精神の間で－」，『哲学・思想論集』第24号，1998年，p. 89-109.

Taguchi, S.（田口　茂）：「〈私であること〉の自明性－フッサールにおける方法的視の深化と原自我の問題－」，『思想』No. 916，2000年，p. 60-79.

―――：「明証の媒体性と『理論の他者』－フッサールにおける〈内在／超越〉図式の自己解体－」（第３回フッサール研究会シンポジウム「内在と超越」，発表原稿），2004.

Tani, T.（谷　徹）：「形而上学と外在性　遍時間性の夢が見果てられるとき」，『現象学－越境の現在』，状況出版，1992年，p. 140-155.

―――：『意識の自然　現象学の可能性を拓く』勁草書房，1998年.

Takeuchi, D.（武内大）：「オイゲン・フィンクの『生命』概念」，『実存思想論集XVII』，理想社，2002年，p. 175-191.

Tellenbach, H.: Geschmack und Atmosphäre Medien menschlichen Elementarkontaktes, Otto Müller Verlag, Salzburg, 1968（翻訳『味と雰囲気』宮本・上田訳，みすず書房，1980年）.

Togawa, K.（十川幸司）：「精神分析と脳科学」，『現代思想　脳科学の最前線』2005年.

Waldenfels. B.: *Das Zwischenreich des Dialogs*, Den Haag, 1971.

―――: *Das leiblich Selbst. Vorlesungen zur Phänomenologie des Leibs*, Schrkamp Verlag Frankfurt am Main 2000（邦訳『講義　身体の現象学　身体という自己』山口・鷲田監訳，知泉書館，2004年）.

―――: „Phänomenologie zwischen Pathos und Response“, *Grenzen und Grenzüberschreitungen, XIX. Deutscher Kongreß für Philosophie*, Berlin Akademie Verlag, 2004, p. 813-825（邦訳「パトスと応答の間における現象学」，『思想』No. 968，稲垣諭訳，岩波書店，2004年，p. 86-105）.

Weizsäcker, V. v.: Der Gestaltkreis. Theorie der Einheit von Wahrnehmen und Bewegen, Gesammelte Schriften 4, Suhrkamp, Frankfurt, 1997（邦訳『ゲシュタルトクライス』木村敏・濱中淑彦訳，みすず書房，1975）.

Yamagata, Y.（山形頼洋）：『感情の自然　内面性と外在性についての情感の現象学』，法政大学出版局，1993年.

―――：『声と運動と他者　情感性と言語の問題』萌書房，2004年.

Yamaguchi, I.（山口一郎）：『他者経験の現象学』国文社，1985年.

―――：「受動的綜合からの再出発」，『現代思想』vol. 29-17，2001年，p. 210-229.

―――：『現象学ことはじめ』日本評論社，2002年.

―――：『文化を生きる身体－間文化現象学試論』知泉書館，2004年.

Yoshikawa, T.（吉川孝）：「哲学の始まりと終わり－フッサールにおける理論と実践」，第三回フッサール研究会発表原稿，2004年.

Yuh An Shiau: *Wachen und Schlaf in der Phänomenologie Husserls*, 2004, Wuppertal Universität, Dissertation, Online-Ressource. http://elpub.bib.uni-wuppertal.de/edocs/dokumente/fba/philosophie/diss2004/shiau/da0401.pdf.

注

序

1）本稿で扱われるこうした例として，少なくとも以下の問題設定が挙げられる。フッサールはこれらの問いに，明快で，一義的な立場を最終的に打ち出すことはなかったと思われる。つまり，草稿の中にはどちらの立場も正当化できるような言明が散在している。それゆえ以下の問いに関する限り，草稿の引用を論拠にフッサールの立場を一義的に正当化することは困難であるし，それはひとつの解釈ということになる。①感情概念の志向性の有無，②感覚と感情概念の同一視と区別，③ヒュレーとノエシスの優位関係，④構成と反省概念の同一視と区別，⑤客観化作用と非客観化作用の基づけ関係，⑥理性の一元論もしくは多元論，⑦意志と信憑の基づけ関係，⑧感情と感性的ヒュレーの基づけ関係，⑨感覚の対象化可能性と不可能性，⑩反省と原意識概念の同一視と区別，⑪能動的綜合と受動的綜合の優位関係，⑫自我による時間化と先志向性による時間化の優位関係，⑬超越論的自我は誕生するのか，不死であるのか。

2）このことは，フッサールの自らに対する極度に懐疑的な態度からも明らかになる。フッサールは1930年にインガルデンに宛てた書簡の中で，「私以上に，自分自身と自分の学説に関して懐疑的な人間はいません。私は自分を不信の目で見ていますし，まるで敵のようにほとんど悪意をもって見ています」（Bw III, S. 269f.）と述べている。

3）BR, S. 151.

4）「生活世界」概念に関してアギーレやクレスゲスによってその二義性や多義性についての議論がなされているが，その詳細はここでは扱わない。ここではただ，客観的学問に先立つ生において経験されている普遍的地盤という比較的曖昧な意味でこの概念が用いられている。Vgl. Claesges, U.: 1972, Aguirre, A.: 1982.

5）「心情（Gemüt）」も，『危機』書本文では，一箇所しか用いられていない（vgl. VI 199）。

6）Vgl. Landgrebe, L.: 1977, 1981, 1982.

7）山口は，受動的綜合の分析と共に衝動志向性がフッサール現象学の核となる事象として現れていたと指摘しており（Yamaguchi, I.: 1985），リーはフッサールが用いる本能の概念をさまざまな草稿から読み取ることでフッサール現象学の新たな体系化を促している（Lee, N. I.: 1993）。さらに最近の研究の詳細については以下を参照。Vgl. Kühn, R.: 1998., Mensch, J.: 1998, Müller, G.: 1999, João Inocêncio: 2002, Mizuno, K.: 2003, Bernet, R.: 2006.

8）Gardner, H.: 1987.

9）こうした試みのひとつが，認識状況の解釈および評価の結果として感情が生じるという評価理論である。この理論は，感情が生じるためには，われわれがある状況に対して意識的であれ，無意識的であれ認知的評価を下す必要があるとし，認知を感情の必要十

分条件とみなす。それにより感情は認知機能に基づけられた認知の一種として扱われることになる。Vgl. LeDuex, J.: 2003, p. 65.

10) LeDuex, J.: 2003, p. 30ff.

11) Vgl. LeDuex, j.: 2003, Damasio, A.: 2000.

12) 脳性麻痺等で動かなくなった身体を再生するためのリハビリプログラムとして注目を集めている認知運動療法を日本に紹介した宮本は，リハビリテーションに際して「個人的」ではあるが「私秘的」ではない患者の「身体的自己」の一人称的記述が重要であるとし，その展開可能性のひとつを現象学のうちに見ている。彼は，現象学を「『生きている世界』で直接経験している実感を記述分析する」ものとして捉えているが，われわれは彼が述べるこの「実感」という言葉の内実を安易に理解すべきではないであろう。Vgl. Miyamoto, S.: 2006, p. 375ff..

13) Vgl. Kawamoto, H.: 2006.

14) 例えば，1930年代の時間論が展開されたC草稿でも，感情や衝動，本能といった問題はさまざまな箇所で扱われている。特にC 16 IV・Vという約50頁に渡る草稿では，「感情と原構成。快感と触発。存在領域と原本能の導きにおける世界の原構成的組み立て」という表題のもとで分析が行われていた（Vgl. Mat VIII, S. 318ff. und Rb.)。C草稿に限っただけでも，C3（Nr. 13, 17)，C8（Nr. 46)，C10，C13（Nr. 57, 60, 63, 64）といった箇所を感情ないし本能に関する分析箇所として指摘することができる。このことから明らかになるのは，C草稿を用いたヘルトの「生き生きとした現在」に関する分析は，C草稿にこれだけ多くの感情概念の分析箇所があるにもかかわらずこうした問題一切を無視しつつ行われていたということである。Held, K.: 1966.

15) 第一の意識概念は，『論研II』の初版と二版との間に若干の違いがある。初版では，「精神的自我。（意識＝心的体験の『束（Bündel)』ないし織り合わせとしての現象学的自我)」（XIX/1 356）と言われており，二版では，「経験的自我の実的な現象学的成素全体としての，すなわち体験流の統一における心的体験の織り合わせとしての意識」と言われている。

16) ただし例えば1906/07年の講義，「論理学と認識理論入門」においても，同様な意識概念の区別が見出される。「体験としての意識，つまり相互内在的に融合し，連関しているすべての体験一般という先現象的統一を共把握することによる体験としての意識が，意識の第一の概念を形成する。それとは根本的に異なる概念が，志向的意識の概念である……。この意味での意識は対象の意識であり，第一の意味での意識の場合は，意識は，体験である限りの存在を意味している」（XXIV 246)。さらに第三の意識概念としてここでは，第二の概念を基礎とすることによる「立場決定としての意識」が考えられている（XXIV 249ff.)。

17) そもそも「意識（Bewusstsein)」概念は，ドイツ語の原意から言えば「知られて－在ること（Gewusst-sein)」である。その意味で意識はすでに「知（Wissen)」と関係している。ヘーゲルは『精神現象学』緒論で意識と知の関係を以下のように定義する。「意識はあるものを自分から区別すると同時に，自らそれへと関係する」（Hegel: 1986,

S. 76)。有名な意識の命題である。ヘーゲルによれば意識にはすでに，自らとは異なるものを区別する働きと意識自らを区別された当のものに関係づける働きが含まれている。「そしてこの関係の，あるいは意識に対するあるものの存在の規定された側面が知である」(ebd.)。知とは意識との関係において規定づけられたものであり，ヘーゲルではこの区別し，関係づけるものとしての意識だけではなく，知の外部に設定される真理としての「即自存在」までもが，この関係ないし「知」それ自身へと組み込まれ，それにより弁証法が展開される。それは，「対象意識」から対象を意識する意識それ自身を対象とする「自己意識」へと展開するというように。フッサールの意識概念との関連で言えば，志向的意識と内的意識の関係ということになるが，その際，内的意識を「反省」として理解するか，それとは異なる「気づき」の概念として理解するかによって，意識流の概念が別様の展開可能性をもつことになる。フッサールの思惟には，その両方の展開が含まれている。

I　意識の志向的分析における感情の位置づけ

1)　フッサールは『論研II』初版で「純粋自我」を拒否しつつも「体験流」を「現象学的自我」と名づけ，この「第一の意識概念は第二の意識概念にその起源をもつ」(XIX/1 367) と述べている。

2)　この問題は，第一と第二の意識概念の関係として明らかにされるべきものである。しかし本章の目的は第三の意識概念に焦点を当てることにある。詳細は，第III章四節（2）を参照。

3)　フッサールは『論研II』で表象概念の多義性を解消するため，最終的な術語の確定ではないにせよ，表象作用を「狭義の概念である名辞的作用（nominale Akte）と広義の概念である客観化作用（objektivierende Akte)」(XIX/1 498）とに区分した。さらに近代から現代に至る表象概念の多義的な使用法を13項目にわたって詳述している(XIX/1 520-527)。

4)　Vgl. Hamilton, W.: 1969, p. 432.

5)　Vgl. Brentano, F.: 1973, S. 112ff., Ogura, S.: 1986, p. 77ff..

6)　感情は志向的経験であり，それは認知的，合理的な活動であるというのが現在の感情論の流れであると中畑は指摘している（Nakahata, M.: 2003)。その点においては，ブレンターノを支持するフッサールの志向的感情論とも符合する。ただしフッサールは，非志向的感情も同時に肯定していることから，感情を志向的感情のあり方にのみ限定してはいない。さらにフッサールは，従来の伝統的な哲学が論じてきたように，この非志向的感情を，非合理的で，偶然的なもの，ないしは理性的判断を曇らせるものとしてのみ扱っているわけでもない。むしろ，従来の枠組みの中では捉えられない感情のあり方を提起しており，それを示すのが本書の課題である。第IV章以下参照。

7)　ブレンターノはすべての心的現象の根底には表象が存すると主張しており，これが一切を基づける志向となる。つまり，彼にとっては「何ものも，それが表象されなければ，判断されえず，したがって熱望されることも，希求されることも，怖れられることもあ

りえない」(XIX/1 383)。それに対しフッサールは,「表象」という語の多義性を避けるため,「客観化作用 (objektivierende Akt)」という概念を使用し,ブレンターノの定義を以下のように言い換える。「志向的体験はすべて客観化作用であるか,もしくはそのような作用を『基礎』にもつと言いうるであろう」(XIX/1 514)。

8) フッサールの連合概念は,受動的綜合および発生的な動機連関の分析とともに現象学的な概念として展開されることになるが,すでにこの時期にその萌芽を読み込むことも可能であろう。ホーレンシュタインが1918年におけるフッサールの以下の言明を報告している。「連合がいかにして普遍的かつ構成的意義をもつのかに関して,私は非常に遅くなってから気づいた。とはいえ,私はすでにゲッティンゲン時代の初めの何年かに,連合を,絶えず共作動する発生の普遍的法則性を表すタイトルとして認識していたのだ」(Ms. A VII 13, S. 187: zit. nach Holenstein, E.: 1972, S. 8)。ただしフッサールは,ここでの連合概念をあくまでも「非本質的 (außerwesentlich)」(XIX/1 404) なものであると断っている。

9) Lee, N. I.: 1993. 特に S. 35-36 および S. 43-47 参照。

10) Melle, U.: 1990, S. 41.

11) ただし『論研II』における客観化-非客観化作用の区別は,判断の述定形式,すなわち言明がなされる言語形式のレベルで議論されていることに注意する必要がある (vgl. XIX/2 § 67-70)。

12) Lee, N. I.: 1993, S. 51. 客観化作用の措定的性格にとりわけ重点が置かれる『イデーンI』で,フッサールが「そもそも一切の作用は,すなわち心情作用や意志作用でさえも,『客観化』作用であり,諸対象を根源的に『構成する』」(III/1 272) と述べていることから,リーのこうした主張は確かに正当化されうるようにも思われる。しかしわれわれは,彼が「客観的表象志向は,……静態的現象学の立場からは志向的本能の構成にとって不可欠の構成要素とみなされている」と述べ,非志向的な「感情感覚は,それが他の志向,つまり客観化作用に基づけられないならば存在することができない」(Lee, N. I.: 1998, p. 110f.) と主張することで,この立場が1917年前後まで貫かれていると結論づけることに賛同することはできない (Lee, N. I.: 1993, S. 45ff.)。非志向的感情と非客観化作用とは同じ類ではなく,非客観化作用が客観化作用に基づいているとしても,非志向的感情はそうではない。したがって,静態的分析においてすべてが客観化作用に基づけられているわけではない。感情に関しては概念の多義性が主張されており,客観化作用に基づけられていない感情体験もあることをフッサールは『論研』から一貫して認めていたというのが正確な見方であろう。ただしヒュレー概念に関わる非志向的感情は,それが統握図式のもとで扱われている限りでは,認識論的な客観化のパラダイムに支配されているとみなすことは可能である。さらにリーはまた,「すべての経験の種類は,……さまざまなモードやレベルにおける志向的経験の種類として解釈されうる」と,つまり一切の意識経験は志向的経験であることを結論づけている (Lee, N. I.: 1998, p. 112)。しかし,その際リーが行なっている「客観化作用」と「志向的作用」との区別が何を意味しているのかが明らかではない。この点をわれわれは,第IV章五節 (2) で批

判的に分析する。

13) フッサールにとって感覚は，作用としての志向性からは厳密に区別される。つまり彼は，知覚作用から区別される感覚作用というものを認めていない。「私はここで，その他の場合と同様に痛みの感覚と痛みの感覚の『内容』とを同一視している。というのも，私はそもそも固有な感覚作用というものを認めてはいないからである。したがって当然私は，感情作用の基礎に表象という類の作用が，感情感覚の作用という形式で備わっているとするブレンターノの説に同意することはできない」(XIX/1 408)。

14) 「感性 (Sinnlichkeit)」という概念には注意が必要である。「感覚」よりも「感性」という概念は広い射程をもち，「感性的経験 (sinnliche Erfahrung)」という語が示しているように，それは志向的な知覚の領域をも含むと，フッサールは指摘している (III/1 193f.)。

15) ブレンターノもまた，痛みを「感情感覚 (Gefühlsempfindung)」や「情動 (Affekt)」として通常の心情作用とは区別して特徴づけている。ただし，前節で述べられたようにブレンターノにおいてはこうした経験も志向性を備えているものとみなされている。Vgl. Brentano, F.: 1973, Bd. 3, S. 18.

16) 自然的本能という概念の「自然的 (natürlich)」という形容詞が，いかなる意味をもつのかに留意する必要がある。というのも，フッサールにとって「自然的」という概念は，後に詳細に展開されることになる素朴性，自然主義的という意味と重なるものであり，それはいまだ現象学的な身分ではないことを意味するからである。おそらくフッサールはこの段階では，「本能」を現象学的概念として認めてはいないのだと思われる。

17) ナミン・リーはこうした方向性をとっている。Vgl. Lee, N. I.: 1998. さらに本章注12) も参照。

18) この1908/09年の講義においては，「超越論的構成の問題と共にある超越論的価値論 (*Axiologie*)」が考察に引き入れられ，心情や意志が関わる「価値がそれ自身として実在性であるのか」という問いが立てられている。しかし，あくまでも「諸価値は，その本質に即して基づけられた対象であり，……二次的な対象である」という志向的感情と同等の規定を受けている (XXVIII 310)。ただしここでは，志向的感情の展開がすでに価値論的，実践的方向性において理解されているということが留意されるべきである。第I章四節参照。

19) この点については，第I章四節（4）参照。

20) ただし「生化 (Beseelung)」概念については『論研』でもすでに述べられている (vgl. XIX/1 361, 406)。

21) とはいえフッサールは，こうしたヒュレーの規定を，経験主義的な感覚論におけるセンスデータとは異なることを一貫して主張しつづけた。「意識は，感覚主義がそれだけを見ようとするもの，つまり，実際それ自身だけでは意味を欠き，非合理的な－しかしもちろん合理化されうる－素材というものとは，天と地ほどに違うものである」(III/1 196f.)。それにもかかわらずフッサールのヒュレー概念に対して，『イデーンI』におけるこの記述箇所から，経験主義的な感覚論の二元的枠組みを踏襲しているとの批

判がなされつづけている。ギャラガーは以下の論文で，ヒュレー概念の批判に答えると同時に，それが本来的に主題化されるべき領域を身体性との関わりのうちに見出そうとしている。Vgl. Gallagher, S.: 1986, S. 131-166.

22) Almeida, G. A.: 1972, S. 36.

23) 同様の問いは，『イデーンⅠ』でも『第一哲学』でも見出される。Vgl. III/1 197, VII 67.

24) Vgl. Kreidl, S. R.: 2000, S. 53-56. またローマーも，カントに遡る統握モデルの概要をフッサールと比較した論文で同様のことを述べている。Lohmar, D.: 1993, S. 111-141.

25) Kreidl, S. R.: 2000, S. 54. さらに述べれば，この図式は志向的類型のうちの知覚モデルとして十分な効力を発揮するのであり，想起や想像という準現在化の類型においては再びさまざまな困難が現れる。Vgl. Inagaki, S.: 2001.

26) 本章第一節（２）における非志向的感情の分析参照。

27) 後の『現象学的心理学』では，ヒュレーと統握機能との関係が必然的なものではないことがより明確に断言されている。「われわれは，そのような与件が必然的に呈示機能のもとに成立していなければならないと述べることは全くもってできない。もしくは，それら与件の中で射映する空間的なものや，それらとは全く異なるものが現出するという仕方でのみ，われわれは与件を体験に即してもちうると述べることもできない」(IX 165)。

28) 形式と素材という先の志向性の特徴づけの他に，ノエシスは，ヒュレー的多様をノエマ的統一へと取りまとめるものでもある。ただし，第三の意識概念においては，ヒュレー的多様は意識に与えられるものとしてすでに前提されており，その多様の由来が問われることはない。このことは，『イデーンⅠ』において時間意識の問いが扱われず，前提されていることと関係している。

29) この著作は非常に複雑な編集過程を経ているため，年代を特定することは困難を極める。Vgl. Husserliana IV, EINLEITUNG DES HERAUSGEBERS, XIII-XX.

30) ここで留意されるべきは，フッサール自身が明確に述べているわけではないが，彼はこの理論的態度の内に，自然科学者の態度とは厳密に区別される仕方で，反省的な現象学的態度を含ませていることである。フッサールは，「理論的態度への移行」と「反省への移行」とを確かに区別しているが，その他方で，内在的知覚への移行および内在的過去把持への移行も実は，「理論的態度の一つであり，知覚や過去把持も客観化作用の一つなのである」(IV 14) と述べる。さらに理論的態度とは，「主観が，現象学的に卓越した仕方で，これら作用のうちに生きる」ことであるとも述べられている (IV 2)。それゆえ広義の理論的態度のうちには，現象学的に意識体験を主題化する反省が含まれている (vgl. IV 14f.)。ただし，自然的態度に含まれるドクサ的−理論的態度は，一切の定立をエポケーする現象学的還元に明らかに背反するため，単純に現象学的態度と同一視しえないことも明らかである。こうした問題が浮上するのは，『イデーンⅡ』において超越論的現象学の明確な位置づけがなされていないことに由来する。

31) 「完全にではない」というのは，理論的態度と価値論的実践的態度は厳密に区別されるものの，客観化作用としての「ドクサ的な体験は，価値論的，実践的態度にも現れる」(IV 3) からである。「理論的作用は，本来的に，明示的に客観化する作用ではあるが，本来的に客観ないし対象を所持するためには，理論的主観が独自の仕方で把握し，措定する態度を取らねばならない」(IV 16)。

32) 理論的態度以前の構成に関する問題は，価値的な作用がそれ自身対象を構成することができるのかという問いとも密接に関連している。すでに1908/09年の「倫理学の根本問題」でフッサールは，態度論の展開ではないが，「理論的思念」と「価値論的思念」との関係について同様な問いを立てている (XXVIII 327)。「いかにして……価値づける作用が構成するものとして作動しうるのか」(XXVIII 324f., 334)。詳細は，第I章四節（4）参照。

33) そうは言っても，「自然の相関者は，そもそも努力も，意欲も，価値づけも行わない主観ではない。そのようなことは考えられない。自然認識においてはただ，知的価値以外の一切の価値が捨象されるだけである……」(IV 26) と述べられている。つまり，理論的態度が実は広義の価値論的実践的態度の一部であることがすでにここで示唆されている。

34) Vgl. Sommer, M.: 1984.

35) ただし作用（Akt）という概念に，自我の行為や活動という意味を読み込むことは『論研』の時期には全く認められていなかった。「作用という術語に関して，もちろんここではもはや actus という語の根源的な意味を考えてはならない。活動という考えは完全に遮断されつづけなければならない」(XIX/1 393)。第三の意識概念である志向的な意識は，認識論的な場面設定から行為論的に拡張されることになる。

36) われわれはここで，第三の意識概念が，ヒュレー分析の展開からではなく，自我行為の連関から第一の意識流の概念と関係することを見出す。つまり第I章三節では，ヒュレー概念が第三の意識概念の枠内では扱いきれないことから，意識の時間的生成という問いの位相において分析される必要があったのに対し，ここでは第三の意識概念それ自体が，自我行為に関する問いの枠組みの中で，自我行為の流れ全体という意味での体験流へと組み替えられつつある。したがってわれわれは，第三の意識概念の分析は二つの異なる方向性を持ちながら第一の概念に接合する可能性があることに留意する必要がある。このことが後年，時間化の生起が「自我の志向性」によるものか，「流れの先志向性」によるものかという意識流の問いへと先鋭化されることにもなる。第V章参照。さらに「生」概念に関しては，第III章三節，純粋自我と生を参照。

37) 動機概念は，フッサール自身の言明からもかなり初期の頃から気づかれていたものと推測される。すでに『イデーンI』でも何度か登場しており，以下のように述べられていた。「この動機という現象学的な根本概念は，『論研』における純粋な現象学的領域を切り離して取り出すという試みとともに，直ちに私に生じた根本概念である（しかも，それは超越的な実在性領域へと関係づけられる因果性の概念と対立するものとして生じてきた）」(III/1 101)。ただし，「動機の概念は，諸々の本質的な理由からさまざまな言

い回しを経験し，それに付属する曖昧さが生じることになるが，この曖昧さは，現象学的な事況が解明されるとすぐに，危険のないものとなり，それどころか必然的なものとして現れさえするのである」(ebd.)。この動機概念を，衝動や本能との結びつきにおいて主題化する試みが，すでに山口やリーによってなされている。Vgl. Yamaguchi, I.: 1985, p. 29-33,: 2002, p. 156-158, Lee, N. I.: 1993, S. 52-55.

38) より厳密には，「経験の動機」という動機をも含めた三種類の概念がここで考えられている（IV 224)。『イデーンII』における動機概念の詳細は以下を参照。Suzuki, K.: 1998, p. 89-109.

39) 『イデーンⅠ』では，純粋意識という「内在的存在は，それが現実存在するためには原理的にいかなる『事物』をも必要としないという意味において，疑いもなく，絶対的存在である」(III/1 104) と言われていた。

40) ロスの報告によれば，フッサールは倫理学に関わる講義をすでに1891年から1924年までの間に15回ほど行っている（vgl. Roth, A.: 1960, S. Xff.)。

41) Vgl. Melle, U.: 1990.

42) Mertens, K.: 1998, p. 125.

43) Melle, U.: 1990, vgl. S. 36.

44) Melle, U.: 1990, S. 35f..

45) ただし，この引用に直接続く文章で，「正確に考えてみると，この希求は現象学的な意味では変化する」とも言われている。というのも，その表象が，「記号的なもの」であるのか「言葉において表現されているもの」であるのかという区別や，「空虚表象」が基礎をなしているのか，「直観的表象」が基礎をなしているのかによって，変化しうるからである（XXVIII 323)。しかしこうした区別は，「希求の本質における変化では決してない」(ebd.) とフッサールは改めて強調する。

46) Vgl. Yoshikawa, T.: 2004, S. 6.

47) Melle, U.: 1990, S. 44.

48) Vgl. Mertens, K.: 1998, p, 128.

49) 「心情作用も同様に，新たな次元ではあるが，存在様相化として把握されねばならない」(XXVIII 105)。

50) Mertens, K.: 1998, p. 127.

51) Vgl. Ni, L.: 1999, S. 1ff..

52) 後の『第一哲学』ではこのことがより明確に述べられる。客観化作用と志向的感情は，「単に並存しているのではなく，お互いに浸透しており，一切の認識する判断を，努力の傾向や意欲の傾向が貫いている」(VIII 193)。

53) Mertens, K.: 1998, p. 130.

54) Ebd.

55) Mertens, K.: 1998, p. 129.

56) A. a. O., p. 133.

57) ここで言われている驚きは失望（Enttäuschung）とも異なる。失望は予期していた

ものが充実されないことによって起こるが，創造性の湧出は，絶えざる充実として現れるにもかかわらず，驚異をもたらすものである。創造性によるこの充実に予期の地平構造は関係していない。というのも，創造性は，地平的枠組みを基準に，それが満たされるか，満たされないかによって意味づけがなされるようなものではないからである。その限りでは，創造的な行為意志の実現の最中において人は，本来驚くことすらできないのかもしれない。ヴァルデンフェルスは，志向的意味にまとわりつかれる以前の出来事が出来する際の驚きを，「何だ－これは（Ich-weiß-es-nicht）！」という，何が行なわれているのか全く分からない状況の出現として示している。Vgl. Wardenfers. B.: 2004, 邦訳 p. 92.

58) この講義でフッサールは，この意志の創造性の問いを時間意識の創造性の問いに結びつけてもいる。ただしその際も，この意志の遂行者について明確に述べてはいない（XXVIII 111）。

59) フッサール現象学における「質料的自然」に関する研究については以下を参照。Rang, B.: 1990.

60) 二次的感性については，1929年の『形式的論理学と超越論的論理学』でも言及されている。「意識対象性の本源的な構成が能動性……によって働きかけられる際にはいつでも，本源的な活動（Aktion）が過去把持的な恒常性において，もはや能動性ではない二次的な形式へと，つまり受動的な形式へと変転する。それは，われわれが表現するように『二次的感性』の形式へと変転する」（XVII 319）。

61) このことは，前節で述べられた「論理的理性の全支配」というフッサールの立場からも理解される。論理的理性の代表的契機としての客観化作用からしてすでに目的論的動性に組み込まれているものである。「客観化作用は，たとえ本来的な意味においてではないにしても，それでもやはり目的論的（規範的）意味において諸客観へと『向けられている』」（XXVIII 340）。

62) しかし「非志向的感情」と「原感性」，「志向的感情」と「二次的感性」とを単純に同一視することはできない。というのも，ここでは意識の階層そのものが問われているのであり，志向的感情における作用間の基づけ関係とは次元が異なっているからである。しかも志向的感情は，客観化的作用という低次の作用の上に築かれる志向的作用である。

II 感情体験と明証性

1) 「内在」という用語は，意識における対象性ないし所与性を表現する際にしばしば使用されている。「内在的対象性」（XIX/1 380, 385），「内在的内容」（XIX/1 387），「内在的性格」（XIX/1 397），「内在的客観」（X 25），「内在的に存在するものが，それがそうあるように思念されているもの」（XIX/2 768）。それに対して，「内的」という語は，常にではないが，主に時間意識の構成能作それ自身への気づきが伴う場面で用いられている。「内的意識とは流れである」（X 118），「私の生き生きとした現在における，つまり『内的知覚』の領域」（I 144）などと言われる。

2) ただし，「内的知覚」と「感覚」の親密な連関の内には，そのままでは看過すること

のできない差異も含まれている。それは対象の主題化という方法的観点である。感覚は自我能作としての反省ではなく，それ自身主題化の機能ももっていない。第II章二節以下参照。

3) 「所与性」という概念や「所与になる」という表現から，あらかじめ存立している器のような意識に何かが与えられるというイメージを払拭するのは難しい。ではそもそも，その何かが与えられる器が生成する場面ではどのような語り方をしたらよいのか。それもまたどこかに与えられるのか。与えられるとすれば，どこに与えられるというのか。本章の目的はこうしたイメージから実的所与性を解放し，それを意識の形成的な活動性に関わるものとして設定することにある。

4) 『理念』講義でフッサールは，絶対的所与性の二義的な規定に対応する「超越」概念の二義性についても言及している。それはつまり，実的な領域を越えているという意味での超越であり，他方で，「真の意味で与えられていないもの」つまり，イデアールな十全性の直観にいまだ至っていないという意味での超越である（II 35f.）。

5) フッサールはここで，客観的学問の基礎づけと，その基礎づけを行う現象学それ自身が有すべき学問的客観性に関する循環を何よりも怖れている（Vgl. II 48f.）。この問題は『イデーンＩ』における現象学的還元の導入の際にも現れている。『イデーンＩ』§32でフッサールは，エポケーの全般性を，「新たな学問領域の発見」（III/1 65）のために制限し，§59では，「超越論的な純化というものは，あらゆる超越の遮断を意味することはできない。というのも，さもなければ，たとえ純粋意識が残されたとしても，純粋意識に関する学問のためのいかなる可能性も残されなくなってしまうからである」（III/1 126）と述べている。

6) こうした混同を行なっている恐れがある例として，堀は，実的内在である「志向的作用は，イデア的な志向的意味と同質のイデア的なものとして捉えられなければならない」と述べ，統握作用を「イデア的な志向的意味と同質のイデア的な志向的作用」として特徴づけている（Hori, E.: 2003, S. 36, 44）。こうした言明に，実的内在を，実在的で心理内在的な所与と同一視し，さらには方法論的な本質記述というメタレベルの発言を，事象領域の発言と取り違えたまま分析を行っている可能性を読み込むことは可能であろう。というのも，もし実的所与である志向的作用が，事象的な意味でイデアールなものであるとすれば，それは一種の志向的対象であることになり，たとえそれが遍時間的対象であるとしても，超越的対象とみなされねばならないからである。それにより，一切の実的存在はイデアールなものに回収されてしまう。ここには確かに，反省による主題化と空想変様の問題が複雑に関わっているが，そのことによって「実的所与性」それ自身の存在身分が解消されてしまうことはないというのがここでの論点である。

7) ドゥプラズは，現象学的形相学の可能性をフッサールの30年代の草稿に基づく「事実性の形相学」の内に見ている（Depraz, N.: 2004, p. 96）。われわれが扱っている実的所与性の解明もまさにこの「事実性の形相学」の展開において行われる必要がある。「形相（エイドス）はそこでは事実に関わりのないものではなく，拘束力をもった可変性を事実から受け取るのであり，その具体的内実を事実から汲み取ってくるのである」

(ebd.)。

8) Henry, M.: 1990, p. 97.

9) ibid., p. 98

10) ibid., p. 89.

11) ibid., p. 64.

12) ibid.

13) Vgl. Held, K.: 1966, S. 98f.

14) Landgrebe, L.: S. 54, S. 196. 感性的ヒュレーないし非志向的感情が，後期フッサールにおいても重要な役割を演じているというのがわれわれの解釈である。それに対しラントグレーベは，「受動的構成の問題」という論文の中で，『危機』におけるフッサールの言明を取り上げることで，彼がその晩年にヒュレー概念を放棄したと主張する。「それに対して注意されるべきであるのは，ヒュレーおよびそれに相応する原印象の概念が，より後になって放棄されたということである。フッサールは『危機』書において以下のように述べている。『すべての純粋経験の最終的で，最も深い確証源泉への問いに際して，……純粋に直観的な生活世界の所与性を直接的に特徴づけているかのような，見かけ上そう見える直接与えられている『感覚与件』へと即座に赴くことをしてはならない』(VI 127)」。ラントグレーベは，フッサールのこの言明を論拠にヒュレー概念は放棄されたとみなしている。しかしこれは明らかに彼の誤解である。というのも，この箇所でフッサールが意図していたのは，先の引用文につづく箇所からも明らかなように，まずもって学問的先入観を排した生活世界を純粋経験として主題化することにあったからである。フッサールはその引用につづけて，「現実的に第一のものとは」，感覚与件ではなく，「先学問的世界生の『単に主観的－相対的な』直観である」(VI 127) と述べている。したがってフッサールはここで，超越論的現象学の探求の手引きとして差し当たり，主観的で相対的な直観に与えられている生活世界を主題化する必要があると述べているにすぎない。われわれの探求が示しているように，感覚与件ないしヒュレーという概念は，適切に扱うことが非常に難しいものである。したがって，われわれはただ「即座に」感覚与件へと赴くような現象学的還元をしてはならないのである。『危機』書の§71でフッサールは，従来の心理学者の態度を批判して以下のように述べる。心理－生理学的態度は「これまで，心理学者が感覚与件を偏愛するように仕向け，志向的連関における感覚与件の記述的場所を，つまりそこから初めて感覚与件が規定される意味を，心理学者に問わせることはなかった」(VI 248)。それに対して現象学は，感覚与件の適切な記述的場所を確保することができるというのが，フッサールの意図であることは明らかである。それゆえフッサールは，『危機』書の先の箇所では，教育的配慮として，感覚与件というさまざまな偏見に基づいた概念を，一挙に現象学的所与として理解することのないよう警告を与えたのである。

15) フッサールが自らの意識概念を感覚主義やゲシュタルト心理学のそれから厳密に区別するよう警告している記述を見出すのは困難なことではない (vgl. I 13, 19, VI 127, V 156, XVII 295, XXVIII 226)。

16) このことは，感覚の非主題性が，原受動的な意識流の匿名性に結合することに関係している。ヘルトは意識流の匿名性について以下のように述べる。「原受動的な『流れること』が謎めいた仕方で先所与されているということは，現象学以前に素朴に経験されているような，人間の自体所与性があらかじめ見出されることと混同されてはならない。言うまでもなく，こういう素朴に経験された人間の自体所与性は，その構成的『能作』……を単に遡って問いさえすれば解明されうるものである」(Held, K.: 1966, S. 102)。ただしヘルトの場合，原受動性の問いは，作動する自我の自己時間化の問いとしてのみ考えられており，感覚の問いと結びつくことはない。

17) フッサールには，「感覚与件」や「体験」，さらには「生」や「意識流」といった概念を，しばしば自然的で，素朴なものとみなす傾向がある（Vgl. III/1 166, XXIV 244f., XXXIV 175)。

18) 原意識概念に纏わる概念的変遷は，ニーによる以下の論文に詳しい。Vgl. Ni, L.: 1998.

19) 『時間講義』のテクストの成立年代に関しては，ベルネットによって堅実に解釈された「Einleitung」を参照。Bernet, R,: 1985, S. XXXIIIff. 参照。

20) Bernet, R.: 1985, S. XXXVf..

21) 1920/24年に行われた「倫理学入門」の講義草稿でも，感覚ないし感情概念には作用と内容の区別が妥当しないことが述べられている。「われわれが，感覚与件のもとにあるわれわれの主観的体験へと自然的眼差しを向ける際に，音を感覚すること（*Empfinden*）と音与件それ自身を区別することがないのと同様に，われわれは，感じること（*Fühlen*）と音与件の感じられる価値（*gefühlter Wert*）を区別することもない。そもそもわれわれは価値について語っているのではなく，われわれはここで音の感性的な快感性格という言葉だけを用いる。感覚与件が，われわれが内在的事物現出とともにある事物の知覚体験と名づける体験にとっての素材であるように，感性的感情は，われわれの価値統覚にとっての素材なのである」(XXXVII 326)。

22) ヒュレーに対するフッサールのこうした言明は，数多くの箇所で見出される。これにより，ヒュレーの位置づけが「構成されたもの」ないし「時間的存在」というノエマと同様の存在次元にあるものとみなされることになる。

23) 感覚概念と同義なものとして使用される「体験」概念についても，「体験すること(Erleben)」と「諸体験（Eelebnisse)」が区別されている箇所がある。「流れの統一としての体験すること，そこにおいて本源的な現象論的時間が，現象論的－時間的な諸統一としての諸体験の構成と一緒になって構成される」(X 290)。そしてこの本源的な諸体験が，「諸感覚」であると述べられている（X 291)。このテクストはベルネットによる区分では第三グループに属していることから，1907年から1909年の間に成立したものと思われる。そうすると動詞型を用いて時間意識を特徴づける表現は，1909年以前にすでに成立していた可能性もしくは，テクスト区分の誤解の可能性があることになる。さらに興味深いことに，時間意識の「無時間的」特性を表現した第四グループのテキスト(1909－1911）に対して，フッサールが事後的な注を付記している箇所があり，そこで

は以下のように述べられている。「私は原感覚について述べている。これは本源性の非自立的な位相を特徴づけている。端的な感覚（Empfindung）は，全くもって時間を構成する意識を特徴づけており，そこにおいて内在的な感性的内容が構成されるのである」（X 326 Rb. 1)。ここでは，感覚の動詞型は用いずに名詞形によって時間意識を特徴づけていることがわかる。感覚概念をどのようにして時間意識と結びつけるのかに関して，フッサールには絶えず迷いがあったのだと思われる。

24）Bernet, R.: 1985, S. XLV.

25）Bernet, R.: 1985, S. XLIX.

26）フッサール自身は，「過去把持の志向性における二重性が，最終的に構成する意識流の統一をどのようにして知りうるのかという困難を解消するための指針をわれわれに与える」（X 80）と述べている。つまり，把持の二重の志向性を通じて，意識流についての知の問いが意識流の自己構成の問いに結びつけられるのである。ただし，これまで何度か指摘したようにフッサール現象学における「反省」と「構成」概念の間にはズレがあるため，意識流について知ることをそのまま意識流の自己構成の問いと同一視することはできない。それゆえ，差し当たりわれわれは純粋な気づきとしての「内的意識」概念の規定を追うことにする。

27）Vgl. Ni, L.: 1998, S. 78, 93.

28）Vgl. Yamaguchi, I.: 2002, p. 63ff..

29）「通常」という限定のもとで「内的意識」概念が捉えられている。というのも，「夢」や精神的疾病としての「妄想」状態においては度々作用のモードの区別が困難になりうるからである。とはいえ問題なのは，遂行されている作用が「現実的」対象ないし「虚像的」対象に向かっているかどうかではなく，一切の作用遂行の最中で感覚的確信として付随する「内的意識」のことである。

30）フッサールは，通常の統握である「知覚作用」もすでに時間意識において構成された対象性であると述べることで，それらから時間を構成する意識を区別する。「知覚統握はそれ自身，……内在的－時間的に構成された何ものか……である。……感覚内容は感性的印象の中で統一体として構成され，統握は，それと絡み合ってはいるが〔感性的印象とは〕］異なる作用印象の中で構成される」（X 90)。こうした語り方においてすでに，「作用」および「内容」の対概念が飽和状態になっていることが理解される。

31）これが過去把持の非常に独特な特性である。ベルネットは以下のように述べる。「過去把持は，志向的意識の非常に独特な形式である。なぜならそれは，決して自立的な志向的作用ではなく，しかも志向的対象へと向けられてもいないからである」（Bernet, R.: 1983, S. 42f.)。さらに問われるべきは，この過去把持の「独特な志向的形式」とは何かということである。われわれの関心から言えば，実的所与性としての感性的ヒュレーと過去把持の関係はどのようなものか，ということになる。ベルネットは述べる。「過去把持された原印象が，決して過去把持の実的契機ではないのは，過去把持と過去把持されたものが，流れの同じ現勢的位相に属してはいないからである。にもかかわらず，過去把持において把持された原印象は，写像的に再現前化されるのではなく，直観

的に自体所与される」(A. a. O, S. 43)。ベルネットはここで，過去把持を「作用」と「内容」に分けて考えている。過去把持の作用それ自身は印象的であることから「実的」であるのに対し，過去把持されたものは時間的変様を被っているため「志向的」であるということになる。しかし，ベルネットによれば，それにもかかわらず過去把持されたものは，「直観的に自体所与される」と言うのである。フッサールにとって，志向的であると同時に直観的に自体所与されるものの代表はイデアールな本質存在である。とはいえ，過去把持された原印象が本質存在であることがないのは明白であろう。というのも，意識流の成立なしに対象性の一種であるイデアリテートは成立しえないからであり，過去把持は「構成する流れ」の一機能であるからである。では，この過去把持されたものの存在身分とはいかなるものなのか。ベルネットは過去把持を，「作用」と「内容」に分けたが，フッサール自身が「過去把持は，それがその根源性において現れる際には，どんな志向的性格ももっていない」(XI 77) と述べているのであるから，この相関図式をそのまま過去把持に適応するのはどうかが，差し当たり問われねばならない。さらに「原印象」それ自身にのみ「実的」という形容を与えるのは，点的な明証性を主張する感覚主義への批判からも逃れえないことになる。したがってわれわれは，「実的」と呼ばれる領域はむしろ，原印象と過去把持の独特の融合の中で形成されるものと解釈する。フッサール自身が，1930年以降のC草稿において両者の同時的融合について繰り返し強調しており（第Ⅴ章四節（2）参照)，さらにキネステーゼを含めた身体感覚が再想起からは区別される過去把持の変転において形成されると述べているからである（第Ⅳ章四節（2）参照)。さらにわれわれは，第Ⅴ章四節（2）で，この融合の中における超越論的な他者性の問題も扱うつもりである。フッサールが，過去把持の絶対的明証性を唱えているように，感覚の明証性は過去把持にまで拡張される必要がある。ただし，この明証性は認識論的基礎づけのための所与的明証性ではない。本文参照。

32) 後期の時間分析であるC草稿においても原印象に関して同様なことが述べられている。「現在概念である瞬間の印象は，単なる抽象である」(Mat VIII, S. 83)。

33) 超越としての過去把持の絶対的明証（XIII 65f.）については，第Ⅲ章四節（2）参照。

34) Vgl. Yamagata, Y.: 1993.

35) したがって，ニーが指摘するように「原意識」概念は「混乱を引き起こす二義性」を有している。つまり，広義の意味ではそれは，原印象，過去把持，未来予持を含み (XXIII 315f.)，狭義の意味では純粋な原印象（Urimpression)，原与件（Urdatum)，原感覚（Urempfindung）のみに原意識の規定が与えられる。Vgl. Ni, L.: 1998, S. 94, Rb. 7.

36) Yamagata, Y.: 1993, p. 88. 谷は明確に「『原意識』は，あくまでも把持や予持とは区別される」(Tani, T.: 1998, S. 400) と述べ，さらに過去把持を「自我志向性」として解釈している。また榊原も，ヘルトと同様にC草稿の解釈に基づき，こうした観点を取っている (vgl. Sakakibara, T.: 1999, S. 103f.)。

37) Vgl. Derrida, J.: 1967, Henry, M.: 1990, Lévinas, E.: 1967.

38) フッサールは，過去把持が本来的な志向性からは厳密に区別されるべきものであることを繰り返し強調しているにもかかわらず，例えば後期の著書である『デカルト的省察』において，「知覚，過去把持，再想起」（vgl. I 67, 74, 87）を並列的に記述し，しかもそれらを「ノエシス的」（I 74）な「志向性の類型」（87）として扱ってもいる。『デカルト的省察』は，現象学の入門的性格をもつために，あえて詳細な規定づけを行わなかったとの見方も可能ではあろうが，こうした記述が事象分析の混乱の種になっていることには疑いがない。

39) ここには，道具立ては違うとしても，ヘーゲルによって批判された真理探究のための認識の構図と同じものが現れている。ヘーゲルは述べる。認識が誤謬へと陥るのではないかという不安は，「実際のところあるものを，しかも多くのものを真理として前提しており，この前提に基づいてその疑義と帰結が支えられている……。つまりそれは，認識を道具や媒体とみなすイメージを前提し，さらにわれわれ自身とその認識との区別を前提している。しかし特に挙げられるべきは，一方の側に絶対的なものが存立し，他方に認識がそれ自身で絶対的なものから分離され，しかも実在的な何ものかとして在ることを前提しているということである」（Hegel: 1986, S. 69f.）。

40) Ni, L.: 1998, S. 78.

41) A. a. O., S. 84.

42) Ebd.

43) Vgl. Ni, L.: 1998, S. 91.「『絶対的』ということで私は，以下のことを理解している。すなわち原意識においてであれ，反省においてであれ，それぞれの意識生の把握は絶対的であるということ，そしてそれぞれの把握の間に存している変様は相対的なものである，ということである」。「……反省は，原意識にできる限り接近しうるのみで，決してそれと重なることはないということによって規定されている」。

44) Vgl. Sakakibara, T.: 1999, Taguchi, S.: 2004. 榊原はこの論文で，後期時間論においてフッサールが用いる，直接知としての「自己感触」と，間接知としての「把持的反省」の相互規定関係について詳論しているが，決して反省によっては届きえない匿名性を維持する自己感触の内実は空虚なものとなっている。というよりも，空虚なものにとどまらざるをえないことに積極的なポイントがあるという議論を展開している。また田口も，「明証的『視る』」という「一切の生の活動を根底から貫き規定しているような単純かつ原始的な知」を「自己触知」と同一視し，この「『視る』は『視る』自身にとってある意味でどこまでも『異他的に』とどまる」と述べる（vgl. Taguchi, S.: 2004, S. 6f.）。田口は，最も直接的で根源的な明証である「視る」ことが同時に自らにとって異他なるものであるというパラドクシカルな言明を用いることで，意識の最内奥に異他性を設定し，レヴィナスの議論との接合を試みている。

45) Vgl. Landgrebe, L.: 1982.

46) Landgrebe, L.: 1981, S. 66.

47) A. a. O., S. 78.

48) Ms. A V, S. 5/5a. Vgl. Sakakibara, T.: 1999, S. 103. Nitta, Y.: 2001, S. 127,

Taguchi, S.: 2004, S. 6.

49) カッツは，「触・運動領域から導かれた言語表現」について述べている。「統握する（auffassen）」や「把握する（erfassen）」，「概念（Begriff）」といった哲学用語は，そもそも「つかむこと（Griff）」という触覚的運動に由来しており，さらには，「vernehmen」を語源とする「理性（Vernunft）」概念にさえ，「取る（nehmen）」という身体運動の領域から借りられた言語が使われている。さらにフッサール現象学に関して言えば「原印象（Urimpression）」というラテン語語源の概念も，ドイツ語の「印象（Eindruck）」概念からも明らかなように，「press」，「drücken」という触覚的な圧感覚に由来している。カッツは「知的過程を示すために触覚から派生した言語表現のリスト（これは，もちろん不完全なものであるが）に比べて，他の感覚から借りてこられた表現は少ない」と注記している。こうした指摘からも，視覚的な認知が触覚的な認知に対して優位をもつという立場に修正を迫ることは可能であると思われる。Vgl. Katz D.: 1925, 邦訳 p. 177-179.

50) こうした予感に習慣的な記憶が関与していることも明らかである。ただし新たな認知や行為が獲得される際に，どのような過去経験が関与しているのかを特定するのは困難を極める。現行の脳神経学的知見では，表象記憶（イメージ・エピソード記憶），身体記憶（手続き記憶），感情記憶が区別される。フッサールは過去把持の探求を表象記憶の分析として差し当たり着手した。したがってこれら一切の記憶領域を，表象的な過去把持を図示するために用いたフッサールのひとつの図式によってのみ捉えるにはもともと無理がある。脳神経学では，これら三つの記憶は相互に影響しつつも独立しているものとして理解され始めており，特に後二者は，表象的な手がかりなしには意識的に想起することがほぼ不可能な領域であるにもかかわらず，身体行為や感情体験の形成に不可分に関与する。Vgl. LeDuex, J.: 2003, 殊に第 7 章参照。

51) Vgl. Held, K.: 1966, S. 81, 128, 164. さらに例えば，「流れる同時性（strömendes Zugleich）」，「架橋されている隔たり」，「滑り去るにまかせつつ把みとり，取りまとめること」「先反省的な原合一（die präreflektive Ureinigung）」，「分離されていることの内でひとつになっていること」などと多様に表現される。これに類似した表現を今後産み出したとしても，そのことと現象学的経験の拡張はおそらく何の関係もない。

52) ここではすでに発生的現象学のアプローチが関与している。ケルンは，「根源的時間意識を発生という観点のもとで理解する際に生じる困難」を以下のように述べている。「根源的時間意識は，原印象から過去把持への不断の変転（「変様」）としては，必然的に発生という形式をもつばかりでなく，形式としては「流れ」であり，存立しつづけるものであって，変化するものではない，といった事態である。時間意識は，その形式の点でのみ考察されるかぎりは，少なくとも自らのさまざまな内容（自らの統覚）と同じようには生成をもたない」（Vgl. Bernet, R/Kern. I./Marbach. E.: 1989, S. 228）。

53) フッサールは『時間講義』のある箇所で，「構成する時間意識において本源的位相は，創造的（schöpferisch）位相と状態的（zuständlich）位相の二種類へと分割される」（X 133）と述べているが，後者が反省によって確定された状態的位相であるすれば，

作動の現象学にとって問題になるのは常に前者の位相であり，この創造性という観点から時間意識の生成を捉え返すことが要求される。

54) Kawamoto, H.: 2000 [2], p. 53f..

55) Waldenfels, B.: 2004, S. 57f..

56) Vgl. Tellenbach, H.: 1968, Blankenburg, W.: 1971.

57) Vgl. Yamagata, Y.: 2004, S. 80ff..

58) 自我概念導入の経緯は，第III章参照。

59) Kern, I.: 1989, S. 60.

60) Henry, M.: 1965.

61) Kühn, R.: 1998, S.

62) A. a. O., S. 444.

63) Henri, M.: 1965, p. 108.

64) Ebd.

65) Henry, M.: 1990, p. 161.

66) Henry, M.: 1965, p. 128f., 邦訳134頁.

67) Henry, M.: 1965, p. 99f., 邦訳104頁.

68) Seebohm, T.: 1962, S. 125.

III 自我の存在と受動的綜合

1) Waldenfels, B.: 1971, vgl. S. 79, 83.

2) ただし周知のように，その二版でフッサールは，純粋自我の否定を今では容認していないという注を付けた。しかしここでの問題は，そうした年代記的な事実の記述というよりも，自我が要請される内的な問いの位相を明確にすることにある。

3) 単純に自我と同一視することのできない意識流を，安易に現象学的自我と名づけたことが，自我の問いの展開を紛糾させる一つの原因だと思われる。というのも，1920年代から徐々に，「現象学する自我（phänomenologisierendes Ich）」，つまり「事実的な現象学するエゴ」（vgl. VIII 432, XV 383）という現象学を営む主体としての自我の原事実が主題化されることになるが，その際，意識流の問いとの連関に不明瞭さを引き起こすように見えるからである。意識流それ自身が，現象学を遂行する主体であることはない。すでに「現象学の根本問題」講義において，「現象学的自我」としての意識流と還元を遂行する自我との区別の曖昧な表現が見受けられる（vgl. XIII 189f.）。

4) この講義には相互主観性に関わる問題が含まれているため，意識流と自我の問いに関して，一義的な見解を与えるのは困難である。というのも純粋意識の身分が未規定的なまま，ひとつの意識流として語られ，さらには「感入作用」との関連で，他なる意識流についての考察がなされているからである。そもそも「現象学的流れの存在は決して『個体的存在』ではない」（XIII 242）にもかかわらずである。Vgl. Marbach, E.: 1974. 特にその第5章，および Taguchi, S.: 2000，参照。さらに本章注3も参照。

5) この時期の準現在化作用の展開は，想像概念の理解が深まることと密接に関係してい

るが，その詳細はここでは触れない。Vgl. Inagaki, S.: 2001.

6) ある対象の想起の際には，その過去の知覚状況に含まれる身体感覚や感情体験も同時に想起されていることが最近の脳神経学的知見から明らかにされつつある。とはいえ，それらは表象的な想起とは全く異なる仕方の想起としてである。Damasio, A.: 1999, 邦訳189頁以下参照。

7) 品川も論文「人格的自我－フッサール自我論における－」においてすでに同様の論点を指摘している。Sinagawa, T.: 1987.

8) マールバッハは，『フッサール現象学における自我の問題』で「意識流の統一原理としての自我」と「作用の極としての自我」という自我概念の二義性を指摘している。しかしそこで彼は，その詳細な分析にもかかわらず，意識流の統一原理としての自我を，意識流を統一化する準現在化作用に結びつけ，注意作用の極としての自我を身体的に規定された現在的作用の放射中心点として解釈することで，重要なのは前者の自我概念であり，後者は非難されるべきものであると結論づけている。「意識流の統一原理としての準現在化作用に結びついた自我概念によって，現象学的な自我概念の真なる動機が有意義なものとなる……。それに対して，フッサールが，行為と触発の放射中心ないしは入射中心として身体的に規定された主体のアナロギーに即して導入した『自我』概念，つまり，意識生が単に現在の中で経過するという，そのような自我概念は，自我概念としては非難されるべきであるという帰結を導いてもよいであろう」(Marbach, E.: 1974, S. 338f.)。マールバッハが，自我概念を「準現在化作用」を遂行する自我と身体的に規定された「現在化作用」を遂行する自我に区別した背景には，「理性的存在者」としての人間と，「非理性的存在者」としての動物を明確に峻別するという意図が隠されている。というのも，人間が理性的存在者でありうるのは，自らの人格的同一性を「反復する」ことで，意識化できるからであり，「『理性』として現れうるべきものの『最低段階』においてすでに生じている構成に対する基礎的前提」が，「反復の能力ないし準現在化の能力」であるからである（A. a. O., S. 337)。それに対して，動物は現在に拘束された盲目的生を生きるほかはない。したがって動物の自我は，たとえ認められるとしても，身体的，現在的に規定づけられた自我である限り，人格的自我のような理性的存在者になることはできない。こうした動機は確かに了解可能である。しかし問われるべきは，準現在化作用を反復して遂行できることから，なぜ自我が意識流の統一原理であることが導出されるのかである。準現在化作用によって初めて意識流は統一されるのであろうか。すると動物は，意識流の統一すら有していないことになる。確かに，準現在化作用とともにわれわれは過去と未来の意識生を改めて生きることができる。しかし，このことから自我が意識流の統一原理であると結論づけるためには，さらなる議論が必要なはずである。しかも自我の極化は，単純に，身体的主観の類比に即して把握され，現在に拘束されているものでは決してない。前節で述べたように，準現在化においてすら極としての自我は重要な役割を演じている。対象のパースペクティブ化をそもそも可能にする極として機能しない自我は現象学的には思考不可能である。したがって本論では，先に引用したフッサールの後年の回想を手がかりに，注意理論の展開における極と

しての自我概念を積極的に解釈することで，むしろ意識流の統一においては自我が要請されることはないという立場をとる。さらにこの点に関しては，リーのマールバッハ批判も参照（Lee, N. I.: 1993, S. 217)。

9)　Ms. A VI 8 I, S. 160ff., zit. nach Marbach, E.: 1974, S. 156. ただしフッサールは，1912年初頭においても依然「純粋自我」承認に関して迷っていたふしがある。同じく1912年に基づく草稿において「『自我』とは通常，経験的な自我である。この自我がさらに何か別のものを含意するかどうか，……自我へのこの関係が現象学的に何を含意しているのか，……ここではこれらの問いを不問にしておく」(A VI 8 I, S. 18a, zit. nach Marbach, E.: 1974, S. 158) と述べられていることからもその迷いが窺える。純粋自我承認の正確な年代に関してはさまざまな議論があるが，ここでその詳細は述べない。Vgl. Tani, T.: 1998, S. 179-185.

10)　Vgl. Nitta, Y.: 2001, S. 17-21.

11)　この「生」概念は生理学的意味で理解されてはならない。1935年に行われたウィーン講演で，フッサールは自らが用いている生概念について振り返り，以下の警告を与えている。「生という言葉はここでは生理学的意味をもってはいない。それは目的活動的に，精神的形態を能作する生を意味しており，最も広い意味で，歴史性の統一において文化を形成するものである」(VI 315)。

12)　生概念は『論研II』においても「作用のうちで生きる」(XIX/1 423) という表現とともに用いられていた。しかしその概念が習慣性や歴史性という観点で時間に深く関わるものとして理解されるためには，『イデーンII』およびそれ以降の展開を待たねばならない。さらに生と歴史に関してはディルタイの影響もあるように思われるが，1911年の『厳密学としての哲学』では歴史主義が批判されていた。とはいえ，そこでフッサールが批判したのは学問の可能性を排除する相対的な歴史主義であり，彼自身は「哲学者にとっての最も広い意味での歴史の途方もない価値を完全に」認識していた (XXV 46)。

13)　こうした人格主義的態度における生と自我の問題が，自我の歴史的個体性と具体性という観点から詳細に分析されることで，晩年の生活世界論における「世界を経験する生」としての超越論的自我の問いへと展開していくことは，容易に理解されよう。

14)　Ms. K II 4, S. 43b, zit. nach Marbach, E.: 1974, S. 304.

15)　C草稿でもフッサールは，自我は生それ自身ではないことについて言及している。「私は私の流れる生のうちで存在するが，引き続き明らかになるように，私はこの生それ自体ではない。しかし流れる生のこうした存在形式においてのみ……私は私自身なのである」(Mat VIII, S. 33)。

16)　同様の表現はさまざまな箇所で使用されているが，その内実は必ずしも一致しない。1910年の「現象学の根本問題」講義では，「現象学的態度内部における超越」(XIII 161) や「内在における超越」(XIII 165) と言った表現が用いられている。ここでの意味は，現象学的所与性の拡張というモチーフとの関連における「志向的内在」のことである。そこでは過去把持や想起，予期，感入作用の現象学的身分について議論が行われ

ている。また『現象学的心理学』の Beilage XXXIII では，自らのうちに不確実性の領域を含まざるをえない予感（Antizipation）に対して「内在における超越もしくは予感」（IX 478）という語が用いられている。さらに『デカルト的省察』では，「還元された世界」が，志向的内在という意味で「内在における超越」（I 136）と特徴づけられている。

17） Ms. F III 1, S. 4a, zit. nach Marbach, E.: 1974, S. 127.

18） ヘルトも『生き生きとした現在』で，究極的に作動する自我の本質的あり方についての「新たな積極的洞察」を求めている。ただしヘルトはその際，「自我は，作動の顕在性のうちでは無である」と特徴づけ，それを「いたるところにあり，どこにもない」という遍時間性の所与様式を有しているものと解釈する（Held, K.: 1966, S. 123ff.）。しかし，遍時間的性格は，理念的あり方をするものであれば何でも有することができる。つまりそれは自我だけではなく，意識流も対象の本質存在もそうした存在様式をもつものとして特徴づけられうる。とすると，こうした特徴づけによっては，それらの固有なあり方を差異化させ，際立たせることができないことを意味する。本章四節（2）も参照。

19） 自我は，諸作用が照射される中心極として記述されるが，そこには，その作用が向かう対象極との相関関係が本質規定として含まれている。自我と対象の「両極性」という観点から議論が行われるのはこのためである（vgl. XIV 26ff.）。「ある意識，そのもとにおける作用意識は，さらにある対極（Gegenpol）をもっている。対象極へと方位づけられてあることは，自我が意識『の内で（in）』この極へと方位づけられてあることである」（XIV 27）。とはいえ自我は，「遂行極」として「体験流のすべての内実が関係づけられる極である」（XXXIII 277）限り，志向的な対象極とは原理的に異なる。「自我－意識－対象は本質に即して共属しあっているものである。そして自我とは，その自我の対象とは完全に別様なあり方をした同一的なものである」（XIV 51）。

20） Ms. A V 5, S. 5a.

21） 「超越とは決して『状態』ではなく，それ自身においてそれ自身運動である」（G. Brand: 1955, S. 18）。またフッサールにおけるこうした自我概念の理解に，ハイデッガーが現存在を特徴づける際の「超越」概念との類似点を見ることも可能である。「超越とは，実存一般というあるものを可能にし，したがってまた，空間における『自己』－運動を可能にする超出（Überstieg）のことである。……超越は主体の本質を特徴づけ，超越が主観性の根本構造なのである。……この超出において，現存在は初めて，自らであるところの存在者に，つまり自己『自身』としての現存在に到達する。超越が自己性（Selbstheit）を構成するのである」（Heidegger, M.: 1955, S. 15f.）。

22） Ms. A VI 30, S. 36a, Rb., zit. nach Marbach, E.: 1974, S. 326. 他にも自我は「遍現在的（allgegenwärtig）」（XIII　53），「コギトする統一（cogitiernde　Einheit）」（V 113）とも言われる。

23） 例えばヘルトは，「自我」の遍時間的な存在性格を特徴づけるために，フッサールが「体験流」について述べている箇所を引用し，それを論拠づけに用いている。さらに

「流れることをその原受動性において問うということは同時に，……自我を問うことである」とも述べている。Vgl. Held, K.: 1966, S. 126f., 103.

24) Ms. A IV 30, S. 9b.

25) 「何かについての意識とは，それ自身において必ずしもこの何かであるその対象性へと方向づけられて－あることという完璧な形式をもつ必要はない。このことはすべての知覚に根源的に接続する過去把持において示されている」(XI 90. Vgl. X 31, XXXIV 179)。また，「過去把持は，それがその根源性において現れる際にはどんな志向的性格ももっていない」(XI 77) とも述べられている。

26) 直接的に自我の「超越」に言及されているわけではないが，1933年の初頭に書かれたA草稿でフッサールは，自我の時間化を「第二の時間化」として特徴づけ，それとは区別される「第一の時間化」があることを示唆している。「自我の時間化は，第二の時間化である。自我は自我としてその歴史をもち，時間野に関係づけられる。自我は自我としてこの時間野を前提している。自我はそこへと志向を能動的に行使するものである」(Ms. A V 5, S. 10a)。われわれはこのフッサールの言明を論拠に，「第一の超越(時間化)」と「第二の超越 (時間化)」を区別したいと考えている。さらに1932年に書かれたC 7 Iの草稿では，「時間化の第一のもの，すなわち原初的流れ，『内在的』時間化，『体験野』。高次段階における自我的なものは，どのようにして示されるのか」(Mat VIII, S. 123) という問いが立てられており，さらにその後に「自己時間化 (Selbstzeitigung)」と「世界時間化 (Weltzeitigung)」が区別され，「自己時間化を通じて世界時間化」が起こると述べられている (Mat VIII, S. 131)。われわれの解釈の焦点はそれゆえ，「流れの自己時間化」を通じて「自我の世界時間化」が起こるということにある。

27) Vgl. Sakakibara, T.: 1999.

28) 外的知覚の対象はもっぱら空間においてその超越性を示すのに対して，時間客観の分析では，空間的な意味での超越性を排除することができる。そのことからフッサールは，時間客観を空間客観よりも明証的なものとみなす (vgl. X 94)。さらに時間は，対象の個体化に際しても空間より優位に立つ。時間位置が，対象の個体的規定を最初に与え，それによって区別されえないときに空間位置が与えられるのである。その限りで「空間はすでに時間を前提している」(XI 204)。しかし，こうした時間優位の理解は，第II章でも指摘したように視覚もしくは聴覚という遠感覚によってのみ空間性を捉えていることに由来する。第IV章五節（1）でこの問題は扱われる。

29) 第II章で分析された原意識は，二重のあり方で機能しうる。自我の作動そのものを感触する原意識，つまりノエシスの遂行に随伴する原意識と，一切の自我の作動とは独立に機能し，意識流の作動自らを感触する原意識である。フッサール自身がすでに，『時間講義』で二種類の原意識（内的意識）について述べている。「われわれが内的知覚について語る際は，ただ以下のようにのみ理解されうる。1）対向がなくても存在している統一的な内在的客観の内的意識，つまり時間的なものを構成する意識としての内的意識。2）対向を伴った内的意識」(X 95)。

30) Vgl. *Husserliana XI*, EINLEITUNG, S. XIIIff.. それら三つの講義のタイトルは，「論理学」(1920/21),「特殊現象学的問題」(1923),「論理学の根本問題」(1925/26) となっている。

31) 発生的現象学の厳密な成立時期を確定するのは容易ではないが，1917/18の『ベルナウ草稿』ではすでに自我の生成の問いが見出されることから，ケルンが述べるように，「フッサールは，1917年から1921年までの間にようやく，本来的に発生的な現象学の理念を企図した」と推測しうる。Bernet, R/Kern. I./Marbach. E.: 1989, S. 232.

32) この箇所でフッサールは，『純粋理性批判』の一版における構想力について言及しているが，カントの「構想力」の役割は，一版と二版において異なっている。ケルンに拠れば後年の『危機』書でフッサールは，二版における構想力概念に準拠していると断定しうる。というのも，カントの構想力概念は，第一版では「悟性に対して独立した能力」であるのに対し，第二版では悟性の機能の一つとして理解されているが，フッサールは『危機』書において「カントの偉大な発見」を「二重に作動する悟性」(VI 106) と特徴づけ，構想力を指していると思われる機能を，「隠れて支配している悟性」(ebd.) というように，悟性の一機能として記述しているからである。Vgl. Kern, I.: 1964, S. 261ff.. またデュプラズは，カントとフッサールにおける受動的綜合と構想力の類似的関係を，特にフッサールの空想 (Phantasie) 概念を援用した個体化論に結びつけることで議論を展開している。Depraz, N.: 1998, S. 29-56.

33) Diemer, A.: 1965, S. 56.

34) Hohl, H.: 1962, S. 50.

35) Holenstein, E.: 1972,. S. 212f..

36) 第III章三節（3）参照。または Kühn, R.: 1998, S. 46f..

37) 正確には「知覚を本源性とする意識類型における受動性」である。というのも，この受動性は通常の意識能作である志向性が働く領域一切（想起および想像をも含む）に付随しつつ機能しているからである。

38) Holenstein, E.: 1972, S. 215.

39) ヘルトは，フッサールのヒュレー概念を感覚主義の残余として早急に片づけてしまう (Vgl. Held, K.: 1966, S. 98f..)。それにより受動的綜合の豊かな分析がすべて失われてしまうことになるが，ここではそうした批判は行わない。Vgl. Yamaguchi, I.: 2001.

40) Holenstein, E.: 1972, S. 212f..

IV　感性的感情と意識流

1) こうした探求の方向性は，ラントグレーベによって提起されたものであり，その後，山口やリー，フランクといった研究者がこれと同様の方向性を共有している。Vgl. Landgrebe, L.: 1977, 1981, 1982, Lee, N. I.: 1993, Frank, D.: 2001, Yamaguchi, I.: 1985, 2002, Gallagher, S.: 1986. 序の注7）も参照。

2) 1920/21年の「超越論的論理学」講義でも，自然の「再構成」が同様に行われている。「われわれが発生的で原初的な発展系列へと遡及するのであれば，一切の感情能作から

全く独立した段階的な客観化が遂行される。それは，自ら際立つヒュレー的な与件から出発して，視覚事物のような感覚的事物へと［到達し］，その後に直観的な物質的事物へと［至る］。その際，変転する諸感情は，そのつど構成される客観の同一性統一の内に全く入り込むことはない。そのようにして自然が，単なる物理的な自然として，感情能作が客観化しながら編み込まれることなしに，純粋な客観化の多様性において構成される。表象という概念，確かに単なる純粋な表象は，こうした純粋な客観化によって特徴づけられる（表象－感情－意志）」(XXXI 7)。

3）　また，別の草稿では以下のようにも述べられている。「主観に対して現に存在するが，そこでは『価値から解放されて』存在するような単なる感覚与件，及び高次段階での事物のような感性的諸対象は抽象である。心情（Gemüt）に触れていないような何ものの存在しない……」(Ms. A VI 26, S. 42a).

4）　感情や衝動を「合理－非合理」という枠組みから解放することで見えてくる事象に注意を向けることが重要である。現在の脳神経科学でもこうした感情や衝動の中立性が主張されている。それは合理的でも，非合理的でもないからこそ，合理的にも非合理的にも変様させて「理性的に」解釈することが可能となる。LeDeux, J.: 1996，邦訳42頁以下参照。

5）　Ms. M III 3 II, I, S. 139.

6）　Ms. E III 9, S. 21f..

7）　Ms. E III 9, S. 21.

8）　Mat VIII, S. 351.

9）　Ms. A VI 26, S. 63bf..

10）　Ms. A VI 26, S. 64a-b.

11）　人形と人間の見間違いに関するフッサールの分析は，どのようにして同一の感覚的与件からさまざまな客観が思念されるのかという客観化のパラダイムに裏打ちされた問い，つまり第三の意識概念とともに提起される問いの解明として行われている。第Ⅰ章第三節で述べたように「志向性」概念はそもそも，このパラダイムの内で導入されていたため，こうした分析は当然といえば当然である（vgl. XIX/1 §14, III/1 230, VII 67f.)。ホーレンシュタインは，同一の感覚与件からさまざまな統握様式が帰結するというこのフッサールの言明に，感覚の恒常性仮定（Konstanzannahme）を読みとり，統握図式の限界を指摘している（vgl. Holenstein, E.: 1972, S. 101, 104)。

12）　Waldenfels, B.: 2004，邦訳97頁以下参照。

13）　A. a. O..

14）　A. a. O.，邦訳93頁。

15）　フッサール自身が，こうした循環問題が生じることを示唆している（vgl. V 121, IX 196f.)。Vgl. Mimura, N.: 1998. 三村は，この循環問題が超越的事物としての身体を前提することで生じているのではないことを正当に述べている。ただし，その「結論」として三村は，「超越論的な身体性の議論は身体統覚を前提している」と，すなわち本来的な意味での循環は残りつづけると主張する。というのも，「身体の絶対的な超越論的

機能が発動するためには，身体の物体性の支えがなければならない」からである。この物体性ということで三村は「延長」を考えている。つまり彼は，延長的表象を構成する，それ自身は延長することのない超越論的意識が，「拡がりを生み出す偏差を担うためにすでに延長を有している」ということに本来的な循環があると見ている。しかしここでさらに問われるべきは，超越論的意識が担う延長とは，本当に志向的客観としての物体性がもつ延長と同じものなのかということである。空間を構成するものが空間の内にないことは論理的に容易に導かれる。しかしこのことは，空間を構成する超越論的意識が空間の外に非空間的に存在していることを意味しない。そうかといってまた空間を構成するものが，それと同じ意味で空間的であることもない。ということは，身体および空間の構成には，こうした二元的配置（空間的なもの－非空間的なもの）の思惟を脱却しつつ，空間的なものが生成することがすなわち意識の生成であるような次元を記述する視点が要求されているように思われる。そのためには，本章で分析される触覚的空間のあり方が非常に重要となる。触覚的空間は，直ちに超越性と結びつく視覚的空間と同じ仕方で存在するのではない。それは身体運動の継続の中で初めて形成されてくるものであり，単純に統覚された延長性とは同一視されえない空間性である。ジェームズやカッツを援用し村田は，「空間質（spatial quale)」ないし「大いさ（voluminousness)」という概念によって，知覚以前の感覚に備わる固有な空間性についての議論を行なっている。Murata, J.: 2002, p. 61ff..

16） Claesges, U.: 1964, S. 74.

17） Chida, Y.：1985年，p. 94. Vgl. Held, K.: 1981, S. 293, Landgrebe, L.: 1954.

18） Henry, M.: 1965, p. 108, 邦訳112頁.

19） Ebd.

20） Vgl. Claesges, U.: 1964, S. 64ff., Lee, N. I.: 1993., S. 115ff..

21） ドゥプラズは，局在化ということで，それぞれの感覚領域が身体器官へと割り当てられることを考えている。「視覚が目の管轄に属し，触覚が把捉器官の管轄に属し，聴覚が耳の管轄に属する」のに対し，味覚と嗅覚は，身体全体の動員を必要とし，さらにはその身体性にも縛られることのない拡張経験であることを示唆しようとしている(Depraz, N.: 2000, p. 146)。フッサールの用語における「局在化」とは異なる意味で用いられていることに留意する必要がある。本章四節参照。

22） Vgl. Depraz, N.: 2000.

23） Tellenbach, H.: 1968, S. 20.

24） Landgrebe, L: 1982, S. 82.

25） ヴァーチャル・リアリティーというアミューズメント等でよく用いられる手法は，この「キネステーゼ」と「ノエマ」の間接的，習慣的な「Wenn-So（もし……であれば，そのとき……)」という動機連関を逆手にとることで成立している。つまりそれは，知覚的認知における「Wenn-so」連関を人工的に仮構することで，キネステーゼを含む感覚の生成を誘発し，そのことにより擬似的な世界に感覚的確信を付与することにある。停車していた電車がゆっくり動き出すのを，その車内で身体感覚とともに確信して

いたにもかかわらず，突如身体感覚が消失すると同時に動いていたのが向かいの電車であることに気づく。この経験が意味しているのは，二次的受動性において傾向づけられていた動機連関が，風景の変化に相関するキネステーゼを受動的に誘発することができるということである。さらにまた，この相関が決してアプリオリではないことは，向かいの電車が移動していることを認識すると同時に身体感覚が消失することによって示されている。というのも，ノエシスとノエマにおける相関は，どちらか一方が消失することのないアプリオリな相関であるのに対して，キネステーゼとノエマの連関においてはしばしばそうしたことが起こりうるからである。それゆえキネステーゼは，それ自体として直接ノエマの構成に関わるのではなく，自我のノエシス機能の媒介とともに間接的，習慣的に参与するのである。フッサール自身も『空間構成の覚書』で，キネステーゼが本来的に関わるのはヒュレー的感覚であり，ノエマ的な対象ではないことを以下のように述べている。「眼球運動的キネステーゼは，ヒュレー的領野の全体に関係づけられているのであって，それは個々の『物体』に関係づけられているのではない」(NR 31)。

26) Vgl. Lee, N. I.: 1993, 115ff. リーはこうした次元の感覚を，感覚与件として対象化的に記述される「ヒュレー」ではなく，原受動的な時間流における「原ヒュレー (Ur-hyle)」であるとしている。われわれの議論の展開から言えば，第三の意識概念のもとで扱われる感覚が，「ヒュレー」と呼ばれ，第一の概念のもとで扱われるものが「原ヒュレー」ということになるが，問題は概念の区分というよりはむしろ，扱われる問いの位相において記述の仕方に慎重になるべきであるということだと思われる。

27) Libet, B.: 2004.

28) Libet, B.: 2004, 邦訳 p. 127 以下参照。

29) Mat VIII, S. 270.

30) アンリも身体運動の記憶には「過去といういかなる意義も明るみに出てこない」ことから，もはやそれは記憶に属するのではなく，「習慣」であると述べている。Vgl. Henry, M.: 1965, p. 136, 邦訳142頁以下参照。

31) キューンは，キネステーゼとともにある感覚態が「対象構成の素材として伝統的な意味での『感覚印象』の構成の問いに関係するのではなく，固有の身体構成に関わる」と適切な指摘をしているにもかかわらず，「強度の度合いに即した感覚野」と「キネステーゼ的意識」の間には志向的な「動機連関」が成立していると述べている (Kühn, R.: 1998, S. 230f..)。キューンの批判の核心は，たとえフッサール現象学が身体性の分析の中に衝動や時間化の根源を見出したとしても，そこにはいまだ「志向性」が残りつづけているということにある (A. a. O., S. 410)。そこからわれわれは，身体運動とヒュレーの関係に「動機連関」を事象に即して分析することなく設定し，フッサールの非徹底性を批判するキューンの意図を読み取ることができる。

32) 触覚は，河本が述べる「二重作動」の典型例であり，運動と認知が不化分に連動しつつ展開する固有の感覚である。Vgl. Kawamoto: 2006, p. 243.

33) 大脳基底核の一部の損傷により生じるトゥレット症候群の患者には，身体の運動チックと同時に卑猥な言葉を繰り返し叫ぶという症例がある。しかしこうした発話には意

志的行為の際に生じる脳の準備電位が現れない。それゆえ発話という身体行為と当人の精神機能とは何の関係もないことが証明されている。にもかかわらず彼らはこれまで，「日ごろの行いが悪いから」，「卑猥なことばかりを考えているから」といった筋違いな動機連関が考えられ，非難されてきたのである。Libet, B.: 2004, 邦訳 p. 166 参照。

34） Depraz, N.: 2000, p. 151f..

35） Tellenbach, H.: 1968, S. 60.

36） アギーレは，フッサールがヒュレーに関しても「透過」（EU 306）という概念を用いていることを指摘している。知覚対象は感性的ヒュレーの現出多様を貫いて現出する。つまり，感性的ヒュレーはその意味で対象現出のための超越の通路である。この透過という概念はそれゆえ，ヒュレーやキネステーゼといった感覚体験のあり方を表現しているものでもある。Vgl. Aguirre, A.: 2002, S. 659f..

37） Ms. A VII 13, 18a. zit. nach João Inocêncio: 2002, S. 132.

38） Ms. D 13 (1. Teil), S. 53 a/b, zit. nach João Inocêncio: 2002, S. 141.

39） Mat VIII, S. 328.

40） 視覚には欠けている触覚の局在的な性格を通じて，フッサールは身体の客観化的構成を分析している（vgl. XVL 162f.）。つまり，触覚器官は，触れつつ触れられるという二重に変転する感覚，すなわち「二重感覚」を基調としていることから，身体が物体であると同時に感覚する身体でもあることを明らかにするのである。その際，この議論は，事物に触れる「能動性」と何らかのものに触れられる「受動性」の経験を対立軸として設定し，それらが入れ替わることによって，事物としての身体が同時に生きた身体でもあることを証示しようとする。それに対し本論では，フッサール自身がこうした議論を行っているにもかかわらず，この身体構成のモデルを採用しない。というのも，この議論における「能動－受動」の対立は，自我の意志的行為を基点として初めて考えられうるものであり，われわれが明らかにしたいのは，そうした自我の行為がそもそも可能になる場における身体の作動であるからである。さらにこの議論は，「手」という特殊な身体部位を身体全体の特徴であるかのように議論を行なっている。しかし例えば，普段常に皮膚に触れている衣服や眼鏡の感触は，能動－受動のカテゴリーで言えばどちらの経験になるのか。私たちは眼鏡に触れているのか，それとも眼鏡に触れられているのか。または舌で手の甲に触れるような場合を考えてみても，どちらが触れる側で，どちらが触れられる側であるのかを言い当てるのは困難である。むしろ触感覚は，こうしたカテゴリーとは異なる成立の仕方をしていると思われる。ダーヴィット・カッツは，実験に基づき，「体の動いている部位が，動いていない部位を対象として感じる」（Katz, D.: 1925, 邦訳 p. 68.）傾向が強いことを明らかにし，その際，「触覚の運動が，もっぱら感官にあるのか，あるいは刺激面にあるのかということは，あまり重要ではない」（ebd.）と結論づけている。触覚の成立にとって重要なのは，自我の能動的働きであるというよりは，運動が生じているかどうかということになる。この帰結からも，身体構成にとっては，どちらの対象が能動的であり，受動的であるのかは二次的なものであることが示されている。

41） Ramachandran, V. S. and Blakeslee, S.: 1998, 邦訳 p. 76f.. 幻肢体験をもつ多くの患者が，その幻肢を動かすことができると告白している。その際，彼らの幻肢にはキネステーゼ感覚だけではなく触感覚や痛みが伴う。こうした症例からもわれわれは，キネステーゼの可塑性と，キネステーゼと触覚的ヒュレーの不可分離性を見て取ることができる。

42） Vgl. Ichikawa, H.: 1992, 77f..

43） Ms. D 10 I, S. 22f..

44） Katz, D.: 1925, 邦訳 p. 49f..

45） Katz, D.: 1925, 邦訳 p. 50.

46） Ms. B I 21, S. 1.

47） Ebd.

48） Ms. M III 3 III 1 II, S. 93.

49） Frank, D.: 2001, p. 120 邦訳 p. 130.

50） A. a. O., p. 68 邦訳 p. 71.

51） A. a. O..

52） A. a. O., p. 120 邦訳 p. 129.

53） Kawamoto, H.: 2000 [1], p. 101ff.

54） Yamagata, Y.: 2004, p. 104ff..

55） Landgrebe, L.: 1981, S. 71.

56） 山形は，ラントグレーベおよびメーヌ・ド・ビランを導きの糸として，表象的，知覚的世界には還元されえない「抵抗の連続としての見えない世界」を記述しようと試みている。しかし彼は，その出発点を「私は現にある」という原事実に設定し，運動の自己を自我と同一視している。そのため，自己の生成や自我の生成といった議論に踏み込むことはない（Vgl. Yamagata, Y.: 2004, p. 116ff.)。さらに氏は，ラントグレーベ自身が自我意識に先立つ衝動的運動の次元を示唆しているにもかかわらず，ヘルトと同様に「意識流」を「自我」と同一視している（A. a. O. p. 212f.)。おそらく氏の立論で発生という視点が考慮されないのは，あまりにも堅固な「私」を保持していることに由来していると思われる。

57） Mat VIII, S. 225.

58） Mat VIII, S. 283.

59） その限りで，この次元で構成される自己は，河本が言うところの「自己（Sich)」の形成であって，「自己（Selbst)」の形成には至っていないと思われる。つまり，「この自己は綱渡りのように連続的に形成されつづける以外にはなく，また自己の形成はつねに作動に遅れてやってくる。行為の帰結として，はからずも自己（Sich）は形成されるのであって，確定した自己が行為を行なうのではない」ということになる。Kawamoto, H.: 2000 [1], p. 102.

60） Landgrebe, L.: 1981, S. 83.

61） Landgrebe, L.: 1977, S. 82.

62) Landgrebe, L.: 1981, S. 83f..
63) Ms. A VI 26, S. 58.
64) Landgrebe, L.: 1981, S. 79.
65) Mat VIII, S. 327.
66) ジョアノ・イノセンシオは，志向性それ自身の機構が身体運動に根づいていることを，衝動と努力に関するフッサールの分析を詳細に辿ることで明らかにしている。ことに5章以下参照。Vgl. João Inocêncio: 2002, S. 111ff.. さらに，この問題に関して，フッサールが1914年までの間に行ったM草稿の分析が非常に重要な役割を演じている。拙論，Inagaki, S.: 2007 参照。
67) Ms. A VI 26, 42b.
68) Vgl. Damasio, A.: 1994, LeDeux, J.: 1996, 2002.
69) 河本はフィヒテ哲学の「活動」を基本とする議論から，こうした「衝動や感情の機構」を取り出している。Vgl. Kawamoto, H.: 2003.
70) Landgrebe, L.: 1981, S. 83. この論文の表題が示すように，ラントグレーベはヘーゲルの弁証法の根拠を，現象学的な身体の超越論性のうちに見出そうとしている。それゆえ，この「努力」の定義が，ヘーゲルの『精神現象学』で自己意識の展開として語られる意識の規定と類似しているとしても不思議ではない。「それはしかし意識として自らの外に（außer sich）出て行くが，それは，その自らの外に在ること（Aussersich-sein）において同時に自ら自身のうちに（in sich）とどまる」。Vgl. Hegel, G. W. F.: 1986, S. 147.
71) Landgrebe, L.: 1981, S. 84.
72) われわれは第III章四節(2)において，自我の超越を「第二の超越」として特徴づけたが，その超越は「世界の超越」とも呼ばれていた。この第二の超越に妥当するのが，努力における「自己超越」である。
73) Landgrebe, L.: 1981, S. 77.
74) Vgl. João Inocêncio: 2002, S. 129.
75) Ms. E III 9, S. 22.
76) Landgrebe, L.: 1977, S. 78.
77) Katz, D.: 1925, 邦訳 p. 139f..
78) Katz, D.: 1925, 邦訳, p. 179f..
79) Ms. E III 9, S. 33.
80) Stern, W.: 1909, S. 413.
81) Ms. E III 9, S. 34.
82) Tellenbach, H.: 1968, S. 14.
83) Katz, D.: 1925, 邦訳 p. 179f..
84) Katz, D.: 1925, 邦訳，p. 21f., 133f.. またフッサールは，音の空間充実の仕方を，「液体（Flussigkeit）」による充満という類比のもとで捉えることがあるが（vgl. XVI 68），こうした類比がそもそも可能になるのも，媒質の感知が，音が「伝播する（fortpflan-

zen)」際の振動性の感知と身体運動を介して通底しているからに他ならない。

85) Katz, D.: 1925, 邦訳, p. 151ff..

86) Ms. B III 9, IV, S. 115. Vgl. XV 385.

87) Landgrebe, L.: 1982, S. 83. この箇所でラントグレーベは，「身体感情」という語が適切ではないことを強調している。というのも，彼に拠ればこの概念は，いまだ内面性が形成されていないにもかかわらず，「内的なもの」を容易に表象させてしまうからである。しかし，これまでのわれわれの議論によって身体性の適切な布置が明らかにされているのであるから，そうした誤解が生じることはないと思われる。

88) Ms. E III 9, S. 16 oder 21f..

89) Depraz, N.: 2000, p. 152f..

90) Ms. E III 9, S. 32.

91) Ms. E III 9, S. 39.

92) テレンバッハは，「われわれが，諦めが苦く，許しが甘く，苦労が酸っぱいものでありうることを，また計画が台無しになる［塩味が効きすぎる］ということを口腔感覚の経験から知っている」と述べている。このことは，味覚が行為の感情的側面に密接に関連することを示している。Vgl. Tellenbach, H.: 1968, S. 22.

93) Depraz, N.: 2000, p. 152.

94) Ms. M III 3 II 1, 99 zit. nach Lee, N. I.: 1998, p. 114.

95) 嗅覚と味覚が相互に連動し合うことで認知的な多様性を形成することはよく知られている。嗅覚の末梢神経の障害により芳香性失嗅が生じると，味覚は苦い，甘い，塩辛い，すっぱいという四つの基本的な味しか感じられなくなる。鼻がつまると味が感じられなくなることは誰でも経験しているはずである。われわれは匂いを味わっているといっても過言ではない。

96) Mat VIII, S. 330.

97) Ms. A VI 26, S. 58.

98) Ms. E III 9, S. 16.

99) すでにリーは，主にM草稿を用いることで気分の現象学を展開している。Lee, N. I.: 1998. または拙論，Inagaki, S.: 2007 参照。さらにダマシオも，脳神経学的・生理学的知見から感情概念を区別する際に「背景的感情（background feeling）」というものが存在することを示唆している。彼によればそれは，「生そのものの感覚，存在の感覚」であり気分や雰囲気とは必ずしも一致しない。内臓感覚をも含む定常的な身体状態感に近い。Vgl. Damasio, A.: 2000, p. 298ff..

100) Ms. A VI 26, S. 3.

101) Ms. M III 3 II 1, S. 94-95.

102) Lee, N. I.: 1998, p. 114.

103) Ms. M III 3 II 1, S. 29-30.

104) Lee, N. I.: 1998, p. 116.

105) 第I章二節参照。

106) Ms. M III 3 II 1, S. 95.
107) Ms. M III 3 2 1, S. 30f.
108) Ms. A VI 26, S. 3.
109) Ms. M III 3 II 1, S. 96.
110) Tellenbach, H.: 1968, S. 47.
111) A. a. O., S. 46.
112) それゆえにテレンバッハは，「一切の客観化する研究……は，その対象が総体から切り離されることを，そしてそれによる分割可能性を前提することから，（もちろん一面的な）こうした科学性の概念に相応する雰囲気的なものの取り扱いは当然ながら不可能とみなされるであろう」（Tellenbach, H.: 1968, S. 60, 119ff.）と述べる。雰囲気的なものは，感覚的確信としてのみ感知されうるため，客観化的特定は困難を極める。しかしその感知のあり方が変容した際には，容易に病理学的な異常として現れる。
113) この点に関して，フッサール自身に迷いがあったことは前述した。「気分」が志向性であることを認めたM草稿では，それと同時に「気分」が感覚体験と同様の「感性的感情」ではないかという問いを立ててもいる。「継続しつつ，自らを伸展させる気分について，それはそれ自身において感性的感情であると，今や述べるべきなのであろうか」（Ms. M III 2 1, S. 33）。われわれは「実的」という概念をフッサールが用いる意味以上に拡張して用いている（第II章，脚注31も参照）。そしてこのことは同時に「超越」概念が捉え直されることも意味している。これまでの論述でわれわれはすでに，①通常の事物としての「志向的相関項」がもつ超越，②「自我」の超越，③「意識流」の超越，そして④「気分」の超越を区別した。これら一切の事象に，「自ら自身を超えたものへと触れる経験」という共通の定式化を与えることはある意味で可能である。しかし，それにより事象的差異一切が見失われてしまうことになる。
114) Depraz, N.: 2000, p. 147.
115) Mat VIII, S. 330.
116) Tellenbach, H.: 1968, 47.
117) Tellenbach, H.: 1968, 26.
118) A. a. O.
119) Mat VIII, S. 326.
120) Vgl. Tellenbach, H.: 1968, S. 119ff..
121) しかし実は，区別するという認知の原初的あり方は，さまざまな事物を口に入れることで「食べられるもの」と「食べられないもの」という形で行なわれる。それは空腹や渇きを満たすことの中で副次的に行なわれてしまうのである。Vgl. Soentgen, J.: 1997, S. 161f..

V 衝動と普遍的目的論

1) Holenstein, E.: 1972, S. 219.
2) Diemer, A.: 1965, S. 145-148.

3) Held, K.: 1966.

4) Vgl. Held, K.: 1966, S. 98ff., Holenstein, E.: 1972, S. 218.

5) この巻には1926年から36年までの「現象学的還元」に関するフッサールの思惟の足跡が収められている。したがって大半は，「還元」のタイトルをもつB草稿が占めているが，編者のルフトは「広義の意味での方法的問いに関わるもの」としてC草稿の一部をもこの中に取り入れている。

6) 「先」という接頭語はそれゆえ，自我作用による通常の志向的相関関係がいまだ成立していない事象領域を表現する際に用いられる。「先自我」(XV 598)，「先時間」(XV 597)，「先現在」(XV 667)，「先存在」(XV 568) 等。

7) Holenstein E.: 1972, S. 220.

8) Landgrebe, L.: 1982, S. 71.

9) Kühn, R.: 1998, S. 440.

10) Holenstein, E.: 1972, S. 220.

11) Held, K.: 1966, S. 28.

12) Mat VIII, S. 118.

13) Lee, N. I.: 1993, S. 214ff..

14) Vgl. Lee, N. I.: 1993, S. 214, Kühn, R.: 1998, S. 374ff. リーは究極的な妥当性根拠としての「原自我」を，絶対的な発生的根拠としての「先自我」から区別し，キューンもこのリーの解釈を踏襲している。ただしその際両者とも原自我の特徴づけに関して，「原自我は，先反省的に働く理性の根源的-様相的な場所であり，還元の遂行を通じて存在者化される。しかし即自的には，究極的に作動するものとしてそれは反省の眼差しからは逃れるものである。原自我はしたがって，客観化可能ではないが現象学的還元を通じて経験可能である……」(Kühn, R.: 1998, S. 375f., Lee, N. I.: S. 215) ことを容認する。しかしリーもキューンも，原自我が「経験可能」であるということの内実を明らかにしてはいない。リーは，「超越論的自己客観化は，内世界的な自己客観化からは厳密に区別されねばならない」としているが，経験的自我と超越論的自我の違いは，「それが客観化されるかどうかではなく，それがもっぱらどのようにして客観化されるのか，つまりどのように統覚されるのか」にかかっていると述べているだけである (Lee, N. I.: 1993, 216)。ここで一体どのような「新種」(ebd.) の統覚が問題になっているのかは，リーの論述からは読み取ることはできない。両解釈には作動を感触する原意識概念の言及がないため，その分析も消極的なものとなっている。リーは，「全体としての超越論的自我が『客観化』から逃れるのであれば，超越論的自我の学問としての現象学を展開することが不可能になってしまう」(a. a. O., S. 215) ということを論拠に，超越論的自我の存在を要請しているだけのようにも見える。

15) ただし，両テクストにおける自我の曖昧さについての記述は，自我の反省論の文脈ではなく相互主観性論の文脈においてである。つまりここでは，「世界を『万人にとっての世界』として構成する相互主観性」(VI 188) を，すなわち「超越論的に作動するものとしての『われわれすべて』」(ebd.) の存在を見抜いている根源的自我について語

られている。この自我は，相互主観性を構成するものであり，その限りでいまだ「超越論的他者の内にある自我」として，自らを構成される世界に組み込んではいない(ebd.)。「一つのエゴ。これが誤解を招く言いまわしであるのは，そのエゴにとって他なるエゴはどんな意味も与えないからである」(XV 586)。とはいえ，究極的に作動する自我をめぐる反省論的文脈においても，この原自我の規定が妥当することは明らかであろう。

16) Ms. A V 5, S. 10a. 第III章，注26も参照。

17) Held, K.: 1966, S. 102.

18) 1931年に書かれたC10草稿でフッサールは，「自我による時間化」を訂正することで，非－自我による時間化，つまり流れそれ自身の時間化を肯定しようとしている。そこで彼はまず，「自我は，自分自身から派生する作用の内在的時間化を通じて初めて自らを時間化する」と述べた15aの文章を「訂正する」(Mat VIII, S. 198)。つまり，時間化は自我に由来するのではない。「内在的領域として理解される根源的に流れる現在は，完全に非－自我であり，そこにおいて構成されたもの，ないしは今後構成されるであろうもの一切は，さまざまな段階における非－自我である」(ebd.)。時間の共在形式および共在するものといった「一切のものは，非－自我的に生じ，把握される『構成』である」(Mat VIII, S. 199)。ただしフッサールはここでさらに以下の議論をつづける。「〔しかし〕この根源的に流れる出来事全体は，死せる出来事ではなく，『自我的な』能作が内的な動因である」(ebd.)。つまり，フッサールは再び，非自我的な時間化の内的動因が自我に由来することを仄めかす。この議論の結論は，「さまざまな段階の存在者の構成，世界，時間の構成は，二つの原－前提，原－源泉」をもっているとして，「自我による時間化」と「非自我による時間化」の両者ともを容認するようにして幕を閉じる。つまり「①諸々の触発と作用における作動するものないし原－自我としての私の原初的自我……。②時間化の原初的流れとしての私の原初的な非－自我，時間化の原形式としての非－自我それ自身。……しかし二つの原－根拠は一つであり，不可分である。したがって一方だけを考察するのは抽象である」(ebd.)。「原的に流れ，原的に構成する非－自我は，ヒュレー的宇宙をそれ自身において構成し，絶えずすでに構成しつつ所持し，時間化しつつある－時間的な原出来事であり，それは自我の源泉から由来するものではなく，それゆえ『自我の関与なし』に生じるものなのであろうか。しかし自我は常に『居合わせている』……」(Mat VIII, S. 200)。

19) ただしそこでは「目覚めた (wach)」に対して「朧気な (dumpf)」という概念も用いられている。

20) フッサールにとって，睡眠中に夢を見ることはすでに「目覚め」のひとつのモードである。「明らかなのは，夢を見ることは，目覚めの異常なモードであることである。それは確かに，『現実的な』周囲世界から開放されてはいるが，私は夢見つつ－空想することで，擬似世界における擬似関心のうちに存在している」(XXIX 336)。

21) フッサールは，眠りについて語る可能性を「目覚めること」と「眠り込むこと」というプロセス，およびその再想起に見出している。しかし，このことが可能であるため

には，そもそもこのプロセスへの「気づき」が伴っていたのでなければならない。「しかし，いかにして私は眠り込むことや目覚めることを表象するのか。いかにして眠りについている間それ自体を表象するのか。何がここでの明証性であり，どこに根源的な自体所与が存在するのか。このことはただ，目覚めること，もしくは目覚めることの準現在化，または眠り込むことを想起することでありうる。目覚めることで私は，再び自己意識と世界意識を，流れゆく世界現在と自己現在としてもち，そこにはすでに自ら自身－へ－至る（Zu-sich-selbst-Kommen）ことの流れることと同様に，眠り込むことにおける自ら自身－から－逃れる（Von-sich-selbst-Loskommen）ことの流れることが属している。私はここにどんな終わりも見出せず，そこにどんな始まりも見出せない。ここには放棄（Ablassen）と断念（Fallenlassen）が，つまり完全な目覚めにおいて私を動かす関心の放棄と断念〔が存在する〕……」(XXIX 335)。

22） 無意識に関係する「背景（Hintergrund）」概念を，フッサールはC草稿で三つの意味に区別している。「背景に関するさまざまな概念。①絶対的無意識，絶対的ゼロ。②『注意されていないもの』。それは『気づかれるもの』であり，触発するものではあるが，その声が染み渡っていない。③自我に関係するもの。ただし第一次的にではなく，ただ『いずれ』自我に関係するもの」(Mat VIII, S. 184)。本文における二つの無意識概念の区別は，①としての無意識と，②③としての無意識の区別に該当すると思われる。つまり，本論の用語との対応関係から言えば，「夢見ることのない眠り」が，「①の背景概念」および「目覚めに先立つ無意識」に相応し，「自我を欠いた背景」が「②③の背景概念」および「目覚めにおける無意識」に相応する。

23） 第III章三節参照。

24） 1936年の草稿では，この「夢見ることのない眠り」を記述するには，「断念すること」でさえ正確な表現ではないとされている。厳密な意味での夢見ることのない眠りには，断念を行なう行為主体は存在しない。それゆえ，意志的なものを少しでも含む「断念する」という動詞的表現をフッサールは避けようとしたのだと思われる。「夢見ることのない眠りでは，沈み込むこと（Versinken）ではなく，沈み込んでしまっていること（Versunkensein）〔が問題になる〕。断念し，一切の把握から退去すること〔が問題なの〕ではなく，もはや把握することも，統覚することも，現在することもない，退去していることを－もつこと（Entlassen-Haben）〔が問題なのである〕」(XXIX 337)。

25） Ms. B II 2, S. 12, zit. nach Lee, N. I.: 1993, S. 229.

26） Ms. B II 2, S. 17, zit. nach Lee, N. I.: 1993, S. 228f..

27） Ms. E III 6, S. 12.

28） 1926年，「形而上学」という標題のもとですでに，眠りから目覚めへの目的論的展開が他者への本能的衝動の示唆とともに記述されている（vgl. XXXIV 27f.)。

29） Ms. E III 9, S. 11.

30） Mat VIII, S. 260.

31） ここでの分析は，フッサール自身が行なったものというよりは，フッサールが残した分析を手がかりに，われわれが改めて相互主観性論に発生的に取り組んだものである

ことを記しておく。こうした試みをすでに山口や谷，水野が実行しており（vgl. Yamaguchi, I.: 1985, 2001, 2002, Tani, T.: 1998, Mizuno, K.: 2003)，そうした試みを行うことについて水野は以下のように述べている。「たしかに『デカルト的省察』における他者理論には志向的構成の視点と発生的連合理論の混在もしくは折衷が見られた。しかし残された記述に基づいて，発生的現象学の視点から相互主観性理論を整合的に展開する試みをすることは不可能ではない。ただしそのためには，形式的現象学の原点である『生ける現在』において，質料的現象学の原点である印象の『触発現象』がいかにして生起するのかを考察する地点から始めなければならない。しかもそのとき，この内在的な受動的触発と受動的連合の原初的次元においてすでに身体的運動あるいはキネステーゼへの配慮が不可欠であることに注目しなければならない」(Mizuno, K.: 2003, p. 80f.)。山口もすでにこれと同様の発言をしていた（Yamaguchi, I.: 1985, p. 209f.)。

32）山口は，フッサールも述べている母親が子供の泣き声を模倣する行為から，自他の区別が生じるという議論を行っている。つまり，乳児が通常泣き叫ぶ際には発声筋のキネステーゼと聴覚感覚との原連合が生じるが，母親が乳児の声を模倣する際には，この原連合的な対化の現象が「生じない」。それにより，乳児は声が自らの声であると気づき，キネステーゼがそれとして気づかれるというものである。その際山口は，この自己への気づきが，「空虚表象」の非充実を通じて起こるものとしている。われわれの議論から言えば，空虚表象の充実，非充実を通じて機能ないし与件の「不在」を感じ取る働きは，「努力」の作動である。というのも努力は，克服しえない抵抗の背後に対象性を見て取る作動であると同時に，その対象からは区別される自らに気づく段階でもあるからである。努力の作動が，「自己超越」と「自己保存」として特徴づけられていたのもそのためである。対象や機能の「存在」ないし「不在」という存在者的な確定に関わる働きは努力の作動に根を下ろしている。おそらく雰囲気的なものの感じ取りにおいて身体性が自己を作り上げる際には，いまだこうした認知につながる気づきは発動していないと思われる。したがってまた例えば，空腹が満たされないことを通じて母親の不在を感じ取る働きもすでに努力の作動であり，それは雰囲気的なものの感じ取りを前提している。Vgl. Yamaguchi, I.: 2002, S. 186ff..

33）Tellenbach, H.: 1968, S. 47.

34）Mat VIII, S. 81.

35）Mat VIII, S. 83.

36）Mat VIII, S. 82.

37）Mat VIII, S. 271.

38）Mat VIII, S. 309.

39）Ebd.

40）フッサールがその他方で，「他者」経験を準現在化作用の一種である「再想起」との類似性において特徴づけていることはよく知られている（vgl. VI 189, XIV 260, XV 96, 343, 514, auch Held, K.: 1966, S. 151ff.)。つまり，想起経験が，現在の原本的体験からは厳密に区別される志向的変様であるのと同様に，他者経験は，私の「エゴ」の体験か

らは到達不可能な私の志向的変様であるということである。想起されるものが現在から超越しているように，他者経験は私の存在を取り返しのつかない仕方ですでに超越している。つまり，「私と他者の疎隔化の克服不可能性」が主張されている（Held, K.: 1996, 153.）。この議論をもとに超越論的還元が遂行されることで，他者は「実的」には超越しているが，「志向的」には内在しているという図式が取り出されることになる（vgl. VI 259）。「志向的相互内在」という概念が用いられるのもこの段階においてである。とはいえ，想起も感入作用も自我が発動する作用である。それゆえ，たとえ志向的連関が相互的な影響関係によって，つまり想起されるものからの触発や，他者から自我へと向けた作用が逆照射されることによって形成されるとしても，その際には常にすでに作用中心としての「自我」が前提されていることになる。それに対して，われわれがここで論じたいのは，自我の作動が形成される際の他者経験の役割に関してである。したがって，生ける現在との関連で言えば，作用性格をもってはいない「過去把持」のプロセスにおける他者性の役割についてである。想起とのアナロジーにおいて他者性は，わたしとの断絶が，つまりその「超越性」が強調されるのに対して，生き生きとした現在における過去把持と原印象との関係においてはそれらの「同時性」が強調されることになる。これをわれわれの議論から捉え直すのであれば，過去把持において形成される身体的自己は，異他なるものをその「現在」において「同時に」感触していることになる。つまり，「感入作用や付帯現前化の複雑なプロセス一切は，たとえフッサールが他者経験の志向的構造をどれほど捉えようと試みたとしても，ある直接的な『汝のアプリオリな明証』を，つまり他者の本源的な共現在を前提している」（Held, K.: 1966, S. 156）。

41) 雰囲気がそもそも相互主観的であるのは，ある主体の能動的な行為だけからは雰囲気を形成することが困難であることからも明らかになる（Vgl. auch Yamaguchi, I.: 2004, p. 76ff., Böhme, G.: 2003, Kimura, B.: 2004, p. 8f.）。その場の雰囲気を無理やり変えようとすることが，逆に意図せぬ雰囲気を誘発し，当惑する羽目に陥ることはよくある。雰囲気はその意味でも，何らかの対象性の認知に関わるというより，行為がそれとして遂行される際にその行為する自己を相互主観的に包み込んでいるものである。他者関係における行為の決定に，雰囲気や気分の感触が多大な影響を及ぼすことに疑いはない。職場の同僚や友人に会うとき，家族や恋人との時間を過ごすときにわれわれの行動は，そのつどの場の雰囲気によって大きく変化する。場の「空気」を読めないものは共同体からの阻害を経験することさえある。このことからも明らかなのは，雰囲気を通じた行為の遂行は，原受動的な身体性における雰囲気の感触に由来するだけではなく，それを土台とした二次的受動的な習慣性の中でも培われるということである。ハイデッガーが，現存在の世界開示の一つとして分析した「情態性（Befindlichkeit）」は，身体性が深く根ざしている原受動的なレベルのものではなく，それを土台とした「二次的受動性」における人格と周囲世界の相互的歴史の形成に根ざした世界開示性のひとつであろう。Heidegger, M. : 1977. Vgl. auch Kadowaki, S.: 2002, p. 103-119.

42) 「原初的発生の次元においては，作動する志向性そのものが『欲動』の作用であって，

そこにはまだ自己表象が志向作用に付帯することができないため，この段階においては自己表象の直接的所与性を基礎にして他者表象を『類比的に統覚』することは起こりえない」。Vgl. Mizuno, K.: 2003, p. 79.

43) ヘルトは，ここで「考えられているのは，自我と自我の（たとえ自我と汝とのではないとしても）先時間的で廃棄することのできない匿名的『結合』である」と述べている。ただし彼は，この匿名性そのものについては何も語ってはいない。Held, K.: 1966, S. 169.

44) Ms. E III 3, S. 4.

45) 精神分析家の十川は，精神分析家の仕事は他者の情動に働きかけることであり，患者の情動の回路を新たに形成していくことであると考えている。つまり，彼にとって「精神分析的観点から見た他者の他者性とは，何よりも他者の情動の他者性のことである」。Vgl. Togawa, K.: 2005.

46) Ramachandran: 1998, p. 217. ラマチャンドランは顔を認識する側頭葉と情動が関与する扁桃体の間に器質的障害があるのではないかと考えている。

47) Ms. E III 9, S. 7.

48) 実際フッサールは，「客観化する本能」（vgl. Ms. E III 9, S. 49）についても記述している。C13の草稿では，以下のような二種類の本能について語られている。「感覚与件と感覚野への関心。客観化に先立つ食料への欲求。本能的活動性の秩序における第一のものとしてのこの本能は，主題的に現実化されるべきものとしてのどんな客観ももってはいない。第二のものとしてわれわれは，原本能（生き生きとした，欲求する志向と充実の途上にある現実化の秩序に即した）を，つまり客観化の本能を導入するべきであろうか」（Mat VIII, S. 258）。Vgl. auch Lee, N. I.: 1993, S. 177ff..

49) 以下のような，相反する規定を見出すのは難しいことではない。衝動は，「目的に先立って志向される」（XV 595）。「『目的を欠いた』活動の連なり」（Ms. B I 21, S. 1）。「本能の『盲目性』」（Ms. B I 21 I, S. 3），「『盲目の本能』」（Ms. A V 24, S. 40），「受動的衝動における現存在および駆りたてられてあることは，非合理的に進展する。それは盲目性のうちで進展する」（Ms. E III 4, S. 6f.）。「衝動それ自身のうちに他者としての他者へと関係づけられてあることが存している」（XV 593f.）。「この〔衝動〕志向性はその超越的『目的』をもっている」（XV 594）。「表象された目的へと向けられるさまざまな衝動」（Ms. E III 3, S. 10），「新たなものへと向けられた暗い本能」（Ms. E III 9, S. 11）等々。

50) Ms. E III 9, S. 8.

51) Ms. E III 4, S. 29. さらに「哲学ないし学問とは，普遍的で，そのものとしての人間に『生得的な』理性を開示する歴史的運動」（VI 13f.）であるという『危機』書の発言も参照。

52) Ms. E III 4, S. 28f..

53) Ms. E III 9, S. 5.

54) Ms. B I 21, S. 1.

55） つまり，ここでは，志向的な方位づけをもたない衝動運動と，理性的に方位づけられて駆動する衝動という二つのものが区別される。キューンはすでに，フッサール現象学におけるこうした原触発的な衝動の二義性を指摘しており（Kühn, R.: 1998, S. 360f.），水野もまた「本能」概念に含まれる意味の多義性を指摘し，そこには「どこまでも突き進む推進力意味する……原暴力」と「生の自己保存の防衛力」としての「生存形式」が含まれると述べている（Mizuno, K.: 2003, S. 84）。フッサールが，「自己保存の衝動」（Ms. E III 4, S. 10）について述べてもいる。

56） Vgl. IV 276, Ms. A V 20, S. 2.「衝動としての隠された『理性』」（ebd.）。

57） Ms. E III 4, S. 17. 1933年の草稿でも，「低次の衝動的生から意志的生へと上昇する」プロセスが問われている。「そのつどの感性的衝動に対して，いかにして人格的な地平としての教育の期間を伴いつつ開かれた意志の地平が生じるのか」（XV 599）。

58） Landgrebe, L.: 1977, S. 93.

59） Ebd.

60） Ms. E III 4, S. 29.

61） Ms. E III 4, S. 11.

62） ここにおいて超越論的主観性の外部の問い一切が廃除されることと，合理的理性の目的論的展開が結びつくことになる。フッサールは1929年のパリ講演で以下のように述べていた。「考えられうる一切の意味，一切の存在は，たとえそれが内在であろうと超越であろうと，超越論的主観性の領界に属している。〔したがって〕その外部はナンセンスであり，超越論的主観性は普遍的で，絶対的な具体態である。……あらゆる種類の存在者は，実在的であれ理念的であれ，超越論的主観性の能作において構成された形成体として理解可能になる。この種の理解可能性が，考えられうる最高の合理性の形式である」（I 32）。

63） フッサールによれば，「理性とは，『絶対的』で，『永遠』で，『超時間的』，『無条件的』に妥当するイデーないし理念的なものに対する名称である」（VI 7）。理性を特徴づけるこれらの形容詞は，超越論的自我を特徴づける際にもたびたび用いられている（vgl. XI 381, XXXIV 224）。谷は，こうしたフッサールの思惟動向を，超越論的な私の「原事実」を遍時間的，遍在的な「本質普遍性」から基づけようとする試みであると批判している。Tani, T.: 1992, p. 148f..

64） Ms. E III 9, S. 77.

65） BW VI, S. 461.

66） この問題に関して谷は，フッサールが，自我の死を意味する「存在者を可能にするものそれ自体の消滅」という不気味なことを，その不安を解消するためにアプリオリに排除しようとしたのではないかと述べている。Tani, T.: 1998, p. 677.

67） Vgl. Diemer, A.: 1965, S. 313ff., Hohl, H.: 1962, Strasser S.: 1959, 1978, Kühn, R.: 1998, S. 432ff., Tani, T.: 1998, S. 676ff.. フッサール自らが『危機』書において，「神の問題は明らかに，世界における一切の理性の目的論的源泉としての『絶対的』理性の問題を含んでいる」（VI 7）と述べている。この理念としての神は，理念としての意識流

および自我からは厳密に区別される必要がある（vgl. III/1 124f.）。またフッサールが，神を現象に「内在的」なものと見ていたのか，「超越的」なものと見ていたのかに関しては議論の余地があるがここでは扱うことはしない（Vgl. Hohl, H.: 1962., Strasser S.: 1959, 1978.）。ただしその際，自我や意識流，神といった事象に「理念」概念があまりにも多義的に用いられていることから，その意味の飽和化が起きていることは否めない。

68）　Ms. E III 4, S. 30. 1931年の草稿でも「この目的論はその原事実性とともに神のうちにその根拠をもつのか」（XV 385）という問いが立てられている。

69）　Vgl. auch Lee, N. I.: 1993, S. 231f..

70）　ブルジーナによれば，フッサールはフィンクとともに「超越論的生それ自身の偶因性」を「第七省察」の主題として扱うつもりであった。Bruzina, R.: 1989, S. 97-128.

71）　Ms. E III 9, S. 30.

72）　シューマンは，編纂した書簡から読み取れるフッサールの「漠然とした宗教的な通奏低音」について述べている。「フッサールの宗教意識は確かに，ドグマ的な固定した内容を決してもたない」（BW III, S. 33）が，「宗教性とは彼にとって第一に強烈な宗教的体験であった」（ebd.）。さらにシューマンは述べる。「フッサール現象学の原動力は，彼の宗教性のうちにある……。彼にとって哲学することは，究極の審級において真なる生の探求としての神を探求することなのである」（BW X, S. 34）。シューマンによれば神の内的な予感という根源的な感情を拠りどころにしているからこそ，フッサールは真なる生の実現を目指す理性について飽くことなく問い，それを確証しようとしたことになる。

73）　Ms. E III 10, S. 18, zit. nach Lee, N. I.: 1993, S. 231. また別の書簡では「私の非宗教的な宗教への道，いわば無神論的な神への道」（BW IX, S. 124）という表現も見出される。

74）　Vgl. Hohl, H.: 1962, Strasser S.: 1959, 1978. Tani, T.: 1992.

75）　E 草稿では，超越論的自我の死について以下の問いが立てられている。「もしすべてのものが死に絶えるようなことがあれば，そのとき世界はどうなるのであろうか。世代の鎖は終結する。現在世界は終末をむかえ，それによって世界一般が終末を迎えるのではないか。私は，生きている自分として必当然的であり，私が生きている限りで世界は，私から必然的に想定されるべき他者を通じて確証される。そしてそれによって私は，私の死後の生と私の死それ自身を世界の出来事として所持するのである。しかし，すべての人間がいまや死に絶えるとすれば，私は将来的な世界を存在させる超越論的自我が消滅させられるのを目にするのではないか。……将来的な存在は確実に開かれてはいるが，それはただ人間が生きており，すべての人間に死が訪れない限りにおいてのみである。ひとりの人間の死はその超越論的モナドの死なのであろうか」（Ms. E III 4, S. 9a）。この引用からも明らかなように，自我は全モナドの目覚めという目的論的展開のうちで目覚めなければ，世界における生を生き抜くことができないとフッサールは考えている。世界は，自我による構成だけではなく，すべてのモナドの構成的参与のもとで初めて成立する。

76) ヴァイツゼッカーもこれと同様の発言，つまり「生それ自身は死なない。個々の生きものだけが死ぬ」(Weizsäcker, V. v.: 1997, S. 261) という発言をしており，木村はその主張を受けてこの生を，ギリシャ語の「ビオス (bios)」と「ゾーエー (zoē)」という二つの概念を用いることで区別している。前者が「個々の生きものの生」であるのに対して，後者は「生それ自身」であり，それは前者の生を超越しているのである。Vgl. Kimura, B.: 2004, p. 1-14.

77) 本章，注24参照。

78) Aguirre, A.: 1970, 162ff.. アギーレはこの「無差異」を一切の差異化に先立つ「主観性」として理解している。「感覚することは決して最終的なものではなく，『その背後に』あるいは『それに先立って』すでに受容能力のある……主観性が存している」(a. a. O., S. 164)。問題は，この「主観性」とは何かである。アギーレはそれを「自我」と同一視し，そこから以下の結論を導いている。「絶対的主観性としての端緒は，……自然的生の始まり，つまり世界における生の始まりとは関係がない。究極的に作動する主体として私は，決して生まれることもないし，死ぬこともない」(a. a. O., S. 164)。アギーレはここで超越論的自我の「不死性」を容認しているが，こうしたことが可能なのは，彼が，「自我」，「流れる生」，「主観性」といった概念を同一視しているからである。しかしわれわれの問いは，超越論的自我の死としての「夢見ることのない眠り」であり，その際の「意識流」のあり方である。こうした問いを立てることで初めて，なぜ「超越論的自我」が「神」それ自身と呼ばれることがないのかが明らかになる。

79) Mat VIII, S. 258.

80) Vgl. Tani, T.: 1998, S. 678f., Yuh An Shiau: 2004, S. 146ff.. 谷はすでに，超越論的自我が世界の贈与に依存するという論点から「超越論的有限性」という概念を提起し，Yuh はそれとは異なる論点ではあるが，触発の成立現場に混入せざるをえない「超越論的相対性」について述べている。

81) 1931年，ラントグレーベに宛てた書簡でフッサールは，自らの哲学的な生の意味について述べている。「自分自身を不幸の中で鍛え，運命の内的克服を通じて鍛えること。このことは，自分自身のうちで現存在の神性を証明することを意味しています。……この内へと向かうこと (Innenwendung) がまさに絶対的なもののうちで目指されているのです。この内へと向かうことを動機づけ，われわれ自身とわれわれの有限性を超えて自らを高める決意に至ること，ここにわれわれとわれわれの世界に意味を与える目的論が告示されているのです」(BW IV, S. 275)。

82) それは例えば，フッサールが，「一切の異他的な人間性のヨーロッパ化という演出は，それ自体において絶対的意味の支配を告示する」(VI 14, vgl. auch VI 314ff.) と述べる際の，ヨーロッパ中心主義的な発想である。理性的思惟は，暗黙のうちに生それ自身に過剰な意味づけを与える。水野は，そもそも目的論という思惟が「『あまりに人間的な』事態」であり，「フッサールの『超越論的目的論』は普遍的『目的理念』による歴史的時間の救済史的意味づけである」(203頁) と辛辣な批判を行なっている (Mizuno, K.: 2003, p. 178, 203)。

83)　この超越論的な意識生の自体運動という思惟に，フィンクが世界の運動として展開した「遊戯」概念との類似点を見出すことも可能であろう（Vgl. Fink, E.: 1960)。武内は，フィンクの「生」概念の変遷を追究することで，フィンクが存在の地平としての世界それ自身が差異化する次元において「生命の暗い根底」について語り出すことを明らかにしている。Vgl. Takeuchi, D.: 2002.